"十四五"国家重点出版物出版规划项目

教育部长江学者创新团队发展计划

南京大学文科卓越研究计划"十层次"项目

高质量发展阶段货币政策研究论丛

Study on the Obstruction of Monetary
Policy Transmission in China

# 中国货币政策传导的梗阻研究

张 勇／著

中国财经出版传媒集团

经济科学出版社
Economic Science Press

2013 年，我们团队的研究计划"经济转型期稳定物价的货币政策"入选教育部"长江学者创新团队发展计划"，并于 2014 年正式立项建设。团队以范从来教授为带头人，骨干成员包括陈冬华、王宇伟、周耿、张勇、刘晓辉、高洁超、盛天翔等。立项建设以来，团队延续之前的方向，在货币政策领域开展持续性研究。2017 年，经教育部专家组评估，团队的建设工作被评价为优秀，并获得了滚动支持。到 2020 年底，已完成两个完整的建设周期。期间，团队始终围绕中国的货币政策开展深入研究。也正是在这一时期，中国货币政策制定和实施的内外部环境都发生了较大变化。从内部来看，中国经济步入新常态，增长方式面临转型的同时，金融市场的市场化改革不断深入。从外部来看，虽然和平与发展仍是时代主题，但全球的不稳定性不确定性明显增加，经济全球化遭遇逆流，中国的金融开放面临新的挑战。在这一背景下，如何提高货币政策的有效性成为十分重要的问题，团队围绕这一问题开展了一系列的研究和探索，形成了本套丛书。总体来看，丛书在关注中国的货币政策问题上表现出以下四个方面的特色。

## 一、从价格稳定到金融稳定，探索货币政策与宏观审慎双支柱的政策框架

大量文献研究表明，将价格稳定设定为货币政策的最终目标符合社会福利最大化的原则。这成为 20 世纪 80 年代以来各国中央银行逐渐转向通货膨胀目标制的理论基础。团队的研究最初也以"经济转型期稳定物价的货币

政策"为切入点展开研究。2008 年国际金融危机的爆发使人们对单一的价格稳定目标展开了深刻反思。美国虽然在 2008 年之前实现了价格稳定目标，但金融体系却出现了重大风险，并直接引致次贷危机的爆发。兼顾金融稳定目标的"宏观审慎管理框架"成为货币政策发展的新趋势。因此，在研究中团队适时将研究落脚点拓展到金融稳定。

实践表明，稳定价格的货币政策无法确保金融稳定。在通货膨胀目标制的货币政策导向下，物价和产出增长虽然平稳有序，但是金融失衡却快速发展，主要表现在信贷快速扩张、资产价格泡沫膨胀，系统性风险在时间和空间两个维度持续积累。而立足个体金融机构稳健运行的微观审慎政策亦无法有效化解金融不稳定因素。与之不同的是，宏观审慎政策是一种专门针对金融稳定目标设计的跨部门、逆周期制度安排，强调从宏观整体角度抑制金融与实体经济之间的顺周期反馈机制、防止系统性风险的传染和爆发，从而维护经济金融稳定运行。

相比欧美发达国家，中国在宏观审慎政策实践上走在前列。2008 年底，中国银监会就根据银行规模前瞻性地提出了动态资本要求。2012 颁布的《商业银行资本管理办法（试行）》则明确了逆周期资本计提要求。中国人民银行在 2011 年正式引入差别准备金动态调整机制，并于 2016 年将对银行业的差别准备金动态调整机制和合意贷款管理升级为"宏观审慎评估体系"。《中华人民共和国国民经济和社会发展第十三个五年规划纲要》首次明确将"防控风险"纳入宏观调控目标体系，并首次提出要"构建货币政策与审慎管理相协调的金融管理体制"。2017 年成立的国务院金融稳定发展委员会从制度安排层面突出了货币政策、宏观审慎政策等协调的重要性。党的十九大报告则正式提出"健全货币政策和宏观审慎政策双支柱调控框架"。

从协调的必要性来看，货币政策与宏观审慎政策相互间的政策外溢性很强。二者所使用的工具如政策利率、逆周期资本充足率等，虽然各自调节的目标不同，但都会直接作用于金融体系。尤其是中国，在以银行为主体的金融体系和以信贷为主导的间接融资格局下，货币政策和宏观审慎政策的相互影响非常明显，二者的调整会直接作用于传统银行，并影响其与影子银行的信贷行为，进而影响产出、价格等宏观经济变量。因此，必须构建货币政策与宏观审慎政策协调的双支柱框架，以引导信贷资源合理、高效配置，确保宏观经济与金融的双稳定。在中国的宏观审慎政策实践中，人民银行和银保监会是两个关键主体，如何协调不同部门间的宏观审慎政策值得学术界做深入思考。团队基于上述视角，对中国货币政策与宏观审慎双支柱调控的政策框架进行了思考。以金融稳定与经济稳定的分化为起点，探讨了中国货币政策与宏观审慎政策的双支柱协调框架。在分别就货币政策、宏观审慎政策的转型与创新进行详细分析的基础上，从多个角度研究了双支柱框架的协调路径和完善空间，为理解近年来中国宏观调控创新的逻辑和可能方向提供了一定的启示。

## 二、从总量调控到结构调整，宏微观结合关注金融供给侧结构性改革

随着中国经济从高增长阶段向高质量发展阶段迈进，构建符合高质量发展阶段的货币政策框架成为推进国家治理体系现代化的客观要求。特别是金融层面供给侧结构性改革思路的提出为下一步的货币政策研究提出了新的问题。从货币层面看，当前我国货币运行与实体经济运行出现割裂且日趋明显，表现为 M2/GDP 居高不下，金融资源配置效率低下，甚至出现资金空转的现象。与此同时，大量有活力的中小微企业却面临融资难、融资贵的困境。这种割裂使宏观管理当局在制定和实施货币政策时陷入两难。针对上述结构性问题，团队的研究认为，对货币政策的研究必须引入新元素。其中，将宏观层面问题向微观视角研究拓展，从理论和实证两个层面强化宏观研究的微观基础是一个重要的选择。

团队在国内主导发起了"宏观经济政策与微观企业行为"学术研讨会，以此推动团队研究从宏观向微观层面拓展。为此，团队吸收了长期从事微观领域研究的成员，他们在发挥自身优势的同时，将宏观经济政策因素纳入对微观企业的研究，并以公司治理为切入点，深入探讨了宏观环境下的微观企业行为。这一研究为团队其他成员将宏观与微观研究结合提供了重要的基础。

首先，团队成员侧重从商业银行的角度，研究了货币政策的信贷传导渠道。疏通货币政策传导机制、增强服务实体经济的能力是货币政策框架建设的重心。然而，由于受到政策运行外部环境因素的干扰，现有兼具数量型和价格型的混合型特征货币政策框架非但不能有效疏通货币政策传导，反而还造成了货币信贷总量收缩和投向扭曲等一系列问题，由此也导致了金融活水难以支持实体经济的高质量发展。因此，团队成员从微观主体行为决策角度考察了现阶段货币政策传导不畅的梗阻因素及其影响机制。从现实情况来

看，受各类外生冲击的影响，央行注入银行体系的流动性往往会滞留其中，或者在投向实体经济过程中出现行业、期限错配，由此造成了货币政策传导的梗阻。由此，研究团队以银行信贷资金配置行为为切入点，考察了银行贷款渠道的梗阻因素及其影响机制。从期限结构的视角来看，不同期限的银行贷款对宏观经济产生的效应存在差异。中国商业银行特殊的利率定价机制下，货币政策紧缩（宽松）时，银行将减少（增加）中长期信贷资源配置，而由于不同货币政策立场下的金融杠杆变化，导致货币政策的上述影响效应表现出非对称性，进而弱化了货币政策传导的有效性。从信息沟通视角来看，中央银行对宏观经济信息、金融稳定信息的沟通会通过影响微观主体预期的形成，并进一步作用于消费和投资行为，最终影响到宏观经济的稳定运行。为此，研究团队分别从信息沟通对微观主体的宏观经济运行风险预期和金融稳定预期的形成、银行风险承担意愿变化等方面系统考察信息沟通渠道存在的梗阻因素及其影响机制。从防范金融风险目标视角来看，金融风险不仅会引发宏观经济波动，而且还会弱化货币政策传导效率，防范金融风险已构成中央银行制定货币政策的重要约束条件。研究团队以 2008 年国际金融危机爆发以来我国金融风险不断积聚现状为背景，运用金融压力来刻画金融风险，以微观主体非理性行为为切入点，并借鉴行为金融学领域的"情绪加速器机制"，系统考察金融风险的测度、经济效应以及中央银行应对金融风险的操作策略。

其次，团队成员从微观和结构的视角关注了中国的高货币化率（M2/GDP）问题。高货币化率现象虽是典型的宏观经济现象，其背后反映的却是微观经济中的各类结构性问题。这一点在 2008 年以后表现得尤为突出。长期以来，人们关注高货币化率问题时，习惯于从分子（M2）的角度分析高货币存量的形成原因，而忽略了对分母（GDP）的关注。导致过多的注意力集中在"货币发行"这一层面，认为 M2/GDP 高企的原因一定是 M2 发行过度，社会上甚至普遍将该现象归咎于所谓的"货币超发"。事实上，若金融资源配置失当，等量的货币投放在推动 GDP 增长中的能力出现下降，也会引致 M2/GDP 的上升。而这恰恰可能是 2008 年以来中国的货币化率指标大幅攀升的主因。众所周知，2009 年的"四万亿"财政刺激和"天量信贷"虽在短期内刺激了经济的增长，但金融资源的配置扭曲加大了经济中的结构性矛盾，给中国宏观经济的持续增长带来隐忧。货币信贷资源流向了 GDP 创造能力较弱的部门，在形成诸如"产能过剩"、"僵尸企业"和"房地产过热"等现象的同时，民营经济、实体制造业等领域获得的金融支持出现下滑。随之出现的货币化率攀升便与此相关。可见，若不结合微观经济主体的行为对上述现象加以分析，很难寻找到问题背后的根源并提出合适的解决方案。因此，有必要基于微观和结构的视角，从中国经济转型中的结构变迁特征和微观经济主体的行为动机出发，以中国的高货币化率成因为切入点，对中国宏观货币金融层面的重要问题进行研究和讨论，提出优化金融资源配置结构，提升货币使用效率的政策建议。

### 三、从传统技术到互联网技术，关注新技术背景下的货币政策转型问题

近年来，互联网技术的飞速发展给货币政策带来两方面的冲击。

首先，互联网技术带来货币形式的变革。以支付宝和微信支付为代表的数字形态货币逐渐被人们广泛接纳。数字货币不仅通过降低支付成本和提高支付效率给人们带来了便利，还能够助力普惠金融、实现社会公平，其潜在的反洗钱、反逃税功能对政府也有着巨大的吸引力。数字货币发展的根基是互联网，互联网发展推动个体经济模式逐渐转型为群体经济模式，促进大量新业态产生。这些新业态对货币的应用场景提出了新的需求，未来的数字货币不再是一成不变的体系，而是跟随经济发展模式变化而不断升级的生态系统。相对于传统货币，数字货币更值得信任。法定数字货币的实施不仅提高了货币防伪性能、降低全社会的货币防伪成本，而且货币的去匿名化将强化信誉机制，社会信任水平将大幅提高，大大促进人们之间的协作。不仅群体经济模式将朝着更有效率的方向进化，而且协作产生的创新将加速平台经济的发展。相对于传统货币，数字货币所有交易都可以追踪，以往地下经济的税收流失和资源错配的问题可以得到根本性的解决。政府完全可以改变征税的模式，从事后征税转变到交易时征税，经济活动的过程和结果更加确定，市场效率和公平性都得到大幅的提高。相对于传统货币，数字货币最大的优势在于使用过程中产生大量的数据，而法定数字货币本质上是经济发展模式运行的总账本，记录了线上线下所有的经济活动的信息。从这个意义上而言，数字货币有助于加速线上线下的融合，并提高政府的治理水平。团队成员在探讨各类经济新业态发展的基础上，对互联网背景下市场的信息不对称和效率问题进行研究，并沿着互联网经

济的理论框架，对未来货币变革进行分析和展望。

其次，互联网技术带来金融科技的兴起，这对货币政策的传导机制和传导效率都形成了影响。一方面，团队成员在货币政策的银行流动性创造效应中讨论金融科技带来的作用。随着金融科技水平的不断提升，货币政策影响银行流动性创造的效果将被削弱，并且不同类型银行存在异质性情况。货币政策调控银行流动性创造时，要充分关注金融科技的影响，考虑将金融科技纳入宏观审慎监管，健全双支柱体系，同时在微观监管中予以差异化的业务引导。另一方面，团队成员关注了金融科技对商业银行信贷资源配置效率的影响。小微企业在中国经济发展中发挥着重要作用，而小微企业信贷也成为银行信贷配置中的热点问题。着眼于整个银行业体系，金融科技有助于促进银行小微企业信贷供给，并且将改变银行业的最优市场结构，银行类型不再成为小微企业信贷供给的障碍。因此，从宏观层面来看，金融科技的运用有助于银行信贷结构调整，从而有利于提高货币政策的传导效率。未来，要充分发挥金融科技带来的技术升级效应，注重金融科技发挥效用的微观基础，地区银行业金融机构的增减应该与金融科技发展水平、银行业市场结构相结合。

## 四、从经济开放到金融开放，研究新时期的汇率形成机制问题

20 世纪 90 年代以来，新兴市场爆发的一系列的货币和金融危机以及国际资本市场一体化的迅速推进，引起了学界对汇率制度和货币危机以及汇率制度和资本流动之间的关系等重大理论问题的反思。这种反思使汇率制度的研究在 21 世纪后重新成为国际金融领域研究的一条主线。在新的时代背景下，如何利用跨国的数据集实证地分析发展中国家汇率制度选择的决定因素，是我们理解汇率政策制定的重要理论依据和参考。

几乎与此同时，进入 21 世纪以来，人民币是否应该升值迅即成为国际社会关注的热点问题，引起了学界和政策制定者广泛的讨论和争论。这些讨论和争论很快就转变为对人民币汇率制度选择和汇率制度弹性问题的关注。于是，中国应选择什么样的汇率制度以满足中国的政治和经济诉求，成为最近十余年来国内外学界的研究热点。受 2007～2008 年全球金融危机的深刻影响，人民币国际化也成为我国亟待破解的重要现实和理论问题，而人民币国际化的起点和逻辑前提之一，便是人民币汇率形成机制的改革和进一步完善。

以上述问题为背景，团队成员在一般性理论梳理和分析基础上，首先着重

考察了 20 世纪 50 年代以来汇率制度选择的理论发展，然后以跨国面板数据为样本，在考察汇率制度演变的特征事实基础上，深入研究了资本管制、金融结构、出口产品分散化和政治制度等经济和政治因素对汇率制度选择的影响，最后，以中国为案例，考察了人民币最优汇率制度选择、人民币汇率制度弹性测度及人民币汇率制度弹性对通货膨胀和经济增长的影响。

　　总体来说，这套货币政策研究系列丛书紧紧抓住中国货币政策转型这一关键问题，体现了创新团队六年来在相关领域的研究成果。感谢教育部长江学者创新团队发展计划对丛书出版的支持，这将激励团队在这一领域持续研究，为中国特色的货币经济学建设贡献自己的一份力量。

　　随着中国经济从高增长阶段向高质量发展阶段迈进，构建符合高质量发展阶段的货币政策框架成为推进国家治理体系现代化的客观要求。其中，疏通货币政策传导机制、增强服务实体经济的能力又是货币政策框架建设的重心。然而，由于受到政策运行外部环境因素的干扰，现有兼具数量型和价格型的混合型特征货币政策框架并非能够有效疏通货币政策传导，反而还造成了货币信贷总量收缩和投向扭曲等一系列问题，也导致了金融活动难以支持实体经济的高质量发展。为此，2019 年 12 月中央经济工作会议明确提出，"要深化金融供给侧结构性改革，疏通货币政策传导机制"，2020 年 5 月《政府工作报告》进一步指出，"创新直达实体经济的货币政策工具"。这就值得深思，造成货币政策传导不畅的梗阻因素及其影响机制究竟有哪些呢？这就构成了本书研究开展的出发点。

　　本项研究是在货币政策框架相关理论指导下，遵循"观察特征事实—提炼梗阻因素—分析梗阻机制"的主线进行分析和探索。具体的研究脉络主要从货币政策框架的调控方式和最终目标设定两个维度展开，其中，调控方式是从银行贷款渠道和信息沟通渠道两个视角分别切入，最终目标设定则从防范金融风险视角入手，由此构成本书研究的三篇内容。

　　银行贷款渠道篇以 2001 年我国加入 WTO 之后在国际收支顺差冲击下银行体系流动性过剩，以及 2010 年应对国际金融危机刺激性政策退出冲击下，银行信贷资金配置变化为特征事实，深入剖析银行贷款渠道的梗阻因素及其影响机制。

信息沟通渠道篇以中央银行对宏观经济信息、金融稳定信息等沟通实践为特征事实，系统考察有关信息内容方面存在的梗阻因素及其影响机制。

防范金融风险篇以2008年国际金融危机爆发以来我国金融风险不断积聚现状为特征事实，运用金融压力来刻画金融风险，系统考察金融风险的测度、经济效应以及中央银行应对金融风险的操作策略。

本项研究是我十多年来围绕货币政策框架这一主题进行系统研究的成果，在长期持续研究的过程中，逐渐形成了以我在华南师范大学指导的硕士研究生为主体的研究团队。团队成员虽然很年轻，但是生机勃发、久久为功，为项目进展做出了积极贡献：银行贷款渠道篇，李亚玲；信息沟通渠道篇，梁燚焱、洪晓淳、谢龙涛、涂雪梅；防范金融风险篇，陈雷雷、李珂祎、彭礼杰、莫嘉浩、梁燚焱。此外，李烨睿精心细致地协助了全书的编辑排版工作。

本项研究的完成离不开我的博士研究生导师范从来教授的鞭策。我一直有将自2005年博士毕业之后研究成果整理汇总的想法，但是又因其他事务耽误拖延，直至2020年2月在范老师的殷切督促下开始着手完成这项工作。事实上，我博士毕业已有10余年，在学术成长之路中长期得到范老师的关心，并作为教育部"长江学者和创新团队发展计划"骨干成员合作完成了多项研究成果，谢谢范老师！

本项研究是范从来教授主持的教育部"长江学者和创新团队发展计划"项目"经济转型背景下稳定物价的货币政策"（IRT_17R52）的结项成果，同时也得到了本人主持的国家自然科学基金面上项目"中国金融压力、宏观经济波动与最优货币政策规则研究"（71473090）、广东省哲学社会科学规划一般项目"货币政策与企业去杠杆：特征事实、机制分解与调控策略"（GD19CYJ18）的资助，在此谨表谢意！由于本人的学识有限，成果中还有很多不完善之处，敬请各位专家批评指正！

张勇

2020年8月30日

Contents

**第一篇　银行贷款渠道**

**第一章　银行非自愿超额准备金波动与货币政策传导有效性 ／ 003**

第一节　引言 ／ 003

第二节　银行非自愿超额准备金的波动机制分析 ／ 005

第三节　银行非自愿超额准备金波动对货币政策有效性的
　　　　影响机制 ／ 015

第四节　银行非自愿超额准备金对宏观经济波动的影响
　　　　机制分析 ／ 027

第五节　银行非自愿超额准备金调控的微调性
　　　　操作分析 ／ 038

**第二章　银根紧缩、银行信贷资金配置与银行贷款渠道 ／ 051**

第一节　银根紧缩与银行信贷资金行业配置 ／ 051

第二节　银根紧缩与银行信贷资金期限配置 ／ 060

第三节　银行个体特征对贷款行为差异性的影响 ／ 065

第四节　银根紧缩、产业信贷需求和银行贷款渠道 ／ 085

**第二篇　信息沟通渠道**

**第三章　中央银行宏观经济信息沟通的有效性 ／ 101**

第一节　引言 ／ 101

第二节　宏观经济沟通信息的量化 ／ 104

第三节　宏观经济沟通信息精确度的检验 ／ 111

第四节　信息沟通引导市场预期的有效性分析　/　114

第五节　研究结论与政策建议　/　121

### 第四章　中央银行金融稳定沟通的市场效应　/　123

第一节　文献评述　/　123

第二节　金融稳定沟通市场效应的理论机制分析　/　126

第三节　金融稳定沟通指数的构建　/　133

第四节　金融稳定沟通市场效应的实证分析　/　143

第五节　研究结论与政策建议　/　157

### 第五章　中央银行沟通对银行风险承担的影响效应研究　/　159

第一节　文献评述　/　159

第二节　中央银行沟通影响银行风险承担的理论
机制分析　/　166

第三节　中央银行沟通指数的构建以及模型设定　/　172

第四节　中央银行沟通影响银行风险承担行为的
实证分析　/　180

第五节　研究结论与政策建议　/　190

### 第六章　货币政策、时变预期与融资成本　/　194

第一节　引言　/　194

第二节　文献评述与理论分析　/　197

第三节　未预期宽松性政策影响外部融资溢价非线性
效应的检验　/　203

第四节　未预期宽松性政策影响市场主体预期形成方式
时变性的检验　/　211

第五节　研究结论与政策建议　/　213

## 第三篇　防范金融风险

### 第七章　中国金融压力的度量及其宏观经济的非线性效应　/　219

第一节　引言　/　219

第二节 文献评述 / 222

第三节 中国金融压力指数的构建 / 226

第四节 金融压力影响宏观经济的非线性效应 / 231

第五节 研究结论与政策建议 / 240


**第八章 中国金融压力与货币政策传导的非对称性效应研究 / 242**

第一节 文献评述 / 243

第二节 门限向量自回归模型的构建 / 246

第三节 金融压力对货币政策传导非对称性的
影响效应 / 253

第四节 研究结论与政策建议 / 259


**第九章 基于金融压力的时变参数泰勒规则分析 / 262**

第一节 引言 / 262

第二节 中国金融压力的度量 / 265

第三节 基于金融压力的时变参数泰勒规则构建 / 268

第四节 模型估计结果分析 / 274

第五节 结论与启示 / 282


**参考文献 / 285**

**第一篇**

# 银行贷款渠道

从实际干预视角来看，银行贷款渠道是央行运用政策工具投放流动性传导至实体经济的必经渠道。但是，受到货币政策操作环境中各类外生冲击的影响，央行注入的流动性往往会滞留于银行体系之中，或者在投向实体经济过程中出现行业、期限错配，由此造成了货币政策传导的梗阻。本篇以2001年我国加入WTO之后在国际收支顺差冲击下银行体系流动性过剩，以及2010年应对国际金融危机刺激性政策退出冲击下银行信贷资金配置变化为特征事实，深入剖析银行贷款渠道的梗阻因素及其影响机制。本篇共分为两章：第一章论述了银行非自愿超额准备金波动与货币政策传导有效性，试图以银行非自愿超额准备金作为银行体系流动性的度量指标，系统考察银行非自愿超额准备金的波动机制，及其对货币政策有效性和宏观经济波动的影响机制。第二章论述了银根紧缩、银行信贷资金配置与银行贷款渠道的关系，从贷款供给角度分析银根紧缩时期银行信贷资金行业和期限配置变化以及银行个体特征对贷款行为差异性的影响，同时还从贷款需求角度考察银行贷款组合产业因素的影响效应。

# 银行非自愿超额准备金波动
# 与货币政策传导有效性

自从 2001 年底加入 WTO 之后，中国经济进入新一轮上升周期。在近十年国际收支持续双顺差冲击下，中央银行被动购入外汇储备并投放大量的流动性，进而在银行体系中造成了流动性过剩的局面。流动性过剩不仅影响到宏观经济运行，而且在流动性过剩状态下，中央银行运用政策工具实现价格、产出目标的调控力度有所弱化。本章以 1998 年第 1 季度至 2010 年第 1 季度为样本区间，以银行非自愿超额准备金作为银行体系流动性的度量指标，系统考察银行非自愿超额准备金的波动机制，及其对货币政策有效性和宏观经济波动的影响机制，进而为中央银行改善流动性管理提出动态微调性操作策略。

## 第一节　引言

近年来，随着我国经济运行中的流动性状态在过剩与短缺之间交替变化，整个宏观经济运行也经历了从扩张到衰退，然后复苏回升等阶段的周期性转换。对此，中国人民银行试图综合运用多种货币政策工具，通过加强流动性管理以"熨平"经济的波动。那么，由此提出的问题是，流动性状态表现出何种形式的波动机制？流动性状态的波动对货币政策有效性和宏观经济波动产生什么样的影响？在此情况下，中国人民银行运用政策工具调节流动性时应采用何种微调性操作策略？对这类问题的解答，不仅有助于深化学术界对我国宏观经济运行中流动性问题的理论考察，而且还可以为中央银行改进货币政策的调控方式和效果、创造平稳的宏观经济运行环境提供决策依据。

在讨论这一议题之前，还应对流动性的表现形式进行定义和分类。按照中国人民银行（2006）的观点，从宏观经济运行的层面来看，流动性可以理解为不同统计口径的货币信贷总量，那么，根据统计口径的大小，则还可分类为范围较宽和较窄的两种形式。目前，大多数文献主要是针对有关范围较宽的流动性衡量指标，包括货币缺口（money gap）、货币过剩（money overhang）和马歇尔 K 值（M2／GDP）展开了较为深入的探讨（涂永红等，2007；邓创，2008；吕江林、张有，2008；杨继生，2009；宋健，2010），但是对范围较窄的流动性，也即银行体系流动性的讨论尚未充分展开。事实上，从货币政策操作的实践来看，中央银行流动性管理所涉及的流动性主要是指银行体系流动性，也就是说，是试图运用货币政策工具向银行体系注入或回笼准备金，调节银行体系流动性，进而引导银行贷款和债券投资行为，并实现货币信贷总量目标和保证宏观经济平稳运行（中国人民银行，2006）。可见，对银行体系流动性的考察，对于中央银行改进流动性管理，有效引导银行行为，从而准确传递政策意图，具有更重要的政策参考价值。

再进一步具体到银行体系流动性的衡量指标而言，最近在国际学术界高度关注的主要是指银行超过其预防性动机而非自愿持有的超额准备金（Agenor et al.，2004，2010；Ganley，2004；Heenan，2005；Saxegaard，2006）。这是因为，银行出于预防性动机而持有的超额准备金（precautionary excess reserve），是出于预防性动机下最优资产组合行为的结果，不会对产出和价格构成压力，对此中央银行无须过多关注。但是，超过这一动机持有的非自愿超额准备金（involuntary excess reserve），则因为银行在非自愿超额准备金与贷款、债券投资之间的资产组合行为发生周期性的变动，从而弱化货币政策传导的有效性，并加剧和放大产出和价格的波动，最终构成了导致宏观经济运行不稳定的重要因素。在此情况下，中央银行在流动性管理中则应审慎针对非自愿超额准备金展开微调性操作，以实现经济平稳运行。

本章围绕三个主要问题进行讨论：第一，银行非自愿超额准备金的波动机制是什么；第二，银行非自愿超额准备金的波动对货币政策有效性和宏观经济波动的影响机制是什么；第三，中央银行在流动性管理中如何针对非自愿超额准备金展开微调性操作。

# 第二节　银行非自愿超额准备金的
# 波动机制分析

一般而言，银行持有的超额准备金可以按照其持有动机的不同，区分为出于预防性动机和超过这一动机而持有的超额准备金。其中，银行出于预防性动机而持有的超额准备金，其目的在于，当面临流动性风险的情形下，为了避免不可预计的资金支出所导致准备金不足时而出现的损失（Agenor et al.，2004）。而超过这一动机持有的超额准备金则被学术界称之为非自愿超额准备金（Ganley，2004；Heenan，2005；O'Connell，2005），并且又是由周期性因素和制度性因素而引致的（Heenan，2005）。本节试图结合中国的经验，在分析引致银行非自愿超额准备金累积的因素基础上，建立超额准备金总量的动态模型，并运用动态模拟方法分离出非自愿超额准备金，然后依据我国银行资产负债表，从资金来源和运用的角度对其波动机制展开分析。

## 一、文献评述

国外学者对银行非自愿超额准备金的内涵、成因、测度与波动机制已经展开了较为深入的探讨。

非自愿超额准备金的概念最早是由阿格诺尔、艾森曼和霍夫迈斯特（Agenor，Aizenman & Hoffmaister，2004）提出。他们在分析东南亚金融危机背景下，泰国银行业出现的信贷紧缩是由银行自身提供贷款减少还是由借款者需求萎缩造成的问题时，首次将银行超额准备金分解为预防性动机超额准备金和超过这一动机而非自愿持有的超额准备金。随后，甘利（Ganley，2004）、希南（Heenan，2005）、奥康奈尔（O'Connell，2005）、萨克斯加德（Saxegaard，2006）、赫姆拉吉（Khemraj，2006、2007）等对这一概念展开了深入研究，并分析了诸多转型国家例如中欧、撒哈拉以南、加勒比海地区国家银行业累积大量无受益超额准备金的现象。

归纳起来，银行出于预防性动机而持有的超额准备金，其目的在于，当面临流动性风险的情形下，为了避免不可预计的资金支出所导致准备金不足时而出现的损失（Agenor et al.，2004）。但是，当银行持有预防性超额准备金的同时，也面临着放弃贷款和债券投资收益而产生的机会成本。那么，最优的预防性超额准备金水平将是由银行避免准备金不足带来损失而产生的边际潜在收益，与放弃贷款和债券投资收益而产生的边际机会成本所决定的。可以推论，如果银行超过这一最优水平而继续累积超额准备金，就有可能会使得边际收益递减而小于边际成本。在此情形下，多出的超额准备金既无须应付不可预计的支出，也不能产生盈利，这就是被学术界所定义的非自愿超额准备金（Ganley，2004；Heenan，2005；O'Connell，2005；Saxegaard，2006）。各位学者还进一步认为，银行所持有的预防性超额准备金是出于预防性动机下最优资产组合行为的结果，不会对产出和价格构成压力，对此中央银行无须过多关注。而非自愿超额准备金就有可能会导致宏观经济运行的不稳定，这也是他们展开研究的意义所在。

在分析银行累积非自愿超额准备金的成因时，目前并无一个完整的理论框架，而只能从各国具体情况加以总结。我们大致可以依据银行资产负债表，从资金来源和运用的角度加以分析。

从资金来源来看，甘利（2004）认为经常项目和资本项目顺差，IMF 援助以及财政赤字货币化造成了中欧转型经济国家银行业累积非自愿超额准备。希南（2005）提出，除了上述因素之外，存款利率管制所导致的存款激增促使撒哈拉以南国家的银行业也出现了类似情况。从资金运用来看，一般认为，当存在阻碍银行将超过预防性动机的超额准备金用于发放贷款和投资债券的因素时，也就累积了非自愿超额准备金。这些因素通常还可以区分为周期性因素和制度性因素（Heenan，2005）。首先，就周期性因素而言，如果借用凯恩斯流动性偏好理论的观点，也就是说，在经济下行周期中，银行出于投机性动机减少贷款和债券投资同时会增持非自愿超额准备金。希南（2005）、奥康奈尔（2005）、萨克斯加德（2006）以撒哈拉以南国家为例，认为当经济运行进入下行周期，银行可能认为市场利率的下降会使得其持有货币降低风险的机会成本也随之降低，从而不愿放贷和投资债券，并持有了大量超过预防性动机的超额准备金。最为极端的情形是，经济运行进入了流动性陷阱状态，中央银行无论注入多少准备金，都被银行所持有。此外，阿格诺尔等（2004）在分析东南亚金融危机中泰国银行业出现的信贷紧缩时指出，经济下行周期会使得企业盈利预期下降，信贷需求减少，同时银行回避信贷风险也会缩减贷款而累积了非自愿超额准备金。其次，在制度性因素中，在贷款市场上，奥康奈尔（2005）、萨克斯加德（2006）仍以撒哈拉以南国家为例，指出非对称信息所形成的逆向选择效应，会使得银行不愿降低贷款利率以吸引借款人，从而导致贷款市场不易出清，而银行也就相应地累积了非自愿超额准备金。赫姆拉吉（2006、2007）以加勒比海地区国家为例，认为当贷款市场结构处于高度寡占状态时，少数几家银行为获得垄断利润，可能通过合谋行为提高贷款利率和缩减贷款总量，从而累积了非自愿超额准备金。希南（2005）、奥康奈尔（2005）还分析了非市场经济国家贷款市场的情况，他们认为以国有银行为主导的银行业并非追求利润最大化目标，同时在存在贷款利率和规模管制时，也可能出现非自愿超额准备金的累积。此外，就债券市场而言，甘利（2004）、赫姆拉吉（2007）还分别以中欧转型经济国家和加勒比海地区国家为例，指出当国债市场也处于高度寡占状态时，少数几家银行可能通过合谋行为控制国债招标利率而获得垄断利润，同时会累积非自愿超额准备金。

在探讨非自愿超额准备金的测度方法上，阿格诺尔等（2004）建立了预防性超额准备金的动态模型，并利用数据通过动态模拟方法测算出预防性超额准备金的动态预测值，如果超额准备金的实际值与预测值相差超过两倍的预测标准差时，则认为存在非自愿超额准备金。萨克斯加德（2006）建立了包含预防性超额准备金和非自愿超额准备金决定因素的总超额准备金的动态模型，先通过动态模拟方法测算出总超额准备金的动态预测值，然后将该动态预测值分解得到非自愿超额准备金的预测值。

在探讨非自愿超额准备金的波动机制上，萨克斯加德（2006）以撒哈拉以南国家为例，依据银行资产负债表，试图从资金来源和运用的角度，分析了银行持有非自愿超额准备金的波动机制。研究显示，尼日利亚的银行业在1992～1993年、2001～2002年期间受到贷款利率的管制，从而使得贷款成本上升和贷款萎缩，并致使非自愿超额准备金迅速攀升，同时，在2004年还受政府的财政存款从商业银行账户转入央行账户的影响，非自愿超额准备金又有所回落。此外，乌干达银行业在1995～2003年对政府部门的贷款急剧扩张，也使得这一时期的非自愿超额准备金持续下降。

事实上，自1998年中国人民银行改革存款准备金制度以来，我国的商业银行可以自行决定其超额准备金数量。不仅如此，迄今为止，宏观经济运行经历了一个由衰退到扩张，然后逐渐下行并再次企稳回升的完整周期，而银行所持有的非自愿超额准备金也有可能受到多种经济因素的综合作用而发生波动。但是，目前国内学者对我国银行业持有非自愿超额准备金的研究仍显不足，大多把中国人民银行所调控的银行体系流动性的衡量指标直接视为超额准备金总量而未加分解（夏斌、陈道富，2007；钱小安，2007），同时，实务界也广泛认为，中国人民银行对银行体系流动性所展开的管理主要针对的是超额准备金总量（戴根有，2003；中国人民银行，2006；吴晓灵，2007；易纲，2008）。刘锡良（2007）曾指出，银行出于投机性动机而非预防性动机所持有的超额准备金应作为银行体系流动性的衡量指标，但是，他没有对其波动机制展开进一步的讨论。

　　鉴于上述分析，我们试图在借鉴国内外相关研究的基础上，结合中国的经验，首先试图通过建立超额准备金总量的动态模型并运用动态模拟方法分离出非自愿超额准备金，在此基础上，依据我国银行资产负债表，从资金来源和运用的角度对其波动机制展开分析。与现有文献相比，我们在建立超额准备金总量的动态模型时，考虑到当前中国人民银行所执行的再贴现利率远高于银行间市场利率，银行出现流动性不足时通常转向同业融资的实际情况，在设定预防性超额准备金的决定因素时，采用银行间债券市场回购利率代替了再贴现利率。此外，由于我国尚存在银行超额准备金付息制度，在设定非自愿超额准备金的决定因素时，引入了超额准备金利率。

## 二、超额准备金动态模型的设定与估计

　　我们首先建立了包含预防性超额准备金和非自愿超额准备金决定因素的超额准备金总量需求的动态模型，先通过动态模拟方法计算出超额准备金总量的动态预测值，然后将该动态预测值分解得到非自愿超额准备金的预测值，在此基础上，依据我国银行资产负债表，从资金来源和运用的角度对其波动机制展开分析。

### （一）模型设定

　　我们将总超额准备金需求的动态模型中的自回归项滞后阶数设定为1，那么，该模型如下式表示：

$$ER_t = c + \alpha_1 ER_{t-1} + \alpha_2 X_t^1 + \alpha_3 X_t^2 \tag{1.1}$$

式中，$ER$ 表示总超额准备金率，$X^1$，$X^2$ 分别表示预防性超额准备金率和非自愿超额准备金率的决定因素。$c$ 为常数项，$\alpha_1$，$\alpha_2$，$\alpha_3$ 分别为各项影响系数。

对于预防性超额准备金率的决定因素（$X^1$）而言，它们取决于银行面临流动性风险的情形下，持有预防性超额准备金所避免不可预计的资金支出（Agenor et al.，2004）。阿格诺尔等将这些不可预计的资金支出概括为：（1）法定准备金率（$RR$）的调整；（2）流动性不足时向中央银行融资时的再贴现利率（$i_d$）；（3）因存款波动和贷款违约风险所导致的资金支出，可用产出缺口波动率（$VOL_{\tilde{Y}}$）和现金波动率（$VOL_{CD}$）表示。不难看出，法定准备金率 $RR$ 的上升，说明银行将要缴纳更多无收益的准备金从而承担了更多的机会成本，这会促使其持有更少的预防性超额准备金。产出缺口波动率和现金波动率上升，意味着银行发放贷款的违约风险和存款者挤提存款的风险上升，这会使得银行持有更多的预防性超额准备金。再贴现利率上升，说明银行面临流动性不足时向中央银行融资的成本上升，这也会使得银行提高预防性超额准备金的持有量。同样地，我们按照这一思路来构建我国银行预防性超额准备金的决定因素。值得说明的是，中国人民银行所执行的再贴现利率通常远高于银行间市场利率，银行出现流动性不足时通常是转向同业融资，因此，我们用银行间债券市场回购利率（$i_{repo}$）代替再贴现利率。由此，（$X^1$）可以表示为：

$$X^1 = \left\{ RR, Vol_{\tilde{Y}}, Vol_{CD}, i_{repo} \right\}$$
$$\quad\quad - \quad\quad + \quad\quad + \quad\quad +$$

就非自愿超额准备金率的决定因素（$X^2$）而言，我们可以依据我国银行业资产负债表，从资金来源与运用的角度加以分析。从资金来源看，银行业所吸收的存款（$DEP$）和人民银行收购外汇资产而向银行体系注入的外汇占款（$FORE$）会使得非自愿超额准备金累积[①]。从资金运用看，银行业发放贷款（$CREDIT$）和购入债券（$BOND$）会使得非自愿超额准备金降低。如果再进一步分析影响资金运用的周期性因素和制度性因素，我们引入贷款利率（$i_l$）作为反映银行在非自愿超额准备金与贷款之间资产组合行为的周期性因素。不难看出，贷款利率上升，意味着经济运行处于上行周期，中央银行采取了从紧的

---

① 中国人民银行在本币公开市场上向银行体系注入或回笼准备金对非自愿超额准备金所产生的影响，已经体现在银行存款 $DEP$ 之中。

政策操作以抑制需求，而银行却从投机性动机出发，认为持有货币降低风险的机会成本也随之上升，从而减少超额准备金而更愿意放贷和投资债券。那么，对于制度性因素而言，我国贷款市场的非对称信息所导致市场无法出清的情形同样存在，同时四大国有商业银行在存贷款市场份额达到53.2%，市场集中度指数超过55%，市场结构处于中上集中寡占状态（何明燕，2007），由此也会产生非自愿超额准备金的累积。但是，我们认为，这些制度性因素很难通过选取某一代理变量加以识别，并且从长期看，这些制度性因素是相对稳定的，其对非自愿超额准备金的影响效应可以假定不变。再就银行间债券市场而言，现券交易市场和回购交易市场的集中度指数分别为29.8%~37.2%和25.25%~29.94%，市场结构处于中下集中寡占状态（杨学兵、张涛，2003），可能不会因此而导致非自愿超额准备的累积，我们就不再另设代理变量加以识别。此外，中国人民银行对超额准备金支付利息，那么超额准备金利率（$i_{er}$）上升，使得银行所持有超额准备金收益增加而增持。由此，$X^2$ 可以表示为：

$$X^2 = \{DEP, FOR, CREDIT, BOND, i_l, i_{er}\}$$
$$+ \quad + \quad - \quad - \quad - \quad +$$

### （二）数据选取与来源

总超额准备金率由"中央银行对存款类金融机构负债/（活期存款 + 准货币）– 法定存款准备金率"计算而得。产出缺口（$\tilde{Y}$）由"（实际产出 – 潜在产出）/潜在产出"计算而得，其中，实际产出采用以1994年第1季度不变价格计算的GDP值，潜在产出则由实际产出通过HP法滤波而得。产出缺口波动率由产出缺口标准离差经4个季度的移动平均计算而得。现金波动率是对现金占（活期存款 + 准货币）比重采用上述同种方法计算而得。银行间债券市场回购利率采用7天加权回购品种。银行业存款、外汇占款、银行业贷款和购入债券分别由（活期存款 + 准货币）、外汇占款、金融机构各项贷款余额和金融机构有价证券及投资表示。贷款利率由金融机构一年期贷款基准利率表示。此外，实际产出、产出缺口波动率、现金波动率、银行业存款、外汇占款、银行业贷款、债券投资具有强烈的季节波动特征，我们采用了 X12 方法进行了季节调整。为了消除条件分布的异方差性，我们还对银行业存款、外汇占款、银行业贷款、债券投资进行自然对数变换，分别记为 lnDEP、lnFORE、 ln$CREDIT$ 和 ln$BOND$。上述数据均来源于《中国人民银行统计季报》、《中国经济景气月报》和中国债券信息网，样本区间为 1998 年第 1 季度至 2010 年第 1 季度。

### （三）数据处理与结果分析

对时间序列进行回归，必须要求变量是平稳的，否则会造成"伪回归"现象，或者是一阶差分平稳，且回归残差是平稳的，这可说明变量具有协整关系，也能避免"伪回归"问题。鉴于此，我们运用 ADF 方法进行单位根检验，如表 1－1 所示，各个变量均可以通过一阶差分后平稳。

表 1－1　　　　　　　　　各变量 ADF 单位根检验结果

| 变量 | 检验类型（$c$, $t$, $l$） | ADF 值 | P 值 |
| --- | --- | --- | --- |
| D（$ER$） | （$c$, 0, 7） | －2.031 | 0.041 ** |
| D（$RR$） | （$c$, $t$, 0） | －4.809 | 0.001 *** |
| D（$VOL_Y$） | （$c$, 0, 2） | －6.139 | 0.000 *** |
| D（$VOL_{CD}$） | （$c$, 0, 3） | －6.080 | 0.000 *** |
| D（ln$DEP$） | （$c$, $t$, 0） | －5.422 | 0.000 *** |
| D（ln$FORE$） | （$c$, $t$, 0） | －4.536 | 0.003 *** |
| D（ln$CREDIT$） | （$c$, $t$, 0） | －4.513 | 0.004 *** |
| D（ln$BOND$） | （$c$, $t$, 0） | －6.582 | 0.000 *** |
| D（$i_{repo}$） | （$c$, 0, 5） | －3.953 | 0.003 *** |
| D（$i_l$） | （$c$, 0, 0） | －5.445 | 0.000 *** |
| D（$i_{er}$） | （$c$, $t$, 0） | －7.393 | 0.000 *** |

注：（1）检验类型（$c$, $t$, $l$）中 $c$、$t$、$l$ 分别表示常数项、时间趋势和滞后阶数；（2）**、*** 分别表示在 5%、1% 的水平上显著；（3）D 为差分记号。

由此，我们对式（1.1）进行回归，并通过从一般到特殊法逐步剔除不显著变量，回归结果如下式所示：

$$ER_t = 0.276ER_{t-1} - 0.218RR + 0.036\ln FORE - 0.075\ln CREDIT + 0.573$$
$$\quad (1.960)^* \quad (-2.173)^{**} \quad (2.226)^{**} \quad (-2.455)^{**} \quad (2.722)^{***}$$

adj. $R^2$ = 0.584　　　　S. E = 0.013　　　　F = 17.542　　　　（1.2）

式中，括号内为 t 检验值，*、**、*** 分别表示在 10%、5%、1% 的水平上显著。同时，回归残差经过麦金农（Mackinnon，1991）提出的响应面函数检验，在1%的显著性水平下是平稳序列。

不难看出，在预防性超额准备金率的决定因素中，仅法定准备金率通过检验，这说明，中国人民银行频繁调整法定准备金率对银行持有的预防性超额准备金产生了显著的影响。在非自愿超额准备金率的决定因素中，仅外汇占款、银行贷款通过检验。这也就表明，从资金来源与运用来看，外汇占款和银行贷款是导致我国银行非自愿超额准备金波动的主要渠道，同时也可以看出，我国银行业的债券投资并未影响到非自愿超额准备金的需求，这也就意味着，银行是在非自愿超额准备金与贷款之间展开资产组合。另外，贷款利率对非自愿超额准备金的影响程度也不显著，这可能与利率市场化程度较低有关，从中也可以推论，银行资产组合行为受到信贷风险等不可直接观察的周期性因素影响更大。

### 三、预防性与非自愿超额准备金的动态模拟

总超额准备金率是由预防性与非自愿超额准备金率加总而成，因此，式（1.1）在被估计出来之后，可以进一步分解为预防性与非自愿超额准备金率的表达式，即：

$$ER_t^P = \alpha c + \alpha_1 ER_{t-1}^P + \alpha_2 X_t^1 \tag{1.3}$$

$$ER_t^I = (1-\alpha) c + \alpha_1 ER_{t-1}^I + \alpha_3 X_t^2 \tag{1.4}$$

式中，$ER^P$、$ER^I$ 分别表示预防性和非自愿超额准备金率，$\alpha$ 是两个方程对常数项 $c$ 的分解比例。不难看出，式（1.3）、式（1.4）之和即为式（1.1），即：

$$ER_t = c + \alpha_1 (ER_{t-1}^P + ER_{t-1}^I) + \alpha_2 X_t^1 + \alpha_3 X_t^2 \tag{1.5}$$

可见，式（1.3）、式（1.4）同样是动态模型，那么，我们可以对式（1.1）通过动态模拟方法计算出总超额准备金率的动态预测值，然后在对将总超额准备金率的初始值分解为预防性和非自愿超额准备金率的初始值，以及对常数项 $C$ 分解的基础上，依据式（1.3）、式（1.4）将总超额准备金率的动态预测值分解得到预防性和非自愿超额准备金率的预测值。[①]

---

① 资料来源：作者根据各期《中国经济景气月报》计算得到。

采用动态模拟方法计算方程中因变量的动态预测值，是指从第 2 期开始，运用因变量的滞后拟合值和其他自变量的当期实际值，来计算当期因变量的拟合值，并通过多步拟合直至最后一期，从而得到因变量动态预测值的时间序列。

通过上述方法，我们可以根据式（1.1）得到总超额准备金率的动态预测值。然后，还要对总超额准备金率在 1998 年第 1 季度的初始值和常数项 $c$ 进行分解。萨克斯加德（2006）认为，应根据银行自身经营状况来确定总超额准备金率的初始值的分解比例。那么，我们大体上根据 1998 年我国银行业开始出现的惜贷倾向，假定银行持有的非自愿超额准备金略高于预防性超额准备金，比例为 6∶4。此外，我们还将常数项 $c = 0.573$ 进行分解，假定式（1.3）中的 $\alpha c = 0.039$，式（1.4）中的 $(1 - \alpha)c = 0.534$，原则是保证所计算出的预防性和非自愿超额准备金率动态预测值，介于零与总超额准备金率动态预测值之间[①]。经 Excel 软件计算，总超额准备金率实际值和预测值、预防性和非自愿超额准备金率的预测值分别如图 1 - 1 所示。

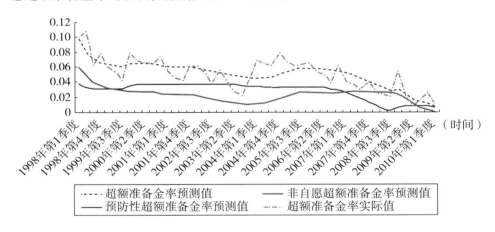

**图 1 - 1　各变量时间序列波动走势**

不难发现，自 1998 年第 1 季度至 2010 年第 1 季度，总超额准备金率的预测值和非自愿超额准备金率的预测值共同经历了一个先缓慢下行，逐渐抬升，然后再次下行的走势，而预防性超额准备金率的预测值则保持平稳下行的走势。这可能意味着，总超额准备金率的走势主要由非自愿超额准备金率所决定

---

① 事实上，为了保证研究结论的可靠性，我们还采用了其他数值进行尝试，发现均未影响到动态预测值的走势。

的。那么，再具体就非自愿超额准备金率的波动而言，其原因可以通过比较外汇占款和银行贷款增长幅度的相对差异加以分析。

1998 年初至 2002 年第 4 季度期间，银行非自愿超额准备金率表现出持续下降的趋势。这一时期我国宏观经济运行开始面临着内需不足和价格持续下跌的局面。在此情况下，银行在资产组合行为中，出于回避信贷风险而大幅度收缩贷款规模，贷款增长率从 1998 年第 1 季度的 15.1% 持续下跌至 2000 年第 3 季度的 2.7% 的最低点。但是，随着积极的货币财政政策作用开始显现，贷款增长率持续回升，到 2003 年初达到了 19.9%。与此同时，受东南亚金融危机的影响，人民币汇率出现贬值预期，经常项目和资本项目顺差在 1998 年上半年持续下滑，进而导致外汇占款增长率从第 1 季度的 24.78% 迅速降至 2000 年第 3 季度的 1.2% 的最低点，直至 2003 年初才有所回升至 17.3%。不难看出，外汇占款比银行贷款更加快速的回落，可能导致了银行非自愿超额准备金率的持续下降。①

但是，在 2003 年初开始至 2007 年第 4 季度期间，银行非自愿超额准备金率却表现先继续小幅下降然后转为持续上升的趋势。事实上，从 2003 年起，宏观经济运行开始复苏回升，银行出于盈利目的，以及四大国有银行为争取上市而降低不良贷款比率的动机驱使，开始扩大贷款规模，贷款增长率在 2003 年第 3、第 4 季度就达到了 23.5% 和 21.1% 的历史高位，这也导致了非自愿超额准备金率的继续下降。但是，从 2004 年开始，受到适度从紧的货币政策操作，以及 2004 年 2 月银监会颁布《商业银行资本充足率管理办法》，规定商业银行资本充足率在 2007 年之前达标的影响，我国银行业却出现了贷款紧缩以控制风险资产规模的倾向，贷款增长率从 2004 年第 1 季度的 20.09% 持续下降至 2005 年第 4 季度的 9.7%，直至 2007 年底才缓慢回升至 16.2%。与此同时，受人民币升值压力的影响，经常项目和资本项目顺差却持续扩大，外汇占款增长率在 2003 年第 3 季度就达到了 40.7%，到 2005 年上升至 55.4% 的最高值，到 2007 年第 4 季度仍然保持在 36.5% 的高位水平上。可见，外汇占款比银行贷款更加快速上升，导致了银行非自愿超额准备金率的持续上升。②

2008 年初之后，银行非自愿超额准备金率再次出现了下降的趋势。这一时期宏观经济运行开始回落，而银行出于回避信贷风险再次收缩贷款规模，贷

①② 资料来源：作者根据各期《中国经济景气月报》计算得到。

款增长率从年初的 16.7% 缓慢降至第 3 季度的 14.5%。但是，从第 4 季度开始，在扩张性的财政政策刺激作用和经济企稳回升的预期下，银行贷款意愿突然增强，贷款增长率不断攀升，到 2009 年底达到了 33.8% 的最高值。同时，受国际金融危机的影响，人民币再次出现了贬值压力，经常项目和资本项目顺差增幅缩减，外汇占款增长率从 2008 年初的 37.1% 持续下降至 2009 年底的 17.1%。可以推论，银行贷款的扩张和外汇占款的回落可能导致了非自愿超额准备金率的下降。

## 四、研究结论

本节试图结合中国的经验，在分析引致银行非自愿超额准备金累积的因素基础上，通过建立超额准备金总量的动态模型，并运用动态模拟方法分离出非自愿超额准备金，然后依据我国银行资产负债表，从资金来源和运用的角度对其波动机制展开分析。研究表明，自 1998 年第 1 季度至 2010 年第 1 季度，总超额准备金率的预测值和非自愿超额准备金率的预测值共同经历了一个先缓慢下行，逐渐抬升，然后再次下行的走势，而预防性超额准备金率的预测值则保持平稳下行的走势。这可能意味着，总超额准备金率的走势主要由非自愿超额准备金率所决定的。那么，再具体就非自愿超额准备金率的波动而言，又是由外汇占款和银行贷款增长的综合作用而引致的。这一结论揭示了引致我国非自愿超额准备金率波动的主要因素，并为预测和监测非自愿超额准备金率波动，准确判断银行体系流动性状态的变化，进而有序调整货币政策操作策略，提供了重要的决策参考。

# 第三节　银行非自愿超额准备金波动
# 对货币政策有效性的影响机制

随着流动性过剩及其逆转开始成为当前各国中央银行保证经济稳定运行所面临的重大挑战时，银行超过其预防性动机而非自愿持有的超额准备金，作为流动性状态的测度指标之一而逐步引起学术界的高度关注。这是因为，银行出于预防性动机而持有的超额准备金对货币政策的传导不会产生影响。而超过这一动机持有的非自愿超额准备金，就有可能会弱化货币政策的有效性（Ganley，2004；Heenan，2005）。而且，银行持有非自愿超额准备金的状态可能还具有周期性波动趋势，这可能意味着，在经济运行的不同时段上，货币政策传导的效应也具有非线性特征。如果以此变量观察不同流动性状态下货币政策的传导，也就会发现，随着经济运行在流动性过剩与短缺状态之间转换，货币政策传导效应将表现出流动性区制依赖特征（regime-dependent）而有所差异。在这种情况下，中央银行将难以有效地实施货币政策。

自1998年中国人民银行改革存款准备金制度以来，我国商业银行可以自行决定其超额准备金数量。而且，随着货币政策间接调控机制的建立，中国人民银行开始运用货币政策工具调控银行的超额准备金，以影响其贷款和投资意愿，进而实现经济稳定运行目标。可以推论，银行所持有的非自愿超额准备金也有可能影响到货币政策的调控力度。不仅如此，迄今为止，宏观经济运行经历了一个由衰退到扩张再逐渐下行的周期，银行持有非自愿超额准备金的状态可能受到多种经济因素的综合作用而发生周期性波动，如果以此反观我国流动性的状态和货币政策的有效性，有可能说明，随着流动性状态的转换，我国货币政策传导的效应表现出区制依赖的非线性特征。在这种情况下，探讨银行非自愿超额准备金波动对货币政策传导机制的影响，对于我国中央银行实现经济稳定运行具有重大的理论与实践价值。

目前国内学者对这方面的研究尚不多见，本章试图构建门限向量自回归（TVAR）模型，测算非自愿超额准备金周期性波动的门限值，以此作为判断流动性状态在过剩与短缺之间转换的临界值，同时还进一步分析导致流动性状态转换的原因，最后，对不同流动性状态下货币政策的有效性展开实证研究。

研究表明，自1998年以来，银行非自愿超额准备金状态发生了过剩与短缺之间的周期性交替转换，并且银行非自愿超额准备金过剩状态与短缺状态相比，货币政策传导的产出和价格效应均有所弱化，这也就意味着，随着银行非自愿超额准备金状态的转换，我国货币政策传导效应将表现出具有区制依赖的非线性特征。

## 一、文献评述

国外学者对银行非自愿超额准备金导致货币政策传导效应非线性的微观机

理以及检验已经展开了较为深入的探讨。

在非自愿超额准备金导致货币政策传导效应非线性的微观机理上，学术界一般认为，在中央银行运用货币政策工具向银行体系注入或回笼准备金，调控银行业的超额准备金数量，以引导其贷款和投资债券行为，进而实现货币量、市场利率和贷款总量等中介目标的过程中，银行在非自愿超额准备金与贷款、债券之间资产组合行为具有不确定性而难以预测，就有可能使得中介目标难以有效实现，进而影响到了货币政策的传导效应（O'Connell，2006）。而且，当银行持有非自愿超额准备金的变动状态处于较高水平时，这也意味着银行资产组合行为的不确定性将更为显著，在此情况下，中央银行将更难以预测到银行的行为模式，而货币政策的传导效应将会更弱。反之，如果非自愿超额准备金变动状态处于较低水平时，甚至更为极端的情形是，银行不持有非自愿超额准备金或者所持有的非自愿超额准备金水平保持不变时，这就意味着银行资产组合行为的不确定性相对较弱，从而可能被中央银行预测到，这样，货币政策的传导效应将会较强（Ganley，2004；Heenan，2005）。还可以进一步推论，当银行所持有非自愿超额准备金的状态在宏观经济运行过程中表现出周期性波动趋势时，货币政策传导效应也将在不同时段上表现出非线性的特征。如果以此变量观察流动性状态的转换和货币政策的有效性，也就会发现，随着经济运行在流动性过剩与短缺状态之间转换时，货币政策传导效应将表现出流动性区制依赖特征而具有非一致性（Saxegaard，2006）。

在对货币政策传导非线性效应的检验方法上，目前仅萨克斯加德（2006）以撒哈拉以南国家为样本，构建了内生变量为｛产出、价格、汇率、M0｝，门限变量为非自愿超额准备金率的 TVAR 模型，测算了非自愿超额准备金率波动的门限值，并以此作为判断流动性状态在过剩与短缺之间转换的临界值，同时还计算了不同流动性状态的 M0 冲击下产出和价格的响应函数，进而观察货币政策传导效应的非线性特征，同时也发现了流动性过剩状态与短缺状态相比，货币政策传导的产出和价格效应均有所弱化。

目前国内学者对我国银行业持有非自愿超额准备金的研究尚未充分展开。大多数学者采用了其他变量作为衡量流动性状态的指标，并分析了不同流动性状态下货币政策有效性的问题。彭方平等（2008）以存贷差作为衡量指标，建立平滑转换结构向量自回归模型（STSVAR），考察了 1990～2006 年流动性状态转换情况，并分析了 M2 对价格和产出影响效应的非线性特征，然而研究结果却表明，流动性过剩状态与短缺状态相比，仅弱化了价格效应，但强化了产出效应。吕江林等（2008）建立了马尔可夫区制模型（MS），以时间来区分流动性状态的转换，探讨了1998~2007年基础货币、存款准备金率和基准利率对货币供应量影响效应的非线性特征，发现流动性过剩状态下存款准备金工具较为有效，而流动性短缺状态下利率工具较为有效。不难看出，这些实证分析缺乏银行在非自愿超额准备金和贷款、债券之间资产组合行为这一微观机理层面的基础，从而使得研究结论的可靠性和政策参考性有待于检验。

事实上，自1998年中国人民银行改革存款准备金制度以来，我国银行业可以自行决定其超额准备金数量。与此同时，随着货币政策间接调控机制的建立，中国人民银行开始运用货币政策工具向银行体系注入或回笼准备金，调控银行业的超额准备金数量，以引导其贷款和投资债券行为，进而实现经济稳定运行目标。不难认为，银行在非自愿超额准备金和贷款、债券之间资产组合行为影响货币政策有效性的微观机理是可能存在的。那么，本节将利用第一节获得的银行业非自愿超额准备金率估计值，建立TVAR模型测算其周期性波动的门限值，以此作为判断流动性状态在过剩与短缺之间转换的临界值，同时还进一步分析导致流动性状态转换的原因，最后，对不同流动性状态下货币政策的有效性展开检验。

## 二、银行非自愿超额准备金转换的门限值估计

如果以非自愿超额准备金来反映流动性状态的变化，并且银行持有非自愿超额准备金的状态在样本区间内还具有周期性波动趋势时，这可能意味着这一时期我国宏观经济运行的流动性状态也发生了过剩与短缺之间的转换。我们试图构建TVAR模型，测算出非自愿超额准备金周期性波动的门限值，以此作为判断流动性状态在过剩与短缺之间转换的临界值，并分析导致流动性状态转换的原因。

### （一）两区制TVAR模型

TVAR模型是将主流非线性时间序列模型之一门限模型（threshold model）（Tong，1978）与VAR模型相结合，用于刻画不同区制或状态（regime or classes）

下，变量之间作用机制和效应的区制依赖、非线性的动态特征（Tsay，1998；Balke，2000）。或者说，该模型试图说明不同区制下变量之间的影响关系具有门限效应（threshold effect）而有所差异。TVAR 模型通常如下式所示：

$$Y_t = \mu^1 + A^1 Y_t + B^1(L) Y_{t-1} + (\mu^2 + A^2 Y_t + B^2(L) Y_{t-1}) I(c_{t-d}) + \varepsilon_t \quad (1.6)$$

式中，$Y$ 是由内生变量组成的向量，$\mu^1$、$\mu^2$ 分别表示不同区制下的常数向量，$A^1$、$B^1(L)$ 与 $A^2$、$B^2(L)$ 分别表示不同区制下的系数矩阵，其中，$B(L)$ 为滞后多项式矩阵，$\varepsilon$ 表示结构式冲击，$c_{t-d}$ 表示决定区制类型的门限变量，$d$ 为滞后期，$I(c_{t-d})$ 为识别两种区制类型的指示函数，若门限值为 $\gamma$ 时，有：

$$I(c_{t-d}) = \begin{cases} 1 & c_{t-d} > \gamma \\ 0 & c_{t-d} < \gamma \end{cases} \quad (1.7)$$

式（1.7）表明，当 $c_{t-d} > \gamma$ 时，$I(c_{t-d}) = 1$，则 TVAR 模型表现为区制 2 下的 VAR 模型，其系数为 $\mu^1 + \mu^2$、$A^1 + A^2$、$B^1(L) + B^2(L)$。反之，当 $c_{t-d} < \gamma$ 时，$I(c_{t-d}) = 0$，则 TVAR 模型表现为区制 1 下的 VAR 模型，其系数为 $\mu^1$、$A^1$、$B^1(L)$。事实上，门限变量 $c_{t-d}$ 通常被设定为 $Y$ 的内生变量之一，这使得 TVAR 模型的区制转换是内生的。

在对 TVAR 模型估计时，首先需要检验该模型是否为非线性的。然而，在"模型为线性"的原假设下，门限值是未知的，这就使得传统的检验统计量不再服从 $\chi^2$ 分布，而非标准分布的临界值又无从获得，这也就是统计检验上的"戴维斯问题"（davies problem）。对此，一个通常的检验方法是，对门限变量和所有可能的门限值进行格栅搜索（grid search），也就是说，在每个可能门限值的情况下，通过最小二乘法对门限模型进行估计。此时，门限值将 TVAR 模型分割成两个不同区制下的系统，这样，就可以利用 Wald 统计量检验两种区制下的模型系数差异情况（Hansen，1996、1999；Galbraith，1996；Balke，2000）。Wald 统计量又包括为：sup-Wald 表示所有可能门限值中最大的 Wald 统计量；avg-Wald 表示所有可能门限值 Wald 统计量的平均；exp-Wald 统计量表示指数化 Wald 统计量之和的函数。如果上述检验拒绝了原假设，门限值也就被估计出来。

## （二）变量的选取与说明

我们所构建 TVAR 模型中的内生变量包括实际产出（$Y$）、价格（$P$）、准备金总量（$TR$）和非自愿超额准备金率（$ER^I$）。其中，实际产出和价格表示货币政策目标变量，准备金总量表示工具变量，非自愿超额准备金率表示门限变量，这就可以说明，中央银行运用货币政策工具实现产出和价格目标的非线性效应。其中，实际产出采用以 1994 年第 1 季度不变价格计算的 GDP 值，价格采用以 1994 年第 1 季度为基期的消费价格指数，准备金总量由"中央银行对存款类金融机构负债"表示，非自愿超额准备金率取自上节计算结果，此外，我们还对实际产出、准备金总量进行了 X12 方法季节调整。还值得说明的是，TVAR 模型要求变量满足平稳性条件，我们运用 ADF 方法进行单位根检验，检验结果表明均含一个单位根过程。由此，我们对各变量取对数和一阶差分处理，进而转换为增长率形式，检验表明均为平稳序列，这样，TVAR 模型的内生变量也就设定为实际产出增长率（D（$\ln Y$））、通货膨胀率（D（$\ln P$））、准备金总量增长率（D（$\ln TR$））和非自愿超额准备金率的增长率（D（$\ln ER^I$）），而门限变量也就相应为非自愿超额准备金率的增长率，这意味着，TVAR 模型将存在非自愿超额准备金率的增长率处于"较高"的流动性过剩和"较低"的流动性短缺两种区制[①]。上述数据均来源于《中国人民银行统计季报》《中国统计年鉴》，各变量单位根检验如表 1 - 2 所示。

表 1 - 2 各变量 ADF 单位根检验结果

| 变量 | ADF 检验 | 检验类型（$c$, $t$, $l$） | 临界值 |
|---|---|---|---|
| D（$\ln Y$） | - 7.525 | （$c$, 0, 0） | - 3.605 [***] |
| D（$\ln P$） | - 4.127 | （$c$, $t$, 6） | - 3.544 [**] |
| D（$\ln TR$） | - 4.971 | （$c$, 0, 0） | - 3.605 [***] |
| D（$\ln ER^I$） | - 3.653 | （$c$, 0, 0） | - 3.605 [***] |

注：（1）检验类型（$c$, $t$, $l$）中 $c$, $t$, $l$ 分别表示常数项、时间趋势和滞后阶数；（2）**、***分别表示在 5%、1%的水平上显著。

### （三）TVAR 模型的非线性检验

在进行检验之前，还需要设定系数矩阵 $A$ 中各变量的递归次序，TVAR 模型的滞后阶数 $L$，门限变量 $c_{t-d}$ 的滞后期 $d$，以及门限变量通常是采用移动

---

[①] 萨克斯加德（2006）在构建 TVAR 模型时并没有对各变量进行平稳性检验，这种做法是值得探讨的。同时，他直接以非自愿超额准备金率这一水平量的高低反映银行持有非自愿超额准备金的变动状态，但是，我们认为，采用增长率形式更为恰当。

平均形式，因此，还要考虑移动平均的长度。一般地，矩阵 $A$ 中各变量的递归次序反映了变量同期之间相互决定的因果关系，按照大多数文献所认同的"产出，价格，货币政策工具变量，金融市场变量"的因果关系[①]，我们将递归次序设定为"实际产出增长率，通货膨胀率，准备金总量增长率，非自愿超额准备金率的增长率"。同时，我们在基准线性 VAR 模型中，运用 SIC 和 AIC 准则对滞后阶数 $L$ 为 $1 \sim 4$，门限变量滞后期 $d$ 为 $1 \sim 4$，及其移动平均长度为 $2 \sim 4$ 的各种情形进行检验，SIC 准则表明 $L=1$、$d=1$、移动平均长度为 4，而 AIC 准则表明 $L=4$、$d=3$、移动平均长度为 4。我们采用了丢失数据较少的 SIC 准则下的结论。我们运用 rats 程序展开检验，结果如表 $1-3$ 所示。

表 $1-3$　　　　　　　　　TVAR 模型非线性检验与门限值

| 门限变量 D（$\ln ER^I$） | Wald 检验 | | |
|---|---|---|---|
| | sup-Wald | avg-Wald | exp-Wald |
| $-0.0658$ | 105.89 (0.00) | 82.07 (0.00) | 50.61 (0.00) |

注：括号内为通过汉森（Hansen，1996）提出的 bootstrap 方法得到的 P 值，重复次数为 500。

不难看出，Wald 检验结果表明，均在 1% 显著性水平上拒绝"模型为线性"的原假设，门限值为 $-6.58\%$。这说明，当非自愿超额准备金率的增长率高于 $-6.58\%$ 时，经济运行处于流动性过剩状态，反之则处于流动性短缺状态。如果再进一步比较整个样本区间内门限变量与门限值两个序列的关系，如图 $1-2$ 所示，实线为非自愿超额准备金率的增长率，虚线为门限值，不难发现，非自愿超额准备金率的增长率在门限值上下呈周期性波动趋势，从而使得宏观经济运行表现出在流动性过剩与短缺两种状态周期性交替转换的特征。具体而言，自 1998 年第 3 季度至 2008 年第 2 季度，流动性状态大致上经历了 1998 年第 3 季度至 2002 年第 1 季度的过剩，2002 年第 2 季度至 2003 年第 4 季度的短缺，2004 年第 1 季度至 2007 年第 2 季度的过剩，2007 年第 3、4 季度的短缺，2008 年第 1、第 2 季度再次小幅过剩的转换。而其

---

[①]　关于递归次序的设定参见伯南克、格特勒和沃斯顿（Bernanke, Gertler & Waston, 1997），利珀、西姆斯和查（Leeper, Sims & Zha, 1996），巴尔克（Balker, 2000）。

原因我们可以通过比较外汇占款与银行业贷款增长幅度的差异加以分析，同时银行贷款利率作为周期性因素在某些时段也有一定的解释力[①]。此外，为了便于反映这一时期宏观经济运行的变动状况，我们依据中国经济景气监测中心发布的国民经济预警指数，在图 1-2 中用阴影部分标明了经济运行处于偏冷和偏热的时段，其中，1998~2002 年的阴影部分表明为偏冷，2004~2008 年的阴影部分表明为偏热。

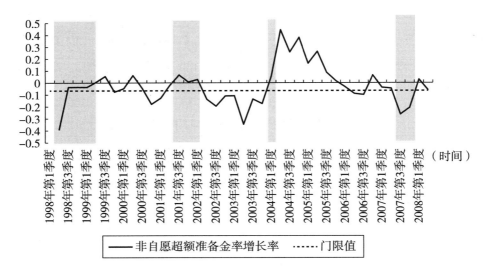

图 1-2　非自愿超额准备金率的增长率与门限值波动趋势

我国宏观经济运行在 1998 年第 3 季度至 2002 年第 1 季度期间进入了下行周期，开始面临着内需不足和价格持续下跌的局面。GDP 增长率从 1987 年的 8.8% 降至 7%~8%，CPI 在 1998 年 4 月开始出现负值[②]。在此情况下，银行在资产组合行为中，出于回避信贷风险而大幅度收缩贷款规模，出现了"惜贷""慎贷"倾向，贷款增长率从 1998 年第 3 季度的 17.11% 持续下跌至 2000 年第 3 季度的 2.7% 最低点，然后随着经济运行在 2000 年第 4 季度和 2001 年第 1 季度的短暂恢复，进而有所上升，至 12%~13%[③]。同一时期中国人民银

---

　　① 这里忽略了对 1998 年第 2 季度的解释，原因在于该时点非自愿超额准备金率的增长率可能受到事先设定第 1 季度非自愿超额准备金初始值的影响。事实上，该时点所表现出的流动性短缺，可以从外汇占款增长率自第 1 季度的 24.78% 迅速降至第 2 季度的 15.62%，而银行业贷款增长率基本维持在 15.4%、15.6% 加以解释。

　　② 资料来源：各期《中国经济景气月报》。

　　③ 贷款增长率在这两个季度快速上升，到 2001 年第 1 季度达到 6.9%，这可能解释了这一时期暂时出现流动性短缺的情形。

行 3 次下调贷款利率，使得其持有货币降低风险的机会成本降低，从而进一步紧缩贷款和增持准备金。与此同时，受东南亚金融危机的影响，经常项目和资本项目顺差在 1998 年上半年持续下滑，进而导致外汇占款增长率从第 1 季度的 24.78% 迅速降至第 3 季度的 5.91%，但是此后开始出现缓慢上升趋势，到 2002 年第 1 季度达到了 23.6%。① 不难看出，外汇占款增长率的上升和贷款增长率的下降导致了流动性过剩。

从 2002 年起，宏观经济运行开始复苏并进入了上行周期。2002 年第 2 季度至 2003 年第 4 季度，GDP 增长率平均达到了 9.1%，CPI 从 2003 年 1 月开始出现正值。银行出于盈利目的，以及四大国有银行为争取上市而降低不良贷款比率的动机驱使，开始扩大贷款规模，贷款增长率从 2002 年第 2 季度的 13.6% 迅速上升至 2003 年第 4 季度的 23.2%。同时，外汇占款增长率出现了先降后升的趋势，从 2002 年第 2 季度的 24.8% 降至第 4 季度的 17.2%，再上升至 2003 年的 29% 的水平上。② 可见，贷款比外汇占款更加快速上升，导致了流动性短缺。

2004 年第 1 季度至 2007 年第 2 季度，宏观经济运行出现了偏快的迹象。这一时期 GDP 增长率平均达到了 10.7%，CPI 基本维持在 3% 以上。但是受到中国人民银行适度从紧的政策操作，以及 2004 年 2 月银监会颁布《商业银行资本充足率管理办法》，规定商业银行资本充足率在 2007 年之前达标的影响，我国银行业却出现了贷款紧缩以控制风险资产规模，贷款增长率从 2004 年第 1 季度的 20.09% 持续下降至 2005 年第 4 季度的 9.7%，直至 2007 年第 2 季度缓慢上升至 16.4%。与此同时，受人民币升值压力的影响，经常项目和资本项目顺差却持续扩大，而外汇占款增长率从 2004 年第 1 季度的 36.13% 上升至 2007 年第 2 季度的 43.29%。③ 因此，外汇占款比贷款更加快速上升，导致了流动性过剩。④

到 2007 年第 3、第 4 季度，宏观经济运行开始由偏快转变为过热，GDP 增长率和 CPI 分别达到了 12.2%、11.9% 和 6.2%、6.5%。而银行不断扩张贷款规模，贷款增长率在 10 月达到了 17.6% 的历史高位。与此同时，中国人民银行连续四次加息，使得其持有货币降低风险的机会成本上升，从而

---

①②③　资料来源：各期《中国经济景气月报》。
④　事实上，外汇占款的增长也导致了 M2 增长率快速上升，并与贷款增长率的紧缩形成了这一时期特有的"宽货币、紧信贷"现象。

进一步促使其发放贷款。但是，人民币升值预期开始减弱，资本项目在下半年开始出现逆差，外汇占款增长率在第 3 季度的 45.2% 开始持续回落，至第 4 季度为 36.5%。不难推论，外汇占款增长率的下降和贷款增长率的上升导致了流动性短缺。

受从紧货币政策的影响，宏观经济运行在 2008 年第 1、第 2 季度开始回落，GDP 增长率和 CPI 出现持续下跌的趋势，分别为 10.6%、10.4% 和 8.3%、7.1%。银行出于回避风险再次收缩贷款规模，贷款增长率从年初的 16.7% 开始持续下滑至 2 季度的 14.1%。同时，经常项目和资本项目顺差增幅缩减，外汇占款增长率仍缓慢下降，到第 2 季度降至 32.5%。可以推论，贷款增长率由升转降有可能导致了流动性的小幅过剩。

可见，随着宏观经济运行状况的周期性波动，在外汇占款、银行业贷款以及贷款利率的综合作用下，流动性状态表现出过剩与短缺之间周期性交替转换，但是，同时也可以看出，每次过剩之间、短缺之间所处的经济状况却大为不同。

## 三、不同银行非自愿超额准备金状态下货币政策的有效性分析

随着非自愿超额准备金率的增长率在门限值上下呈周期性波动趋势，宏观经济运行表现出在流动性过剩与短缺两种状态周期性交替转换的特征。那么，按照理论推论，流动性过剩状态与短缺状态相比，银行持有的非自愿超额准备金变动状态处于较高水平，这也意味着银行资产组合行为的不确定性将更为显著，由此，货币政策的传导效应会相对弱化。那么，随着经济运行在流动性过剩与短缺状态之间转换时，货币政策传导效应也将表现出区制依赖的非线性特征。我们将通过计算 TVAR 模型中准备金总量冲击下产出和价格变化的响应函数（impulse response function，IRF），以观察两种区制下货币政策传导的产出和价格效应是否有所差异。

非线性模型的 IRF 与线性模型的情况相比，不同之处在于具有区制依赖系数，并依赖于模型变量的历史和冲击大小及方向。我们采用库普等（Koop et al.，1996）提出的广义脉冲响应函数（generalized impulse response function，GIRF）来计算。GIRF 表示为：

$$\text{GIRF}_K = \text{E}(Y_{t+K} \mid u_t, \Omega_{t-1}) - \text{E}(Y_{t+K} \mid \Omega_{t-1}) \tag{1.8}$$

式中，$K$ 为预测水平，$u_t$ 为冲击，$\Omega_{t-1}$ 为 $t-1$ 时刻的历史信息集，$E(\cdot)$ 为期望算子。可见，GIRF 取决于冲击 $u_t$ 下 $Y_{t+K}$ 条件期望的变化量。我们运用 rats 程序分别计算了流动性过剩与短缺两种状态下，1 个正向标准差的准备金总量冲击下产出和价格变化的响应函数，结果如图 1-3、图 1-4 所示，横轴表示预测期间，预测水平 $K=15$，纵轴表示产出和价格做出响应的百分比，虚线和实线分别表示流动性短缺与过剩状态下的响应函数。

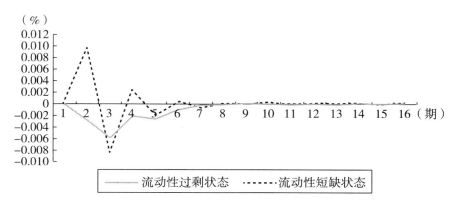

图 1-3　准备金总量冲击下产出变化的响应函数

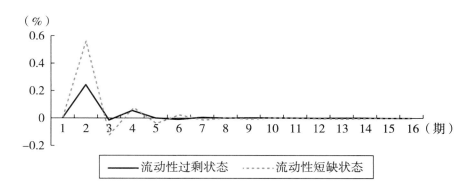

图 1-4　准备金总量冲击下价格变化的响应函数

图 1-3 表示准备金总量冲击下产出变化的响应函数。在流动性短缺状态下，产出在第 2 期做出了 0.0096% 的正向响应，在第 3 期转换为 -0.00845% 的负向响应，然后逐渐振荡衰减直至为零。而在流动性过剩状态下，产出在第 2、第 3 期分别做出了 -0.00276%、-0.00578% 的负向响应，然后逐渐振荡衰减直至为零，并且响应程度均小于流动性短缺下的情形。

图 1-4 表示准备金总量冲击下价格变化的响应函数。在流动性短缺状态

下，价格在第 2 期做出了 0.5579% 的正向响应，在第 3 期转换为 −0.1238% 的负向响应，然后逐渐振荡衰减直至为零。而在流动性过剩状态下，价格在第 2 期做出了 0.2408% 的正向响应，在第 3 期转换为 −0.0158% 的负向响应，然后逐渐振荡衰减直至为零，并且响应程度也均小于流动性短缺下的情形。

可见，流动性过剩状态与短缺状态相比，中国人民银行通过向银行体系调控准备金进而实现产出和价格目标时，货币政策的传导效应会相对弱化，这也就意味着，随着经济运行在流动性过剩与短缺状态之间转换时，货币政策传导效应将表现出区制依赖的非线性特征。[①]

## 四、研究结论

本节采用非自愿超额准备金率的增长率作为流动性状态的衡量指标，并通过实证分析发现，自 1998 年以来，银行非自愿超额准备金状态发生了过剩与短缺之间的周期性交替转换，并且银行非自愿超额准备金过剩状态与短缺状态相比，货币政策传导的产出和价格效应均有所弱化，这也就意味着，随着银行非自愿超额准备金状态的转换，我国货币政策传导效应将表现出具有区制依赖的非线性特征。

事实上，自 2008 年以来，随着宏观经济运行再次进入下行周期，中国人民银行适时适度地采取了宽松的货币政策操作，并向银行体系释放了大量的流动性，但是，银行贷款却出现紧缩的状态，而银行所持有的非自愿超额准备金不断累积，流动性状态出现了再次过剩的迹象，在此情况下，宽松的货币政策意图难以实现。对此，我们认为，中国人民银行应加强对非自愿超额准备金的监测，从而判断流动性状态转换的情况，同时还应进一步开展对不同流动性状态下银行资产组合行为模式这一微观机理层面的研究，在此基础上，灵活审慎地运用多种政策工具，引导银行的贷款和投资意愿，促使其有序调整贷款行为，进而发挥货币政策在促进经济增长的积极作用。

---

[①] 彭方平（2008）在以存贷差作为流动性状态的衡量指标，分析 M2 对价格和产出的影响效应时，得出了流动性过剩状态下仅弱化了价格效应，却强化了产出效应，这与本节以及萨克斯加德（2006）的研究结论不相一致，可能与其在选择流动性状态的衡量指标时缺乏恰当的微观经济基础有关。

# 第四节　银行非自愿超额准备金对宏观
# 经济波动的影响机制分析

随着我国经济运行中的流动性状态在过剩与短缺之间交替变化，整个宏观经济运行也经历了从扩张到衰退，然后复苏回升等阶段的周期性转换。对此，人民银行试图综合运用多种货币政策工具，通过加强流动性管理以"熨平"经济的波动。那么，流动性状态对宏观经济波动又产生了什么样的影响机制？事实上，如果以银行非自愿超额准备金作为银行体系流动性的衡量指标来看，银行出于投机性动机而在非自愿超额准备金与贷款、债券投资之间的资产组合行为发生周期性的变动，可能会加剧和放大产出和价格的波动，并构成导致宏观经济运行不稳定的重要因素。在此情况下，中央银行在流动性管理中则应审慎针对非自愿超额准备金展开微调性操作，以实现经济平稳运行。

目前学术界对我国银行业非自愿超额准备金影响宏观经济波动的机制研究尚处于空白，而本节试图结合我国货币政策操作的实践，考虑到非自愿超额准备金与宏观经济波动互为内生决定的特点，通过构建时差相关系数和向量误差纠正模型（VECM），系统考察非自愿超额准备金对宏观经济波动的影响机制，从而为中央银行的流动性管理提出政策建议。研究表明，从短期看，非自愿超额准备金的累积会对产出、价格和银行贷款产生负向效应，但是从长期看，则又体现为正向效应，从而放大和加剧了宏观经济波动。这意味着，中央银行在流动性管理过程中应审慎针对非自愿超额准备金展开微调性操作，从而实现宏观经济平稳运行。

## 一、文献评述

国外学者对银行非自愿超额准备金影响宏观经济波动的机制已经展开了较为深入的探讨。

就非自愿超额准备金对宏观经济波动的影响机制而言，学术界一般认为，由于影响银行资产组合行为的制度性因素通常是长期稳定不变的，那么，在经济运行周期中，银行出于投机性动机而在非自愿超额准备金与贷款、债券投资之间资产组合行为的周期性变动，是非自愿超额准备金对宏观经济波动产生影响的重要原因。概括起来，当经济运行进入下行周期，银行则可能由于市场利率较低和信贷风险较高，进而增持非自愿超额准备金而不愿放贷和投资债券，并加剧了投资和消费紧缩，从而更进一步引起产出和价格的下跌，但是，一旦随着需求的逐渐改善，经济运行进入上行周期，银行又可能由于市场利率较高和信贷风险较低，从而将累积的非自愿超额准备金转换为贷款和债券投资，并又引致投资和消费扩张，最终造成产出和价格加速上升（Ganley，2004；Heenan，2005；Saxegaard，2006）。阿格诺尔等（2010）由此甚至指出，从长期看，非自愿超额准备金与高通货膨胀正相关，并造成了宏观经济的不稳定性。

通过对相关文献的总结不难发现，产出、价格、贷款及债券投资的上升（下跌）会导致非自愿超额准备金的消减（累积），而非自愿超额准备金的消减（累积）又加剧了产出、价格、贷款及债券投资的上升（下跌），这意味着，非自愿超额准备金可能与宏观经济变量之间具有互为内生的决定机制。如果再进一步考察其中的非自愿超额准备金对宏观经济波动的单向影响机制，可以发现，在经济运行周期中，银行出于投机性动机而在非自愿超额准备金与贷款、债券投资之间资产组合行为的周期性变动，是非自愿超额准备金对宏观经济波动产生影响的重要原因，并且从短期的经济下行周期来看，银行累积非自愿超额准备金会对宏观经济变量产生负向效应，但是，从长期看，随着经济上行，则最终又体现为正向效应，这实际上也意味着，银行所持有的非自愿超额准备金放大和加剧了宏观经济波动。

因此，我们先试图构建非自愿超额准备金与宏观经济变量之间的时差相关系数，从而对互为内生的决定机制进行判断，如果这种机制成立，则进一步建立误差向量纠正模型系统（VECM），并运用协整、Granger 因果关系、脉冲响应函数和方差分解技术，进而考察非自愿超额准备金对宏观经济波动在短期和长期两种情形下的影响机制。

## 二、时差相关系数分析

时差相关（cross correlation）系数检验方法，是将两个时间序列变量分别设定为被选变量 $x$ 与基准变量 $y$，并计算被选变量与基准变量滞后值和超前值相关系数的一种方法。设定 $l$ 为时差数，$T$ 为最大时差数，那么，时差相关系数 $r_{xy}(l)$ 表示为：

$$r_{xy}(l) = \frac{c_{xy}(l)}{\sqrt{c_{xx}(0)} \times \sqrt{c_{yy}(0)}} \qquad (1.9)$$

式中，

$$c_{xy}(l) = \begin{cases} \sum_{t=1}^{T-l} \left[ (x_t - \bar{x})(y_{t+l} - \bar{y}) \right] / T, & l = 0, 1, 2, \cdots \\ \sum_{t=1}^{T+l} \left[ (y_t - \bar{y})(x_{t-l} - \bar{x}) \right] / T, & l = 0, -1, -2, \cdots \end{cases}$$

当 $l > 0$ 时，$c_{xy}(l)$ 说明被选变量 $x$ 与基准变量 $y$ 滞后值的相关系数，并反映出 $x$ 引致 $y$ 变动的作用机制。反之，当 $l < 0$ 时，$c_{xy}(l)$ 说明被选变量 $x$ 与基准变量 $y$ 超前值的相关系数，从而反映出 $y$ 引致 $x$ 变动的作用机制。因此，我们将非自愿超额准备金率设定为 $x$，产出、价格和银行贷款设定为 $y$，并分别计算了非自愿超额准备金率与产出、价格和银行贷款的时差相关系数，其中，非自愿超额准备金率取自第二节计算而得到的预测值，产出、价格和银行贷款的数据来源同第二节，最大时差数 $T$ 为 10，计算结果如图 1-5 所示。横轴表示时差数，纵轴表示相关系数。

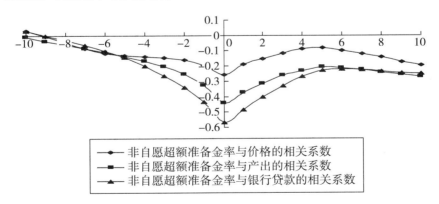

**图 1-5　非自愿超额准备金率与宏观经济变量的时差相关系数**

不难看出，非自愿超额准备金率与产出、价格和银行贷款的时差相关系数均为负值，并且在时差数为零时，相关系数的绝对值分别为 0.4406、0.2572 和 0.5673，均达到最大值，这就意味着，非自愿超额准备金率与整个宏观经济波动走势基本上存在着同步逆周期的关系，再具体到非自愿超额准备金率与产出、价格和银行贷款的超前和滞后相关系数而言，前者小于零，说明产出、价格、贷款的上升（下跌）会导致非自愿超额准备金的消减（累积），而后者小于零，则意味着非自愿超额准备金的消减（累积）又加剧了产出、价格、贷款的上升（下跌）。可见，这种负相关性揭示出非自愿超额准备金与宏观经济变量之间存在互为内生决定的机制，并与理论推论相一致。

## 三、向量误差纠正模型分析

如果非自愿超额准备金与宏观经济变量之间存在互为内生决定的机制，那么我们可以建立一个包含｛产出、价格、贷款量、非自愿超额准备金率｝为内生变量的向量误差纠正模型系统（VECM），通过考察协整方程，基于VECM 的 Granger 因果关系、脉冲响应函数和方差分解，进而判断出短期和长期两种情形下非自愿超额准备金对宏观经济波动的影响机制。

### （一）单位根检验

我们运用 ADF 方法对产出、价格、贷款量、非自愿超额准备金率进行单位根检验，检验结果如表 1-4 所示。不难看出，各个变量均为一阶单整过程，同时再考虑到变量个数大于 2，因此，我们采用约翰森（Johansen，1990）提出的含协整约束条件的向量误差纠正模型展开分析。

表 1-4　　　　　　　　各变量 ADF 单位根检验结果

| 变量 | 检验类型 $(c, t, l)$ | ADF 值 | P 值 |
|---|---|---|---|
| $\ln Y$ | $(c, t, 0)$ | -1.972 | 0.601 |
| $\ln P$ | $(c, 0, 1)$ | 0.735 | 0.991 |
| $\ln CREDIT$ | $(c, t, 1)$ | -1.274 | 0.882 |
| $ER^l$ | $(c, 0, 1)$ | -0.501 | 0.881 |
| D $(\ln Y)$ | $(c, t, 0)$ | -7.734 | 0.000 *** |
| D $(\ln P)$ | $(c, 0, 0)$ | -4.007 | 0.003 *** |
| D $(\ln CREDIT)$ | $(c, t, 0)$ | -4.513 | 0.004 *** |
| D $(ER^l)$ | $(c, 0, 0)$ | -5.311 | 0.000 *** |

注：（1）检验类型 $(c, t, l)$ 中 $c$, $t$, $l$ 分别表示常数项、时间趋势和滞后阶数；（2）*** 表示在 1% 的水平上显著；（3）D 为差分记号。

### (二) 协整检验

首先建立 {产出、价格、贷款量、非自愿超额准备金率} 为内生变量的向量自回归模型（VAR），并使用 Johansen 极大似然检验法对变量展开协整检验。在确定 VAR 的滞后阶数时，我们从滞后阶数 4 开始，通过滞后长度判别检验方法（lag length criteria），得到最佳滞后阶数为 2，如表 1 – 5 所示。

表 1 –5　　　　　　　　VAR 模型的最佳滞后阶数检验结果

| 滞后阶数 | LR 值 | FPE 值 | AIC 值 | SC 值 | HQ 值 |
|---|---|---|---|---|---|
| 0 | — | 4.51e – 12 | – 14.77397 | – 14.61338 | – 14.71410 |
| 1 | 512.7068 | 2.50e – 17 | – 26.88053 | – 26.07756 | – 26.58119 |
| 2 | 56.61426** | 1.07e – 17** | – 27.74203 | – 26.29670** | – 27.20323** |
| 3 | 23.04641 | 1.12e – 17 | – 27.75112** | – 25.66342 | – 26.97285 |
| 4 | 12.64982 | 1.58e – 17 | – 27.49179 | – 24.76172 | – 26.47405 |

注：** 表示在 5% 的水平上显著。

由此，我们进一步展开协整检验，结果如表 1 – 6 所示。不难看出，迹统计量和最大特征值统计量表明，变量之间存在两个协整方程，标准化后如式（1.10）、式（1.11）所示。

表 1 –6　　　　　　　　协整向量个数的检验结果

| 假定的 CE 数量 | 迹统计量 | 迹统计临界值 | | 最大特征值 | 最大特征值统计临界值 | |
|---|---|---|---|---|---|---|
| | | 5% | P 值 | | 5% | P 值 |
| 无*** | 0.544500 | 40.17493 | 0.0001 | 36.95888 | 24.15921 | 0.0006 |
| 最多 1 个** | 0.333486 | 24.27596 | 0.0242 | 19.06763 | 17.79730 | 0.0320 |
| 最多 2 个 | 0.091215 | 12.32090 | 0.2662 | 4.495403 | 11.22480 | 0.5512 |
| 最多 3 个 | 0.064652 | 4.129906 | 0.0904 | 3.141341 | 4.129906 | 0.0904 |

注：**、*** 分别表示在 5%、1% 的水平上显著。

$$\ln Y = 0.803\ln CREDIT + 0.091 ER^{I} \qquad (1.10)$$

$$\ln P = 0.448\ln CREDIT + 0.037 ER^{I} \qquad (1.11)$$

从协整方程的形式不难看出，产出与银行贷款、非自愿超额准备金率，以及价格与银行贷款、非自愿超额准备金率均存在长期正相关的均衡关系，这意味着，从长期看，银行所累积的非自愿超额准备金，最终会体现为产出和价格的上升。此外，不难发现，银行非自愿超额准备金率增加 1 个单位，导致产出上升 0.091 个单位，价格上升 0.037 个单位，可见，非自愿超额准备金率对产出的影响程度更大，如果从影响效应的传递次序来看，也就意味着非自愿超额准备金率先对产出，然后对价格产生影响，这也正符合菲利普斯曲线中产出缺口决定价格变动的理论依据。

### （三）向量误差纠正模型（VECM）及其诊断检验

根据 Granger 表示定理，上述变量之间的协整关系是由变量在短期通过误差纠正机制逐步调整实现的，由此可以进一步建立含协整约束条件的向量误差纠正模型来刻画这种短期动态关系，其中，滞后阶数为上述无约束向量自回归滞后阶数减去 1，即为 2。鉴于本节是考察非自愿超额准备金对宏观经济波动的影响，我们得到了关于产出、价格和银行贷款的误差纠正模型的估计结果，如表 1-7所示，$EC_{1t}$、$EC_{2t}$ 分别表示对应于式（1.10）、式（1.11）协整方程的误差纠正项，其系数则反映相应变量对长期均衡关系偏离而进行调整的程度。

表 1-7 　　　　　　　　　误差纠正模型估计结果

| 方程 | $D(\ln Y)_t$ | $D(\ln P)_t$ | $D(\ln CREDIT)_t$ |
|---|---|---|---|
| $EC_{1t}$ | -0.361102<br>(0.06789) | 0.011491<br>(0.01828) | -0.087738<br>(0.04306) |
| $EC_{2t}$ | -0.505255<br>(0.10075) | -0.024282<br>(0.02713) | 0.000420<br>(0.06390) |
| $D(\ln P)_{t-1}$ | 0.126700<br>(0.47785) | 0.413835<br>(0.12869) | -0.595388<br>(0.30310) |
| $D(\ln Y)_{t-1}$ | -0.083853<br>(0.12035) | -0.003006<br>(0.03241) | -0.143679<br>(0.07634) |
| $D(\ln CREDIT)_{t-1}$ | 0.184740<br>(0.28846) | 0.064178<br>(0.07769) | 0.044535<br>(0.18297) |
| $D(ER^t)_{t-1}$ | 0.053217<br>(0.01583) | 0.008338<br>(0.00426) | -0.020513<br>(0.01004) |
| $R^2$ | 0.449257 | 0.414080 | 0.409988 |
| 调整后的 $R^2$ | 0.382093 | 0.342627 | 0.338035 |
| S.E. | 0.024537 | 0.006608 | 0.015564 |
| F 值 | 6.688974 | 5.795092 | 5.698021 |

注：括号内为标准差，D 为差分记号。

不难看出，三组方程的误差纠正系数均存在负值的情形，这意味着调整方向符合误差纠正机制，进而能够保持变量之间的长期均衡关系。

此外，我们还对向量误差纠正模型进行了诊断检验。稳定性检验结果如表 1 – 8 所示，有 3 个根为 1，落在单位圆上，其他均在单位圆内，因此，VECM 是稳定的。LM 自相关检验还显示，LM1 = 14.6471，P 值 = 0.5506；LM2 = 20.5734，P 值 = 0.3849，故不存在自相关。White 异方差（无交叉项）检验显示，$\chi^2$ = 113.6006，P 值 = 0.6471，故不存在异方差。联合正态性检验结果显示，Jarque-Bera 值 = 11.6870，P 值 = 0.1657，符合正态分布。可见，VECM 的设定并不存在偏差，那么，我们将基于 VECM 的实证框架，进一步展开 Granger 因果关系、脉冲响应函数和方差分解的分析。

表 1 – 8　　　　　　　　VECM 的稳定性检验结果

| 根 | 模 |
| --- | --- |
| 1.000000 | 1.000000 |
| 1.000000 | 1.000000 |
| 1.000000 | 1.000000 |
| 0.762561 | 0.762561 |
| 0.727390 | 0.727390 |
| – 0.312060 | 0.312060 |
| 0.252568 | 0.252568 |
| 0.155379 | 0.155379 |

### （四）基于 VECM 的 Granger 因果关系检验

我们对非自愿超额准备金率与产出、价格、银行贷款的 Granger 因果关系进行检验，结果如表 1 – 9 所示。可见，在 10% 的显著性水平上，非自愿超额准备金率对产出、价格、银行贷款具有单向的 Granger 影响，这意味着，非自愿超额准备金可能构成了引起宏观经济波动的重要因素。另外，除了银行贷款对非自愿超额准备金率无单向的 Granger 影响之外，在 1% 的显著性水平上，产出和价格又对非自愿超额准备金率有 Granger 影响。这进一步说明，非自愿超额准备金与产出、价格之间确实存在相互内生决定的关系，从而再次支持了理论推论。

表 1-9　　　　　　　　　　　Granger 因果关系检验结果

| 原假设 $H_0$ | $\chi^2$ | P 值 | 结论 |
|---|---|---|---|
| $ER^l$ 对 $\ln Y$ 无 Granger 影响 | 11.30259 | 0.0008 *** | 拒绝 |
| $ER^l$ 对 $\ln P$ 无 Granger 影响 | 3.825569 | 0.0505 * | 拒绝 |
| $ER^l$ 对 $\ln CREDIT$ 无 Granger 影响 | 4.173959 | 0.0410 ** | 拒绝 |
| $\ln Y$ 对 $ER^l$ 无 Granger 影响 | 13.00513 | 0.0003 *** | 拒绝 |
| $\ln P$ 对 $ER^l$ 无 Granger 影响 | 8.927583 | 0.0495 ** | 拒绝 |
| $\ln CREDIT$ 对 $ER^l$ 无 Granger 影响 | 0.947917 | 0.3302 | 接受 |

注：*、**、*** 分别表示在 10%、5%、1% 的水平上显著。

### （五）基于 VECM 的脉冲响应分析

我们依据 VECM 系统，通过对非自愿超额准备金率冲击下产出、价格、银行贷款的响应函数展开分析，考察非自愿超额准备金对宏观经济波动所产生的短期和长期效应。首先，我们要确定 VECM 系统中的内生变量在 Cholesky 分解中的递归次序，一般而言，这种递归次序反映了变量同期之间相互决定的因果关系，按照我国银行业在非自愿超额准备金与贷款之间的资产组合行为引致产出和价格波动，以及菲利普斯曲线中产出缺口决定价格变动的理论依据，我们将递归次序设定为"非自愿超额准备金率贷款产出价格"。同时，再将预测期间设定为 40 个季度，从而充分反映冲击下各个变量的动态变化过程。经过计算，产出、价格和银行贷款的响应函数曲线如图 1-6 所示，横轴表示预测期间，纵轴表示非自愿超额准备金率的一个正向标准差冲击下各个变量做出响应的程度。

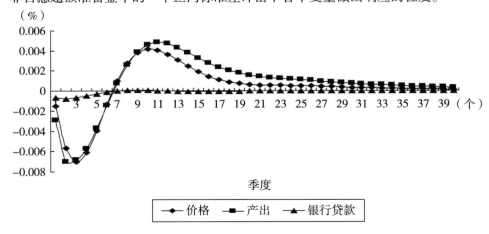

图 1-6　非自愿超额准备金率冲击下各个变量的响应函数曲线

不难发现，产出、价格和银行贷款均经历了先徒然下降，然后缓慢回升，最后逐渐衰减的驼峰形态的波动。具体而言，银行贷款在第 1 个季度做出了 −0.000683% 的负向响应，到第 2 个季度达到 −0.000804% 的最低值，随后负向响应逐渐减弱，并在第 7 个季度转为正向响应，到第 9 个季度达到 0.0000896% 的最高值，并逐期衰减为零。而产出和价格的波动略滞后于银行贷款的波动，它们分别在第 1 个季度做出了 −0.002924%、−0.001504% 的负向响应，然后在第 2 个、第 3 个季度达到 −0.007002% 和 −0.007014% 的最低值，随后在第 7 个季度转为正向响应，又分别在第 11、第 10 个季度达到 0.004832% 和 0.00418% 的最高值并随即衰减。可见，在非自愿超额准备金率的正向冲击下，产出、价格和银行贷款均在 7 个季度内出现了紧缩，但是随即转为扩张，并在第 10 个季度左右达到最高值，这一结论意味着，银行持有的非自愿超额准备金会在短期对产出、价格和银行贷款产生负向效应，而在长期又会产生正向效应。

### （六）基于 VECM 的方差分解

在 VECM 系统中，一个内生变量的预测方差是自身冲击和系统其他变量冲击共同作用的结果，我们试图利用方差分解技术，将产出、价格和银行贷款的预测方差进行分解，从而考察非自愿超额准备金率的冲击在这些变量波动中的贡献度，进而对其引致宏观经济波动的重要性做出评价。图 1 −7、图 1 −8、图 1 −9 分别显示了产出、价格和银行贷款波动的方差分解，其中横轴表示预测期间，纵轴表示贡献度。

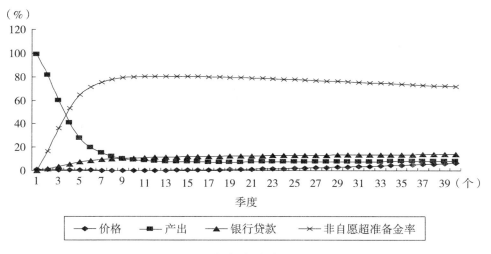

图 1 −7　产出波动的方差分解

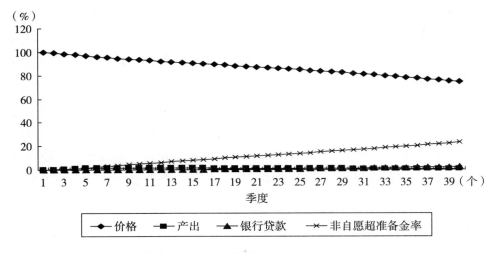

**图1-8 价格波动的方差分解**

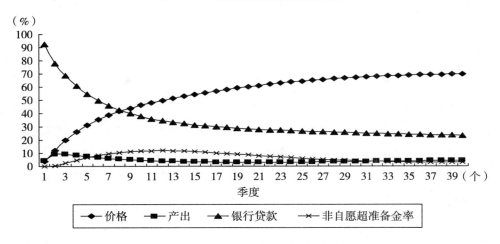

**图1-9 银行贷款波动的方差分解**

在产出波动中，非自愿超额准备金率的贡献度在整个预测期间内一直处于递增趋势，从第1个季度的0增加至第40个季度的71.65%。其中，从第4个季度开始已达到53.35%而成为最主要的影响因素。在价格波动中，非自愿超额准备金率的贡献度也是处于递增趋势，从第1个季度的0增加至第40季度的22.94%，并构成了仅次于价格自身冲击的重要影响因素。可见，非自愿超额准备金率在相当大的程度上引致了产出和价格的波动。

然而，在银行贷款波动中，非自愿超额准备金率的贡献度表现为先增后减的趋势，从第1个季度的0增加至第12个季度的11.87%，然后逐渐递减至第

40 个季度的 2.79%，并且在整个预测期间内都是次于产出、价格和银行贷款自身冲击的影响因素，而产出和价格的贡献度从第 8 个季度开始，已达到 44.75% 而成为次于银行贷款自身冲击的影响因素。这也就意味着，产出和价格从需求方面对银行贷款产生的影响程度，超过了银行在非自愿超额准备金与贷款之间的资产组合行为从供给方面产生的影响程度。

## 四、研究结论

本节考察了银行非自愿超额准备金对宏观经济波动的影响机制。主要结论如下。

（1）非自愿超额准备金率与产出、价格和银行贷款之间的时差相关系数均为负值显示，非自愿超额准备金与宏观经济变量之间可能存在互为内生决定的机制。

（2）协整检验表明，产出与银行贷款、非自愿超额准备金率，以及价格与银行贷款、非自愿超额准备金率均存在长期正相关的均衡关系，这意味着，从长期看，银行所累积的非自愿超额准备金，最终会体现为产出和价格的上升。

（3）基于 VECM 的 Granger 因果关系检验显示，非自愿超额准备金率与产出、价格相互之间存在 Granger 影响，这再次说明这些变量之间存在内生决定机制。

（4）基于 VECM 的脉冲响应分析表明，在非自愿超额准备金率的正向冲击下，产出、价格和银行贷款均在 7 个季度内出现了紧缩，但是随即转为扩张，并在第 10 个季度左右达到最高值，这就意味着，非自愿超额准备金会在短期对产出、价格和银行贷款产生负向效应，而在长期又会产生正向效应。

（5）基于 VECM 的方差分解显示，在产出和价格波动中，非自愿超额准备金率的贡献度一直处于递增趋势并成为主要的影响因素，这说明，非自愿超额准备金率在相当大的程度上引致了产出和价格的波动。

总的来说，银行非自愿超额准备金构成了引致宏观经济波动的重要因素，并放大和加剧了宏观经济波动，在短期内会对产出、价格和银行贷款产生负向效应，从长期看，则又体现为正向效应。在这种情况下，中央银行在流动性管理的过程中，应当将非自愿超额准备金取代超额准备金总量而作为银行体系流动性的衡量指标，并加强预测和监测，从而针对非自愿超额准备金的波动而展开微调性操作。

事实上，在经济运行周期中，我国银业行出于投机性动机而在非自愿超额准备金与贷款之间资产组合行为的周期性变动，是非自愿超额准备金对宏观经济波动产生影响的重要原因，这也就意味着，银行资产组合行为的顺经济周期特征发挥了作用，在此情况下，中央银行采取常规性的价格和数量工具去调控银行持有非自愿超额准备金的行为可能会有所失效。对此，我们建议，中国人民银行应采取定向票据发行、窗口指导、信贷监控等准行政性的工具并根据经济运行周期适时适度展开动态微调性操作，也就是说，当经济运行进入下行周期，银行增持非自愿超额准备金而不愿放贷时，应促使其减少非自愿超额准备金的持有而合理增加贷款，反之，当经济运行进入上行周期，银行将累积的非自愿超额准备金转换为贷款时，则应要求银行将非自愿超额准备金保持在一定的水平，从而控制贷款投放的总量和节奏，进而实现宏观经济的稳定运行①。

## 第五节　银行非自愿超额准备金调控的微调性操作分析

近年来，随着我国银行体系流动性状态的转换构成导致宏观经济失衡的重要因素，中国人民银行试图综合运用多种货币政策工具，通过加强流动性管理，从而"熨平"流动性的过度波动。由此提出的问题是，随着银行体系流动性状态在短缺与过剩之间的转换，中国人民银行能否对货币政策工具的运用方向适时实施相机转变？并且，中国人民银行运用货币政策工具调节银行体系流动性的作用机制，又是否会受到流动性状态变化的影响而表现出区制依赖特征？对这类问题的解答，不仅有助于学术界对中央银行运用政策工具调节银行

---

① 实际上，2010 年以来，随着国民经济运行企稳回升，我国银行业在经济衰退时期所累积的非自愿超额准备金开始迅速消减，而银行贷款、产出和价格则出现了不断扩张的趋势。在此情况下，中国人民银行在流动性管理中就面临着如何使得银行所持有的非自愿超额准备金保持适度水平，以保证经济运行不会过度扩张同时又不出现二次探底的问题。

体系流动性的效果做出评价，而且还为其运用货币政策工具展开动态微调性操作提供决策依据。

目前，学术界针对这一议题的研究，主要是将银行体系流动性状态的衡量指标视为基础货币和 M2 而展开。鲁倩（2008）分析了中国人民银行运用法定准备金率、存款利率、再贴现利率、再贷款和外汇占款调控基础货币的作用机制。谭速和张有（2008）、吕江林和张有（2008）分析了中国人民银行运用基础货币、法定准备金率和同业拆借利率调控 M2 的作用机制。事实上，从货币政策操作实践来看，目前在国际学术界备受关注的流动性衡量指标，即银行超过其预防性动机而非自愿持有的超额准备金才是构成宏观经济运行不稳定的重要因素。在此情况下，中央银行在流动性管理中则应审慎运用货币政策工具针对非自愿超额准备金展开微调性操作，以实现经济平稳运行。那么，本节的研究目的是，试图以银行非自愿超额准备金作为银行流动性状态的衡量指标，考察中国人民银行运用货币政策工具是否具有相机抉择性，以及调控银行体系流动性的作用机制是否会受到流动性状态的转换而表现出区制依赖的非线性特征，在此基础上，进一步对中国人民银行运用货币政策工具调控流动性的效果做出评价，并提出动态微调性操作的建议。

研究表明，中央银行运用货币政策工具调控银行体系流动性状态并未完全表现出相机抉择性，同时，随着流动性状态从短缺到过剩再到短缺的转换，中央银行运用贷款利率和央票发行利率调控流动性的影响效应也经历了从"较强"到"较弱"，然后"较强"状态的转换。这意味着，这一调控机制表现出随流动性区制转换的非线性效应。

## 一、理论分析与模型设定

### （一）理论分析

在经济运行周期中，银行在非自愿超额准备金与贷款、债券投资之间资产组合行为的周期性变动，是非自愿超额准备金对宏观经济波动产生影响的重要原因。那么，在流动性管理过程中，中央银行也主要通过调控贷款利率和央票发行利率，引导银行的资产组合行为，进而"熨平"产出和价格的波动如图 1 - 10 所示。

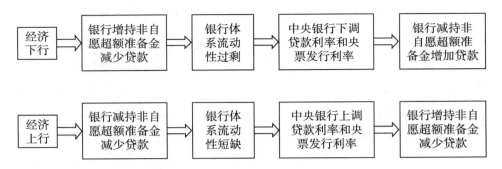

**图 1-10　经济周期、银行资产组合行为与货币政策立场关系**

概括起来，当经济运行进入下行周期，银行则可能出于市场利率较低和信贷风险较高，进而增持非自愿超额准备金而不愿放贷和投资债券，从而加剧了流动性过剩，同时也导致了投资和消费紧缩。在此情况下，中央银行相应下调贷款利率和央票发行利率，进而降低企业融资成本并产生融资需求，进一步使得银行在资产组合行为中将非自愿超额准备金转换为贷款和债券，从而刺激投资和消费。反之，一旦随着需求逐渐改善，经济运行进入上行周期，银行又可能由于市场利率较高和信贷风险较低，从而将累积的非自愿超额准备金转换为贷款和债券投资，这又导致了流动性短缺，并引致投资和消费扩张。这样，中央银行将上调贷款利率和央票发行利率，进而提高企业融资成本并抑制其融资需求，进一步使得银行将贷款和债券转换为非自愿超额准备金，从而降低了投资和消费。不难推论，从上述作用机制中，就可以对中央银行运用货币政策工具的相机抉择性和区制依赖性提出假设。

**假设 1.1**：随着银行非自愿超额准备金的累积（消减），中央银行将相应下调（上调）贷款利率和央票发行利率，从而表现出相机抉择性。

**假设 1.2**：在中央银行运用贷款利率和央票发行利率调控非自愿超额准备金时，由于货币政策立场和流动性状态的转换，可能会使得银行资产组合行为发生结构性变化，由此导致贷款利率和央票发行利率作用非自愿超额准备金的影响具有非线性效应，从而表现出区制依赖性。

### （二）模型设定

我们试图建立马尔科夫区制转换向量自回归模型（Markov regime switching VAR model）对上述假说展开检验。该模型能够将马尔科夫区制转换与向量自回归模型结合起来，不再将向量自回归模型中的均值、回归系数和条件异方差视为线性，而是随着经济状态的不同而改变。这样，我们就可以用这一模型对中央银行运用货币政策工具以及银行体系流动性状态的变化进行"区制"划分，从而对货币政策工具运用的相机抉择性做出判断。同时，还可以精细捕捉中央银行运用政策工具调控流动性状态的非线性效应，进而分析其区制依赖特征。

一般地，$p$ 阶马尔科夫区制转换向量自回归模型 MS-VAR$(p)$ 可写为：

$$z_t - \mu(s_t) = \phi_t(s_t) + \sum_{i=1}^{p} \phi_i(s_t)(z_t - \mu(s_{t-i})) + \varepsilon_t \qquad (1.12)$$

式中，$z_t$ 为向量，$\mu(s_t)$、$\phi_t(s_t)$、$\phi_i(s_t)(i=0,\cdots,p)$ 为均值、截距和回归系数矩阵，$\varepsilon_t$ 为扰动项，且遵循独立同分布的正态分布，即 $\varepsilon_t \sim$ i. i. d$(0, \sigma_{s_t}^2)$。$s_t$ 为不可观测的状态变量，服从 $m$ 区制状态的马尔科夫过程，其转移概率为 $\mathrm{P}_r[s_t=j\,|\,s_{t-1}=i]=P_{ij}$，且对于所有时间 $t$，$i$、$j=1,2\cdots,m$，满足 $\sum_{j=1}^{m}P_r ij =$ 1。这一模型设定也就意味着，向量自回归模型的均值、截距、回归系数和条件异方差将存在 $m$ 个区制，并随区制转变而不同。同时，也不难看出，当 $z_t$ 为单变量时，式（1.12）即简化为马尔科夫区制转换自回归模型 MS-AR$(p)$。

在分析中央银行对货币政策工具运用的相机抉择性时，我们分别建立包含贷款利率（$LOANRATE$）和央票发行利率（$CPRATE$）为内生变量的均值随区制转换的 MSM-VAR 模型，以及银行非自愿超额准备金率 $ER^l$ 为变量的均值随区制转换的 MSM-AR 模型。这样，通过比较两种模型的区制转换特征，进而判断货币政策工具调控流动性状态是否具有相机抉择性。另外，在分析其区制依赖性时，我们还进一步建立包含贷款利率、央票发行利率和银行非自愿超额准备金率为内生变量的截距、回归系数和条件异方差随区制转换的 MSIAH-ARX 模型，通过考察贷款利率和央票发行利率作用银行非自愿超额准备金率回归系数的非线性效应，进而分析其区制依赖特征。此外，对于马尔科夫区制转换模型的估计，我们试图运用 OX 软件包提供的 MSVAR（Krolzig，1997），采用汉密尔顿（Hamilton，1989）基于极大似然估计的 EM 算法而展开。

## 二、中央银行运用货币政策工具的相机抉择性

我们通过建立包含贷款利率和央票发行利率为内生变量的均值随区制转换

的 MSM-VAR 模型，以及银行非自愿超额准备金率 $ER^I$ 为变量的均值随区制转换的 MSM-AR 模型，试图对中央银行运用货币政策工具的相机抉择性展开分析。其中，我们将区制状态个数 $m$ 设定为 2，这意味着，在前一模型中，我们将会根据对中央银行调控贷款利率和央票发行利率均值的高低，对货币政策立场做出"紧缩"还是"宽松"两种区制的划分。同时，在后一模型中，将会根据对银行非自愿超额准备金率均值的高低，对银行体系流动性状态做出"过剩"还是"紧缩"两种区制的划分。然后，通过对比货币政策立场区制和银行体系流动性区制所在时段，从而对中央银行运用货币政策工具的相机抉择性做出判断。

### （一）数据选取与来源

贷款利率（LOANRATE）和央票发行利率（CPRATE）分别由金融机构一年期贷款基准利率和一年期央票发行利率表示，数据来源于中国债券信息网和《中国人民银行统计季报》，银行非自愿超额准备金率取自第二节。各变量样本区间为 1998 年第 1 季度至 2010 年第 1 季度。

### （二）马尔科夫区制转换模型估计结果分析

我们运用极大似然法分别对上述两个模型进行估计，并以 AIC、HQ、SC 等信息指数最小为标准确定模型的自回归系数 $p$ 分别为 2 和 6，估计结果如表 1 – 10 所示。

**表 1 – 10　　　　货币政策工具 MSM-VAR 模型和银行体系流动性**
**MSM-AR 模型估计结果**

| 参数 | 货币政策工具 MSM-VAR 模型 | | 参数 | 银行体系流动性 MSM-AR 模型 |
| --- | --- | --- | --- | --- |
| | LOANRATE | CPRATE | | $ER^I$ |
| 自回归系数 | | | | |
| LOANRATE （ – 1） | 0. 5191 | 0. 7069 | $ER^I$ （ – 1） | 1. 9490 |
| LOANRATE （ – 2） | 0. 1705 | – 0. 690 | $ER^I$ （ – 2） | – 1. 4175 |
| CPRATE （ – 1） | – 0. 110 | 0. 5847 | $ER^I$ （ – 3） | 0. 7139 |
| CPRATE （ – 2） | 0. 1427 | 0. 2176 | $ER^I$ （ – 4） | – 0. 2976 |

续表

| 参数 | 货币政策工具 MSM-VAR 模型 | | 参数 | 银行体系流动性 MSM-AR 模型 |
|---|---|---|---|---|
| | *LOANRATE* | *CPRATE* | | *ER*<sup>*I*</sup> |
| | | | $ER^I$ （ -5 ） | - 0. 0601 |
| | | | $ER^I$ （ -6 ） | 0. 0559 |
| 均值 | | | | |
| 区制 1 | 5. 5483 | 1. 9050 | 区制 1 | 1. 6256 |
| 区制 2 | 6. 7653 | 2. 9150 | 区制 2 | 1. 9927 |
| 对数似然值 | - 12. 6980 | | 对数似然值 | 24. 8913 |
| LR 线性检验值 | 11. 1683 | | LR 线性检验值 | 9. 9092 |
| AIC | 1. 2637 | | AIC | - 0. 6461 |
| HQ | 1. 5156 | | HQ | - 0. 4800 |
| SC | 1. 9329 | | SC | - 0. 1956 |

不难看出，在包含贷款利率和央票发行利率为内生变量的 MSM-VAR 模型中，LR 线性检验值为 11. 1683，$\chi^2(2) = 0.0038$，$\chi^2(4) = 0.0247$，在以银行非自愿超额准备金率 $ER^I$ 为变量的 MSM-AR 模型中，LR 线性检验值为 9. 9092，$\chi^2(1) = 0.0016$，$\chi^2(3) = 0.0194$。可见，均显著拒绝线性假设，这说明，上述模型的非线性设定形式是适合的。此外，各个变量均值的估计值均是显著的，这意味着，我们将区制状态的划分个数 $m$ 设定为 2 是合理的，并能够通过对贷款利率、央票发行利率和银行非自愿超额准备金率的均值高低对货币政策立场区制和银行体系流动性区制做出区分。

## （三）区制转移特征分析

上述两个模型的区制转移概率矩阵、区制属性和区制概率波动趋势分别如表 1 –11、表 1 –12、图 1 –11 和表 1 –13、表 1 –14、图 1 –12 所示。

**表 1 –11　　　货币政策工具 MSM-VAR 模型区制转移概率矩阵**

| | 区制 1 | 区制 2 |
|---|---|---|
| 区制 1 | 0. 9756 | 0. 0244 |
| 区制 2 | 0. 3333 | 0. 6667 |

表 1 – 12             货币政策工具 MSM-VAR 模型区制属性

|  | 样本数量 | 概率 | 平均持续期 | 样本期 |
|---|---|---|---|---|
| 区制 1 | 42 | 0.9318 | 41 | 1998 年第 3 季度至 2007 年第 2 季度<br>2008 年第 4 季度至 2010 年第 1 季度 |
| 区制 2 | 5 | 0.0682 | 3 | 2007 年第 3 季度至 2008 年第 3 季度<br>2007 年第 3 季度至 2008 年第 3 季度 |

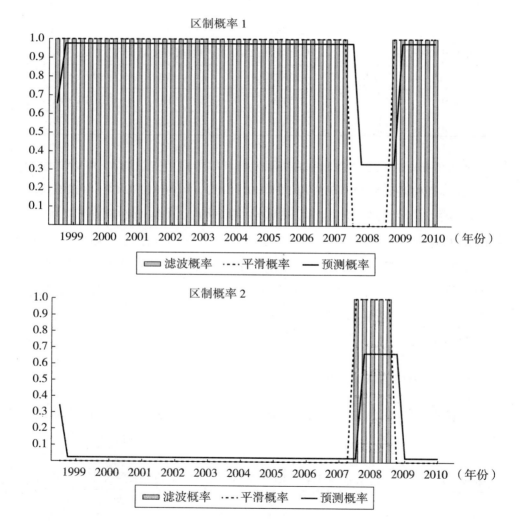

图 1 – 11   货币政策工具 MSM-VAR 模型区制概率

表 1 – 13　　　　　　银行体系流动性 MSM-AR 模型区制转移概率矩阵

| | 区制 1 | 区制 2 |
|---|---|---|
| 区制 1 | 0.9615 | 0.0385 |
| 区制 2 | 0.0588 | 0.9412 |

表 1 – 14　　　　　　　银行体系流动性 MSM-AR 模型区制属性

| | 样本数量 | 概率 | 平均持续期 | 样本期 |
|---|---|---|---|---|
| 区制 1 | 26 | 0.6047 | 26 | 1999 年第 3 季度至 2004 年第 3 季度<br>2009 年第 1 季度至 2010 年第 1 季度 |
| 区制 2 | 17 | 0.3953 | 17 | 2004 年第 4 季度至 2008 年第 4 季度 |

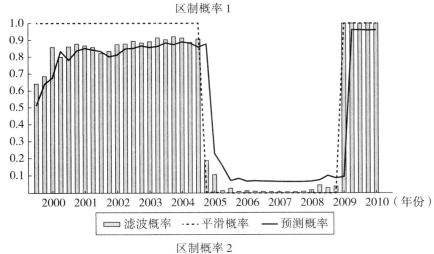

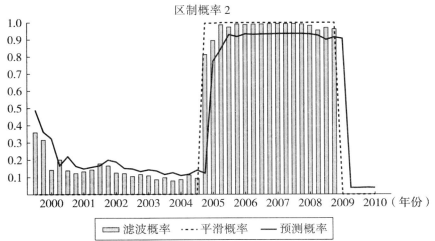

图 1 – 12　银行体系流动性 MSM-AR 模型区制概率

首先，一方面，就前一模型的区制转移特征而言，不难发现，货币政策立场处于宽松状态的持续期明显高于紧缩期，处于宽松状态的自维持概率为0.9756，平均持续期为41个季度，贷款利率和央票发行利率均值分别为5.5483%和1.9050%，样本期为1998年第3季度至2007年第2季度、2008年第4季度至2010年第1季度。另一方面，处于紧缩状态的自维持概率为0.6667，平均持续期为3个季度，贷款利率和央票发行利率均值分别为6.7653%和2.9150%，样本期为1998年第3季度至2007年第2季度、2008年第4季度至2010年第1季度。可见，在整个样本区间内，中央银行的货币政策立场经历了从宽松到紧缩再到宽松的转换。

其次，一方面，就后一模型的区制转移特征而言，银行体系流动性处于短期状态的持续期要高于过剩状态，处于短缺状态的自维持概率为0.9615，平均持续期为26个季度，银行非自愿超额准备金率的均值为1.6256%，样本期为1999年第3季度至2004年第3季度、2009年第1季度至2010年第1季度。另一方面，处于过剩状态的自维持概率为0.9412，平均持续期为17个季度，银行非自愿超额准备金率的均值为1.9927%，样本期为2004年第4季度至2008年第4季度。不难看出，银行体系流动性也经历了从短缺到过剩再到短缺的转换。

进一步对比上述货币政策立场区制和银行体系流动性区制的特征，可以发现，在2004年第4季度至2007年第2季度，银行体系流动性出现了过剩状态，但是，中央银行仍然上调贷款利率和央票发行利率，这说明，中央银行运用货币政策工具调控银行体系流动性状态时，并未表现出相机抉择性。然而，在其他样本区间内，则均表现为随着银行体系流动性的累积（消减），而相应下调（上调）贷款利率和央票发行利率，从而表现出相机抉择性。由此不难认为，中央银行对货币政策工具的运用并非完全满足银行体系流动性管理的需要。

## 三、中央银行运用货币政策工具调控银行体系流动性的非线性效应

我们建立包含贷款利率、央票发行利率和银行非自愿超额准备金率为内生变量的截距、回归系数和条件异方差均随区制转换的 MSIAH-ARX 模型，通过考察贷款利率和央票发行利率作用银行非自愿超额准备金率回归系数的非线性效应，进而分析其区制依赖特征。其中，我们将区制状态个数 $m$ 设定为 2，根

据回归系数的高低，将其影响效应做出"较强"和"较弱"两种区制的划分。

### （一）马尔科夫区制转换模型估计结果分析

运用极大似然法分别对上述模型进行估计，并以 AIC、HQ、SC 等信息指数最小为标准确定模型的自回归系数 $p$ 为 2，估计结果如表 1-15 所示。

**表 1-15　货币政策工具调控银行体系流动性 MSIAH-ARX 模型估计结果**

| 参数 | | $ER^l$ |
|---|---|---|
| 截距项 | | |
| 区制 1 | | −5.0323 |
| 区制 2 | | 3.1509 |
| 回归系数 | | |
| 区制 1 | LOANRATE | 1.1074 |
| | CPRATE | 0.2386 |
| 区制 2 | LOANRATE | −0.1734 |
| | CPRATE | 0.2157 |
| 方差 | | |
| 区制 1 | | 0.4837 |
| 区制 2 | | 0.1144 |
| 对数似然值 | | −15.3260 |
| LR 线性检验值 | | 58.2498 |
| AIC | | 1.0337 |
| HQ | | 1.1802 |
| SC | | 1.4198 |

不难看出，LR 线性检验值为 58.2498，$\chi^2(4)=0$，$\chi^2(6)=0$，均显著拒绝线性假设，这就说明，上述模型的非线性设定形式是适合的。

### （二）区制转移特征分析

该模型的区制转移概率矩阵、区制属性和区制转移概率波动趋势分别如表 1-16、表 1-17、图 1-13 所示。

表 1 - 16                     MSIAH-ARX 模型区制转移概率矩阵

|  | 区制 1 | 区制 2 |
| --- | --- | --- |
| 区制 1 | 0.9272 | 0.0728 |
| 区制 2 | 0.1016 | 0.8984 |

表 1 - 17                         MSIAH-ARX 模型区制属性

|  | 样本数量 | 概率 | 平均持续期 | 样本期 |
| --- | --- | --- | --- | --- |
| 区制 1 | 28.1 | 0.5826 | 13.74 | 1998 年第 1 季度至 1999 年第 1 季度<br>2001 年第 1 季度至 2005 年第 1 季度<br>2008 年第 4 季度至 2010 年第 1 季度 |
| 区制 2 | 20.9 | 0.4174 | 9.84 | 1999 年第 2 季度至 2000 年第 4 季度<br>2005 年第 2 季度至 2008 年第 3 季度 |

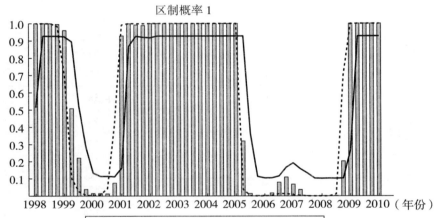

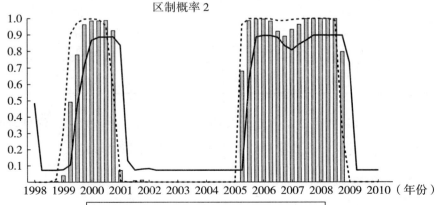

图 1 - 13    MSIAH-ARX 模型区制概率

不难发现，一方面，中央银行运用贷款利率和央票发行利率调控银行非自愿超额准备金率的影响效应处于"较强"状态的持续期明显低于"较弱"状态。处于"较强"状态的自维持概率为 0.9272，平均持续期为 13.74 个季度，贷款利率和央票发行利率作用于银行非自愿超额准备金的回归系数分别为 1.1074 和 0.2386，样本期为 1998 年第 1 季度至 1999 年第 1 季度、2001 年第 1 季度至 2005 年第 1 季度和 2008 年第 4 季度至 2010 年第 1 季度。另一方面，处于"较弱"状态的自维持概率为 0.8984，平均持续期为 20.9 个季度，贷款利率和央票发行利率作用于银行非自愿超额准备金的回归系数分别为 −0.1734 和 0.2157，样本期为 1999 年第 2 季度至 2000 年第 4 季度、2005 年第 2 季度至 2008 年第 3 季度。可见，在整个样本区间内，中央银行运用贷款利率和央票发行利率调控银行非自愿超额准备金率的影响效应经历了从"较强"到"较弱"，然后"较强"状态的转换。如果我们进一步将这一区制特征与流动性区制特征进行对比，可以看出，流动性状态也同步经历了从短缺到过剩再到短缺的转换，这就不难推论，在流动性状态短缺时，中央银行运用贷款利率和央票发行利率调控流动性的影响效应"较强"，反之，在流动性状态过剩时，其影响效应"较弱"，从而使得这一调控机制表现出随流动性区制转换的非线性效应。

## 四、研究结论

本节以 1998 年第 1 季度至 2010 年第 1 季度为样本区间，以银行非自愿超额准备金作为银行流动性状态的衡量指标，考察了随着我国银行体系流动性状态的转换，中国人民银行运用货币政策工具调控流动性是否具有相机抉择性，及其作用于流动性状态是否会受到流动性状态的转换而表现出区制依赖特征。研究表明，中央银行运用货币政策工具调控银行体系流动性状态并未完全表现出相机抉择性，同时，随着流动性状态从短缺到过剩再到短缺的转换，中央银行运用贷款利率和央票发行利率调控流动性的影响效应也经历了从"较强"到"较弱"，然后"较强"状态的转换。这也就意味着，这一调控机制表现出随流动性区制转换的非线性效应。

事实上，中央银行运用货币政策工具对银行体系流动性所实施的管理，是我国货币政策传导机制中最为直接的环节。中央银行能否有效"熨平"银行体系流动性的波动，对于实现价格和产出目标具有重要的意义。由上述分析可知，目前中国人民银行运用货币政策工具对银行体系流动性的管理并非表现出相机抉择性，这意味着，中国人民银行对货币政策工具的运用方向并未完全随流动性状态的变化而适时转变。此外，其调控机制也表现出随流动性区制转换的非线性效应。因此，中央银行应逐步完善银行体系流动性管理策略，根据流动性状态的变化而适时转变货币政策工具方向，同时调整货币工具的调控力度，尤其是在流动性状态短缺时，应降低上调贷款利率和央票发行利率的力度，反之，在流动性状态过剩时，应增强下调贷款利率和央票发行利率的力度，进而实现流动性管理目标。

# 第二章

# 银根紧缩、银行信贷资金配置
# 与银行贷款渠道

中国人民银行在成功应对全球金融危机冲击之后，从 2009 年中开始逐步收紧银根并退出极度宽松性的货币政策。但是，在 GDP 增长目标导向和要素、投资驱动增长模式下，全社会对信贷扩张需求仍然强烈。在此情况下，深入考察银行信贷资金配置的影响因素及其对银行贷款总量和结构的作用机制就具有重要的研究价值。本章从我国银行贷款渠道的特征事实出发，从贷款供给角度探讨了银根紧缩时期银行信贷资金行业和期限配置变化以及银行个体特征对贷款行为差异性的影响，同时还从贷款需求角度分析银行贷款组合产业因素的影响效应。

## 第一节 银根紧缩与银行信贷资金行业配置

### 一、引言

随着我国国民经济运行企稳回升，加快经济结构战略性调整被确定为国民经济和社会发展第十二个五年规划的主攻方向。在此背景下，中国人民银行综合运用多种货币政策工具，通过加强流动性管理，在将货币条件从反危机的极度宽松状态逐步向常态回归的同时，着力引导银行优化信贷资金行业配置结构，进而增强信贷资金支持经济结构调整的均衡性和可持续性。然而，在紧缩性政策的影响下，银行在信贷资金行业配置方向上却表现出了显著的差异性，并可能在一定程度上弱化了货币当局通过银行贷款传导渠道实现经济结构调整目标。那么，由此提出的问题是，紧缩性的政策会对银行信贷资金行业配置行为产生什么样的影响？对这一问题的解答，不仅可以从银行微观行为的层面上理解银行贷款传导渠道的内在机理，而且还有助于发挥货币政策在促进经济结构调整中的积极作用。

从西方经济学文献来看，国外学者对这一议题的探讨，主要是以利率市场化程度较高国家为背景，从人民银行上调政策利率（policy rate）之后，紧缩性政策对不同行业的借款主体所形成资产负债表效应（balance sheet effect）的角度加以展开（Bernanke & Gertler，1995）[①]。具体而言，在发达的金融市场中，政策利率的上调会导致借款主体所持有的资产价格下跌，同时又通过抑制总需求进而影响营业收入并形成融资缺口，最终削减借款主体的抵押品价值，并加速其资产负债表质量状况的恶化。那么，在信息不完美的情况下，银行就会根据抵押品价值的高低而对借款主体产生不同程度的违约风险预期，并将其信贷资产配置到抵押品价值受紧缩性政策影响较小的借款主体上，从而也就决定了信贷资金的行业配置行为。德哈恩等（Den Haan et al.，2007、2009）、琼·斯蒂芬·梅索尼耶里（Jean-Stéphane Mésonniery，2008）分别以美国、加拿大和法国的银行业为研究对象发现，当政策利率上升时，银行均增加了工商业贷款而减少了家庭消费贷款，这可能表明，家庭可抵押品价值受紧缩性政策的影响而下降更为显著。

这些前瞻性的研究成果给我们提供了一个新的研究思路。那么，当中国人民银行采取紧缩性政策操作时，是否会通过资产负债表效应而决定银行信贷资金的行业配置行为呢？事实上，自从 1994 年我国银行业信贷规模管理逐步取消，以及以银行间同业拆借市场成立为标志的利率市场化体系的建立，各个层次的市场利率已成为货币政策传导机制的政策工具和中介目标。而且，中国人民银行开始依托于银行间市场通过调控以央票发行利率为主导的政策利率，并通过债券收益率的期限结构作用于中长期利率，并影响到投资、消费以及资产

---

[①] 他们在考察银行贷款传导渠道的有效性时，首次将资产负债表效应引入到传导渠道的讨论之中。参见 Bernank，Ben S.，Mark Gertler. Inside the Black Box：The Credit Channel of Monetary Policy Transmission. Journal of Economic Perspectives，vol. 9，No. 2，November 1995，pp. 27 – 48.

价格的波动。可以推论，政策利率的未预期波动有可能也会通过上述渠道影响到借款主体的可抵押品价值，进而形成资产负债表效应并促使信贷资金行业配置行为的变化。

目前国内学者对这一议题的研究尚未充分展开。大多数文献更多局限于银行在信贷资金和证券资产之间的组合行为分析，而并未深入到对信贷资金微观成分的讨论（刘斌，2005；索彦峰，2007）。叶康涛和祝继高（2009）探讨了紧缩性政策影响下银行在不同成长性行业展开的信贷资金配置行为，但是并未从资产负债表效应的角度考察信贷资金行业配置行为。鉴于此，本节试图从我国银行贷款传导渠道的典型事实出发，建立结构向量自回归模型（SVAR），并在对模型结构系数估计的基础上，构建政策利率冲击下不同行业贷款的响应函数并进行比较，从而观察银行信贷资金的行业配置行为。

## 二、结构向量自回归模型的设定

自从 2003 年 4 月中国人民银行在公开市场操作中启动央行票据发行以弥补现券持有量不足之后，央行票据逐步成为货币政策操作的日常性微调工具[1]，由此中国人民银行初步建立了间接性银行贷款传导渠道，并试图以央票发行利率作为主要政策利率，引导银行贷款行为，进而实现价格和产出目标。基于上述分析，为了刻画政策利率决定银行贷款，并最终影响产出和价格的传导机制，我们建立了包含（产出、价格、银行贷款、政策利率）的四元结构向量自回归模型（SVAR），如式（2.1）所示。

$$
A \begin{pmatrix} Y_t \\ P_t \\ L_t \\ R_t \end{pmatrix} = \sum_{i=1}^{l} C_i \begin{pmatrix} Y_{t-i} \\ P_{t-i} \\ L_{t-i} \\ R_{t-i} \end{pmatrix} + B \begin{pmatrix} u_t^Y \\ u_t^P \\ u_t^L \\ u_t^R \end{pmatrix} \tag{2.1}
$$

式中，$Y$、$P$、$L$、$R$ 分别表示产出、价格、银行贷款和政策利率。$A$ 表示内生变量同期决定关系的系数矩阵，$C_i$ 表示滞后第 $i$ 阶的系数矩阵，$B$ 表示某一变量的随机冲击对内生变量产生影响的系数矩阵，$u$ 表示结构化随机冲击，

---

① 参见余明：《我国央行票据冲销操作政策传导路径的实证研究》，载《金融研究》2009 年第 2 期。

一般假设为正交。这样，我们在对 SVAR 模型估计其结构系数的基础上，即可建立政策利率冲击下银行贷款的响应函数。

在 SVAR 模型估计之前，还需要对 $A$、$B$ 矩阵的结构系数施加可识别性的约束条件，进而将其转化为简化式 VAR。一般而言，对于包含 $k$ 个内生变量的 SVAR 模型需要施加 $2k^2 - \dfrac{k(k+1)}{2}$ 个约束条件，而且，当考察随机冲击对内生变量的影响机制时，又通常假定 $A$ 为单位阵，这样再施加 $k^2$ 个约束条件，就需要还对 $B$ 矩阵施加 $k^2 - \dfrac{k(k+1)}{2}$ 个约束条件。那么，对于本节而言，$k=4$，也即还需要施加 6 个约束条件。由此，我们假定 $B$ 矩阵可以如式（2.2）所示。

$$B = \begin{pmatrix} b_{11} & b_{12} & b_{13} & b_{14} \\ b_{21} & b_{22} & b_{23} & b_{24} \\ b_{31} & b_{32} & b_{33} & b_{34} \\ b_{41} & b_{42} & b_{43} & b_{44} \end{pmatrix} \tag{2.2}$$

我们可以根据银行贷款传导渠道的现实情况和经济理论做出以下假设：（1）假定产出仅受自身冲击的影响，即 $b_{12}=0$，$b_{13}=0$，$b_{14}=0$；（2）根据菲利普斯曲线的产出缺口决定价格变动的机制，可以假定价格除了受自身冲击影响之外，还受到产出冲击的影响，即 $b_{23}=0$，$b_{24}=0$；（3）中国人民银行是根据产出和价格的变动相应调整政策利率，可以假定政策利率除了受自身冲击影响之外，还受到产出和价格冲击的影响，即 $b_{34}=0$。这样，在 SVAR 模型识别和估计之后转化为移动平均表达式，即可建立政策利率冲击下银行贷款的响应函数 $\varphi_n$，如式（2.3）所示。

$$\varphi_n = \frac{d(L_{t+n})}{d(u_t^R)} \tag{2.3}$$

式中，$n$ 表示冲击作用下时间滞后间隔。

## 三、数据分析与模型估计

由于本节的目的是试图考察政策利率冲击下不同行业贷款的响应函数并进行比较，因此，我们根据现行金融统计数据的可获得性，分别建立了三组由（产出、价格、银行贷款、政策利率）构成的 SVAR 模型，其中，根据我国现行金融统计制度的特点，银行贷款分别取工业贷款、商业贷款和农业贷款三种情形。这样，我们就在估计模型结构系数的基础上计算出政策利率冲击下各类行业贷款的响应函数。

### （一）数据来源与说明

产出（$Y$）由消除趋势后的对数实际 GDP 表示，其中实际 GDP 是由名义 GDP 经 1994 年为基期的定基比 CPI 调整而得到，名义 GDP 值取自《中国经济景气月报》。价格（$P$）由消除趋势后的对数定基比 CPI 表示，该价格指数是根据谢安（1998）、《中国经济景气月报》提供的环比 CPI 经过连乘计算而得。银行贷款（$L$）由消除趋势后的对数工业贷款（$L_{in}$）、商业贷款（$L_{com}$）和农业贷款（$L_{agr}$）表示，贷款数据取自《中国人民银行统计季报》发布的金融机构人民币信贷收支表。政策利率（$R$）由消除趋势后的 3 个月央票发行利率表示，利率值取自中国债券信息网。上述变量的趋势值均采用 Hodrick-Prescott 过滤法估计而得，样本区间为 2003 年第 2 季度至 2009 年第 4 季度，各个变量的波动趋势如图 2－1 所示。

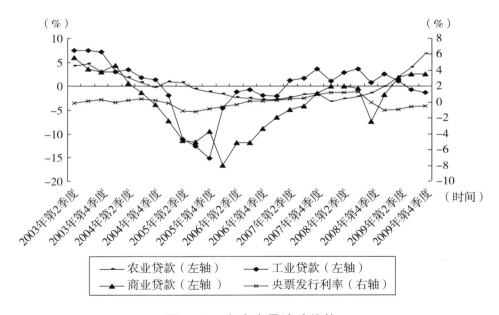

**图 2－1 各个变量波动趋势**

不难看出，中国人民银行在 2005 年第 1 季度至 2008 年第 3 季度期间内采取了持续上调央票发行利率的紧缩性政策操作，那么，就各类行业贷款的波动趋势来看，农业贷款值先从 0.967% 持续降至 − 2.233%，工业贷款值则从 − 1.905% 持续升至 3.675%，商业贷款值则先从 − 4.805% 降至 2006 年第 1 季度的 − 7.925%，然后转为升至 1.724%。可见，在紧缩性政策影响下，银行在信贷资金的行业配置上表现出了巨大的差异性。

### （二）模型估计与结果分析

我们首先采用 ADF 方法对上述变量展开平稳性检验，检验结果如表 2 − 1 所示。不难看出，各变量均为平稳序列，这也就意味着，SVAR 模型是稳定的。

表 2 − 1　　　　　　　　各变量 ADF 单位根检验结果

| 变量 | 检验类型（$c$，$t$，$l$） | ADF 值 | P 值 |
| --- | --- | --- | --- |
| $Y$ | （$c$，0，0） | − 3.371 | 0.021 ** |
| $P$ | （$c$，0，4） | − 4.063 | 0.005 *** |
| $L_{in}$ | （0，$t$，5） | − 3.373 | 0.082 * |
| $L_{com}$ | （0，0，0） | − 1.685 | 0.086 * |
| $L_{agr}$ | （$c$，0，1） | − 3.112 | 0.037 ** |
| $R$ | （$c$，0，1） | − 2.895 | 0.060 * |

注：（1）检验类型（$c$，$t$，$l$）中 $c$，$t$，$l$ 分别表示常数项、时间趋势和滞后阶数；（2）*、**、*** 分别表示在 10%、5%、1% 的水平上显著。

此外，SIC 和 AIC 表明，SVAR 滞后阶数为 2。这样，在施加可识别性的约束条件之后，采用似然比检验即可估计出三组 SVAR 模型中 $B$ 矩阵的结构系数，估计结果如表 2 − 2 所示。

表 2 − 2　　　　　　　　结构系数估计结果

| $B$ 矩阵结构系数 | 引入工业贷款的 SVAR | 引入商业贷款的 SVAR | 引入农业贷款的 SVAR |
| --- | --- | --- | --- |
| $b_{11}$ | 3.361419<br>（0.475376） | 3.470106<br>0.481217 | 3.206855<br>0.453518 |
| $b_{21}$ | 0.108040<br>（0.191825） | − 0.098985<br>0.196089 | 0.215265<br>0.188297 |
| $b_{31}$ | 0.093049<br>（0.077320） | 0.090658<br>0.084911 | 0.045209<br>0.075316 |

续表

| B 矩阵结构系数 | 引入工业贷款的 SVAR | 引入商业贷款的 SVAR | 引入农业贷款的 SVAR |
|---|---|---|---|
| $b_{41}$ | -0.627991<br>(0.640107) | -0.331007<br>0.381980 | 0.092037<br>0.217829 |
| $b_{22}$ | 0.956075<br>(0.135209) | 0.997411<br>0.138316 | 0.929098<br>0.131394 |
| $b_{32}$ | 0.076316<br>(0.075423) | 0.102408<br>0.082766 | 0.104451<br>0.073576 |
| $b_{42}$ | 0.053622<br>(0.633871) | 0.290070<br>0.377073 | -0.272477<br>0.213998 |
| $b_{33}$ | 0.373236<br>(0.052784) | 0.415766<br>0.057656 | 0.360390<br>0.050967 |
| $b_{43}$ | 1.349680<br>(0.604402) | 0.466783<br>0.369291 | -0.420248<br>0.201936 |
| $b_{44}$ | 2.867355<br>(0.405505) | 1.853867<br>0.257085 | 0.964961<br>0.136466 |
| 似然比函数值 | -172.7761 | 173.0817 | -142.7817 |

注：括号内为估计值的标准差。

在模型结构系数估计的基础上，我们又分别计算了 1 个正向标准差的央票发行利率冲击下各类行业贷款的响应函数，如图 2 - 2 所示，横轴表示预测期间，纵轴表示各类行业贷款做出响应的百分比。此外，我们还用表 2 - 3 概括了图 2 - 2 中各个变量的响应结果。

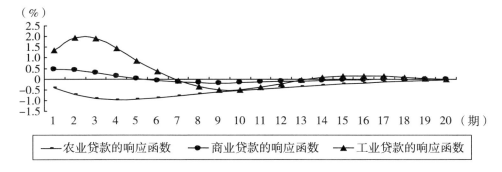

图 2 - 2  利率冲击下各变量的响应函数

表2-3                              利率冲击下各变量的响应结果

| 响应类型 | 响应峰值 | 响应峰值时期（期） | 响应谷值 | 响应谷值时期 | 响应持续期（期） |
|---|---|---|---|---|---|
| 工业贷款的响应函数 | 1.938923% | 2 | | | 20 |
| 商业贷款的响应函数 | 0.466783% | 1 | | | 18 |
| 农业贷款的响应函数 | | | -0.979844% | 4 | 20 |

由图2-2、表2-3分析可知，工业贷款在第1期做出了1.34968%的正向响应，到第2期达到1.938923%的响应峰值，随后逐期衰减直至第20期的-0.497519%并趋近于零。商业贷款在第1期做出了0.466783%正向响应并达到了响应峰值，随后逐期衰减直至第18期的-0.01426%并趋近于零。然而，农业贷款在第1期做出了-0.420248%的负向响应，并到第4期达到-0.979844%的响应谷值，随后逐期衰减直至第20期的-0.042473%并趋近于零。不难看出，在中国人民银行上调央票发行利率的冲击下，工业和商业贷款投放增加，而农业贷款投放减少，并且工业贷款增加的幅度超过了商业贷款。那么，如果从紧缩性政策对不同行业的借款主体所形成的资产负债表效应来看，这意味着，工业的借款主体可抵押品价值受紧缩性政策的影响最小，其次为商业的借款主体，而农业的借款主体可抵押品价值下降可能最大。这样，银行就会对不同借款主体产生不同程度的违约风险预期，从而将信贷资金首先配置于可抵押品价值较高的工业，其次为商业，最后为农业。

事实上，这种有关可抵押品价值的结论能够得到相关经验事实的支持。如果将制造业、批发零售业和农林牧渔业的固定资产完成额分别视为工业、商业和农业借款主体可抵押品价值的代理变量，那么，在2005～2008年的货币政策紧缩期间，分别表现为20319.29亿元、26398.61亿元、35497.25亿元、46345亿元、1469.97亿元、1884.62亿元、2444.01亿元、3166.18亿元，以及822.77亿元、1101.71亿元、1466.45亿元、2256.12亿元，而各年份的制造业、批发零售业和农林牧渔业固定资产完成额之间比值分别为13.8:1.78:1，23.9:1.71:1，24.2:1.66:1，20.5:1.40:1[①]。可见，制造业固定资产完成额

---

① 资料来源：同花顺金融数据库。

最高，其次为批发零售业，最后为农林牧渔业。这实际上也表明，紧缩性政策是通过资产负债表效应决定了银行信贷资金的行业配置行为。

## 四、结论与政策建议

本节从我国银行贷款传导渠道的典型事实出发，通过建立 SVAR 模型考察了紧缩性政策影响下我国银行信贷资金的行业配置行为。研究表明，当中国人民银行上调政策利率之后，银行会根据不同借款主体的可抵押品价值高低而产生不同程度的违约风险预期，并将信贷资金配置到抵押品价值较高的工业和商业贷款，同时减少了抵押品价值较低的农业贷款。这也意味着，紧缩性政策的操作会通过资产负债表效应决定银行信贷资金行业配置行为。

事实上，上述结论也表明，银行信贷资金行业配置对借款主体可抵押品价值具有高度依赖性，这有助于银行出于资产安全性的考虑而规避违约风险，但是也可能造成资金配置效率低下，而对高效率和成长性行业的资金投放不足，并鼓励追求数量、依赖投资的粗放型经济增长方式，从而从长期看，并非有利于经济结构战略性调整和经济发展方式的转变。由此，我们提出以下三个建议。

（1）中国人民银行应充分关注银行信贷资金行业配置行为，将其纳入货币政策预警和监测体系之中，并灵活运用贷款贴息、信贷优惠政策和窗口指导等准行政性手段，以及设计与银行信贷资金行业配置行为相挂钩的差别性政策工具，积极引导银行对成长性行业和具有发展潜力行业的信贷投入，进而发挥货币政策支持经济结构调整和经济发展方式转变的力度。

（2）加强产业政策宏观导向的作用。通过制定科学的产业政策，定期向社会公布国家支持、限制和禁止投资的行业目录，指导银行信贷投向，尤其是以该行业的成长性及其对经济增长推动力作为主要依据，而对于资源、制造业、房地产等"高污染、高耗能、产能过剩"行业，要严格限制任何形式的授信支持。

（3）完善银行信贷资金投放的考核制度和激励机制，鼓励银行进行金融服务模式和业务流程的自主创新，探索推进知识产权、自主品牌质押贷款，并支持火炬、星火等科技发展计划项目，从而逐渐摆脱固定资产抵押贷款的约束。

# 第二节　银根紧缩与银行信贷资金期限配置

## 一、引言

近年来，随着中国人民银行将货币条件从反危机的极度宽松状态向常态回归，银行信贷资金期限配置行为开始成为学术界讨论的热点问题。之所以如此，主要是因为，在应对金融危机的宽松货币政策的刺激下，银行信贷资金过多投向了支持资源、制造、房地产等中长期贷款，而与高科技战略产业、中小型企业等相关的短期贷款持续萎缩，从而与实现经济结构战略性调整和经济发展方式根本转变的目标相背离。那么，随着货币政策操作态势的转变和紧缩性政策效应的日益显现，银行信贷资金期限配置行为又会发生什么样的变化？对这一问题的解答，不仅可以从银行微观行为层面上理解银行贷款传导渠道的内在机理，而且还有助于发挥货币政策在促进信贷结构调整中的积极作用。

从西方经济学文献来看，国外学者对这一议题的探讨，主要是以利率市场化程度较高国家为背景，从中央银行上调政策利率（policy rate）之后，商业银行在实施资产负债管理过程中如何调整不同到期日的利率敏感性资产配置从管理利率风险的角度加以展开。具体而言，在以利润为中心的经营模式驱动下，商业银行在日常性的资产负债管理中通常借入利率较低的短期负债并用于发放利率较高的长期贷款，这就造成了资产负债期限错配，同时也形成了利率敏感性负债大于资产的缺口。那么，一旦短期利率上升而长期贷款利率维持不变，就会使得银行净利息收益下降，这样，商业银行就会通过缩减长期贷款而增加短期贷款的方式提高利率敏感性资产比重，进而控制净利息收益的波动。德哈恩等（Den Haan et al. , 2007，2009）以美国和加拿大银行业为研究对象发现，当政策利率上升时，商业银行均减少了长期地产贷款而增加了短期工商贷款。琼·斯蒂芬·梅索尼耶里（Jean-Stéphane Mésonniery，2008）以法国银行业为研究对象同样发现，商业银行减少了长期投资性公司贷款而增加了短期工商贷款。

本节试图从我国银行贷款传导渠道的典型事实出发，建立结构向量自回归模型（SVAR），并在对模型结构参数估计的基础上，构建政策利率冲击下不同到期日贷款资产的响应函数并进行比较，从而观察商业银行的信贷资金期限配置行为。

## 二、结构向量自回归模型的设定

模型设定的具体方法与第一节相同。

## 三、数据分析与模型估计

由于本节的目的是试图考察政策利率冲击下不同到期日贷款资产的响应函数并进行比较，因此，我们根据现行金融统计数据的可获得性，分别建立了两组由（产出、价格、短期贷款、政策利率）和（产出、价格、中长期贷款、政策利率）内生变量构成的 SVAR 模型，其中，短期和中长期贷款的到期日分别为 1 年以下和以上，并且还在估计模型的结构系数基础上计算出政策利率冲击下短期贷款和中长期贷款的响应函数。

### （一）数据来源与说明

产出 $Y$、价格 $P$、银行贷款 $L$、政策利率 $R$ 的数据来源与第一节相同。上述变量的趋势值均采用 Hodrick-Prescott 过滤法估计而得，样本区间为 2003 年第 2 季度至 2010 年第 4 季度，各个变量的波动趋势如图 2 - 3 所示。

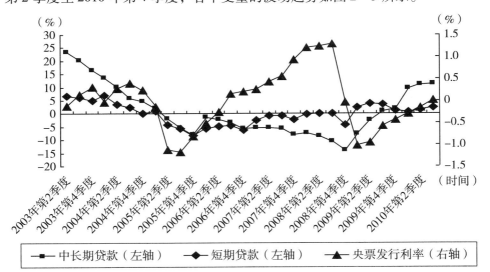

图 2 - 3 各变量波动趋势

不难看出，中国人民银行在 2005 年第 1 季度至 2008 年第 3 季度、2009 年第 1 季度至 2010 年第 4 季度内，均采取了持续上调央票发行利率的紧缩性政策操作，但是，在前一区间内，短期贷款值先从 0.91% 降至 2005 年第 4 季度的 −8.17%，然后又转为升至 0.013%，而中长期贷款值则从 2.05% 持续降至 −10.38%。在后一区间内，短期贷款值先从 2.32% 降至 2010 年第 1 季度的 0.64%，然后转为升至 2.39%，中长期贷款值则从 −7.55% 持续升至 11.28%。可见，在紧缩性政策影响下，银行在信贷资金的期限配置上表现出了巨大的差异性。

### （二）模型估计与结果分析

我们首先采用 ADF 方法对上述变量展开平稳性检验，检验结果如表 2 −4 所示。不难看出，各变量均为平稳序列，这也就意味着，SVAR 模型是稳定的。

表 2 −4　　　　　　　　各变量 ADF 单位根检验结果

| 变量 | 检验类型 ($c$, $t$, $l$) | ADF 值 | P 值 |
|---|---|---|---|
| $Y$ | ($c$, 0, 0) | −3.522 | 0.014** |
| $P$ | ($c$, 0, 4) | −4.319 | 0.002*** |
| $L_s$ | (0, 0, 0) | −2.055 | 0.040** |
| $L_l$ | (0, 0, 0) | −2.379 | 0.019** |
| $R$ | ($c$, 0, 1) | −3.112 | 0.037** |

注：（1）检验类型（$c$, $t$, $l$）中 $c$, $t$, $l$ 分别表示常数项、时间趋势和滞后阶数；（2）**、*** 分别表示在 5%、1% 的水平上显著。

此外，SIC 和 AIC 表明，SVAR 滞后阶数为 2。这样，在施加可识别性的约束条件之后，采用似然比检验即可估计出两组 SVAR 模型中 B 矩阵的结构系数，估计结果如表 2 −5 所示。

表 2 −5　　　　　　　　结构系数估计结果

| B 矩阵结构系数 | 引入短期贷款的 SVAR | 引入中长期贷款的 SVAR |
|---|---|---|
| $b_{11}$ | 3.264672 (0.428672) | 3.280240 (0.430717) |
| $b_{21}$ | −0.110465 (0.183737) | −0.115600 (0.183936) |

续表

| B 矩阵结构系数 | 引入短期贷款的 SVAR | 引入中长期贷款的 SVAR |
|---|---|---|
| $b_{31}$ | 0.088147<br>(0.076360) | 0.086897<br>(0.075852) |
| $b_{41}$ | -0.221532<br>(0.447498) | -0.385875<br>(0.545439) |
| $b_{22}$ | 0.986367<br>(0.129516) | 0.987150<br>(0.129619) |
| $b_{32}$ | 0.104476<br>(0.074220) | 0.106505<br>(0.073674) |
| $b_{42}$ | 0.700431<br>(0.436977) | 0.909150<br>(0.529798) |
| $b_{33}$ | 0.392801<br>(0.051577) | 0.389531<br>(0.051148) |
| $b_{43}$ | 0.117968<br>(0.426908) | 0.003637<br>(0.516173) |
| $b_{44}$ | 2.297457<br>(0.301671) | 2.779677<br>(0.364989) |
| 似然比函数值 | -195.5336 | -200.9775 |

注：括号内为估计值的标准差。

在模型估计的基础上，我们又分别计算了 1 个正向标准差的央票利率冲击下短期贷款和中长期贷款的响应函数，如图 2-4 所示，横轴表示预测期间，纵轴表示短期和中长期贷款做出响应的百分比。此外，我们还用表 2-6 概括了图 2-4 中各个变量的响应结果。

由图 2-4、表 2-6 分析可知，短期贷款在第 1 期做出了 0.117968% 的正向响应，到第 3 期达到了 0.206029% 的响应峰值，随即逐期衰减直至第 10 期的 0.004067% 并趋近于零。然而，中长期贷款在第 1 期做出了 0.003637% 的正向响应，并从第 2 期转为 -0.680445% 的负向响应，到第 6 期达到了 -1.933178% 的响应谷值，随即逐期衰减直至第 17 期的 -0.01927% 并趋近于零。可见，在中国人民银行上调央票发行利率的冲击下，银行短期贷款和中长期贷款发生了正负相反方向的波动，从而与德哈恩等（Den Haan et al., 2007、

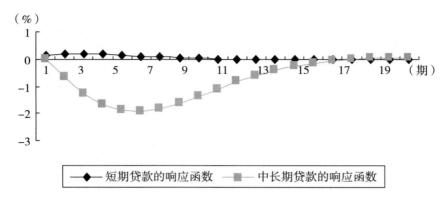

图 2 – 4　利率冲击下各变量的响应函数

表 2 – 6　　　　　　　　　利率冲击下各变量的响应结果

| 响应类型 | 响应峰值 | 响应峰值时期（期） | 响应谷值 | 响应谷值时期 | 响应持续期（期） |
|---|---|---|---|---|---|
| 短期贷款的响应函数 | 0.206029% | 3 | | | 10 |
| 中长期贷款的响应函数 | | | − 1.933178% | 6 | 17 |

2009）、琼·斯蒂芬·梅索尼耶里（Jean-Stéphane Mésonniery，2008）的研究结论相一致，这也可能表明，短期利率上升所形成的利率风险，导致了银行在信贷资金期限配置上增加了短期贷款而减少了中长期贷款，从而构成了信贷资金期限配置行为的决定因素。

　　事实上，这一实证结论还能得到近年来货币政策调控经验事实的支持。自从我国银行的经营机制转型以来，以利润为中心的经营模式使银行在信贷资金期限配置上存在较为严重的期限结构错配问题，银行借入短期资金并主要投向了利率较高的中长期贷款上。从 2006 年第 1 季度开始，中长期贷款与短期贷款之比值首次超过 1，并持续上升至 2008 年第 2 季度金融危机爆发前的1.238。金融危机爆发之后，在扩张性财政和货币政策的推动下，该比值又进一步加速攀升至 2010 年第 3 季度的 1.753。[①] 随着货币政策操作方向从极度宽松向常态回归，银行短期融资成本开始上升，银行间 7 天加权回购利率从2010 年初的 1.5918% 升至年底的 4.231%[②]，在长期贷款利率维持不变的情况下，就使得净利息收益收窄，在此情况下，银行为避免利差损失而增加短期贷

---

① 资料来源：中长期贷款与短期贷款比值由作者根据各期《中国经济景气月报》计算所得。
② 资料来源：同花顺金融数据库。

款并减少中长期贷款。实际上，到 2010 年底，中长期贷款与短期贷款之比值开始小幅下降至 1.738。

### 四、结论与政策建议

本节从我国银行贷款传导渠道的典型事实出发，通过建立 SVAR 模型考察了紧缩性政策影响下我国银行业信贷资金期限配置行为。研究表明，当中国人民银行上调政策利率之后，银行出于防范利率上升所引致净利息收益下降而增加短期贷款并减少中长期贷款，这意味着，利率风险管理已成为影响银行信贷资金期限配置行为的决定因素。在此情况下，中国人民银行应充分发挥利率工具在促进信贷结构调整中的作用。由此，我们建议，应当在制度层面上加快利率市场化改革进程，不断完善基准利率机制和金融产品风险定价机制的建设，同时还要推动银行建立合理高效的利率风险管理运行机制，引导银行能够根据政策利率变动方向和信贷政策取向，对信贷资金实施差别定价和头寸调整，进而有效传导货币当局对信贷结构调整的政策意图。

## 第三节　银行个体特征对贷款行为差异性的影响

### 一、引言

随着国民经济运行企稳回升和银行贷款意愿不断增强，中国人民银行开始运用货币政策工具逐步回笼银行体系的准备金，以引导银行均衡放款，防止银行贷款在季度、月度之间过大波动。然而，具有不同个体特征水平（individual characteristics）的银行贷款行为却表现出巨大的差异性，并在一定程度上弱化了货币当局通过银行贷款渠道传导政策意图的力度。那么，银行个体特征是如何影响贷款行为的差异性呢？对这一问题的解答，不仅是理解银行贷款渠道内在机理的关键，而且还有助于货币当局针对个体特征水平互不相同的银行采取差别性的微调操作，从而提高银行贷款渠道的有效性。

从西方经济学文献来看，卡什亚普（Kashyap，1995）、斯坦（Stein，2000）、基山和奥皮拉（Kishan & Opiela，2000）已经从理论上提出了银行个体特征是通过影响银行获得外部融资的能力进而决定银行贷款行为的差异性，并且以美国银行业为研究对象的经验研究发现，能够反映银行的资产负债表质量状况的个体特征，包括资产规模、资本充足程度和流动性水平，构成了影响银行外部融资能力的因素，并使得银行贷款行为表现出特定的差异性。然而，在随后以欧盟、南美等国家银行业为研究对象的同类研究中，学术界却发现，在每个国家银行体系特定的制度（institutional peculiarities）约束下，某些制度安排有可能降低了外部投资者与银行之间的信息不对称性，并使得银行资产规模、资本充足程度和流动性水平不一定能够构成影响银行外部融资能力的因素，这也就使得紧缩性政策下银行贷款行为的差异性，不一定与早期经验研究的文献结论相一致（Ehrmann et al.，2003）。事实上，这也正如卡什亚普和斯坦（1994）所指出的，银行贷款行为的差异性最终取决于一国银行体系的制度特征（institutional characteristics）。那么，在我国当前银行体系的制度约束下，银行个体特征是如何作用于外部融资能力并决定贷款行为的差异性呢？目前国内学者对这一议题的讨论尚未充分展开，而本节的研究目的是试图从我国当前银行体系制度约束的典型事实出发，考察紧缩性政策下银行个体特征决定贷款行为差异性的影响机制。

## 二、文献评述

目前国外学者对银行个体特征决定贷款行为差异性的影响机制已经展开了较为深入的探讨。从理论上说，如果某一银行个体特征能够反映银行的资产负债表质量状况，那么，该个体特征将通过影响银行外部融资能力（external financing capacity）决定银行贷款行为的差异性（Kashyap & Stein，1995，2000；Kishan & Opiela，2000）。具体而言，在资本市场不完美的情况下，银行与其外部投资者之间存在信息不对称性。当紧缩性的货币政策减少银行的存款类资金来源，而银行转向外部投资者借入非存款类资金时，外部投资者将会在预期银行违约风险的基础上，通过额外收取用于补偿审查、监控和状态识别的费用之后向银行融资，这就使得银行在获得外部融资时面临着资金约束，从而也就相应地减少了贷款供给。不仅如此，如果不同的银行在某一能够反映资产负债表质量状况的个体特征上存在差异，这又会使得外部投资者对这些银行的违约风险产生不同的预期，并致使其获得外部融资的能力有所差异，从而会在不同程度上降低贷款供给。可以推论，这种紧缩性政策下银行贷款行为的差异性，可能会弱化货币当局通过银行贷款渠道传导政策意图的力度。[①]

事实上，在讨论这一议题的早期文献中，银行个体特征通过影响外部融资能力进而决定贷款行为差异性的机制，是具有特定的含义。学术界主要是以美国银行业为研究对象，集中考察了银行资产规模、资本充足程度和流动性水平等个体特征所产生的影响机制。卡什亚普和斯坦（1995、2000）、基山和奥皮拉（2000）分别发现，在紧缩性政策影响下，如果银行的资产规模较小、资本充足程度和流动性水平较低，外部投资者可能会产生较高的违约风险预期，从而使得银行难以获得外部融资，并且贷款下降幅度较大。反之，如果银行的资产规模较大、资本充足程度和流动性水平较高，外部投资者可能会产生较低的违约风险预期，也就相应使得银行更易获得外部融资，而贷款下降幅度较小。在此情况下，资产规模、资本充足程度和流动性水平就构成了影响银行外部融资能力的因素，并使得银行贷款行为表现出特定的差异性。[②]

然而，在随后以欧盟、南美等国家银行业为研究对象的同类研究中，学术界却发现，在每个国家银行体系特定的制度约束下，某些制度安排有可能降低了外部投资者与银行之间的信息不对称性，并使得外部投资者低估了银行的违约风险，这样，银行资产规模、资本充足程度和流动性水平就不能够决定外部投资者对银行违约风险的预期，从而也不会构成影响银行外部融资能力的因素，这意味着，紧缩性政策下银行贷款行为的差异性，不一定与早期文献的结论相一致。

首先，就资产规模而言，埃尔曼等（2003）以德国、意大利、法国、西班牙银行业为研究对象，认为这些国家银行体系中较为完善的存款保险制度，会使得规模较小的银行和规模较大的银行的存款都能够得到保障，同时使得外

---

[①]　在西方文献中，卡什亚普和斯坦（1995、2000）将这种紧缩性政策下银行贷款行为的差异性称之为横截性差异（cross-sectional difference），也有学者如基山和奥皮拉（2000）、埃尔曼等（Ehrmann et al.，2003）将其称之为货币政策的分配性效应（distributional effects）。

[②]　值得说明的是，由于银行外部融资能力不可直接观察，而且外部融资渠道包括引入战略投资者，公开发行股票、次级债券、混合债券、大额可转让存单以及同业拆借等多种方式，因此，目前学术界尚未找到能够准确描述银行外部融资能力的代理变量，在这种情况下，普遍的做法是，根据银行贷款下降幅度的差异性推断出银行外部融资能力的差异性（Kashyap & Stein，1995、2000；Kishan & Opiela，2000；Ehrmann et al.，2003）。

部投资者低估了单个规模大小不一的银行的违约风险，在此情况下，银行资产规模并不能决定外部投资者对银行违约风险的预期，从而也就不会构成影响银行外部融资能力的因素。此外，埃尔曼等（2003）还发现，德国的商业银行制度是以集团银行制为主，规模较小的银行能够得到规模较大的银行资金，这使得规模较小的银行贷款行为所受到紧缩性政策的影响，不一定会比规模较大的银行更为明显，这会导致资产规模不能够说明贷款行为的差异性。他们的实证分析也表明，在紧缩性政策影响下，与规模较大的银行相比，德国、意大利、法国三国银行业中规模较小的银行贷款下降幅度并非显著，而西班牙银行业中规模较小的银行贷款下降幅度反而更低。

其次，就资本充足程度而言，维利阿（Virhiälä，1997）、托皮和维尔穆南（Topi & Vilmunen，2001）以芬兰银行业为研究对象，认为政府的隐性担保会使得资本充足程度较低的银行很少面临破产风险，使得资本充足程度不能决定外部投资者对银行违约风险的预期，从而也不会构成影响银行外部融资能力的因素。维利阿（1997）的实证分析甚至发现，与资本充足程度较高的银行相比，资本充足程度较低的银行贷款增长速度反而更快。

最后，就流动性水平而言，法林哈和马克斯（Farinha & Marques，2001）以葡萄牙银行业为研究对象，指出该国银行业可以较为便利地从欧盟其他国家获得资金，并使得外部投资者低估了单个流动性水平高低不一的银行的违约风险，这也导致了银行流动性水平并不能决定外部投资者对银行违约风险的预期，从而也不会构成影响银行外部融资能力的因素。塔克达（Takeda，2003）以巴西银行业为研究对象，发现银行业持有大量的国债资产，使得流动性水平普遍较高，这也使得流动性水平不会构成影响银行外部融资能力的因素，而且塔克达（2003）的实证分析还表明，在紧缩性政策影响下，与流动性较高的银行相比，流动性较低的银行贷款下降幅度并不显著。

那么，在我国当前银行体系的制度约束下，银行个体特征是如何作用于外部融资能力并决定贷款行为的差异性呢？事实上，自从1998年我国银行业信贷规模直接控制取消之后，中国人民银行开始建立起间接性的银行贷款渠道，通过运用政策工具调控银行超额准备金，以引导银行贷款行为进而实现政策意图。在这种货币政策传导机制转变的背景下，对这一议题的探讨，对于完善银行贷款渠道的有效性就具有重要的研究价值。

如图2-5所示，实线和虚线分别表示自2003年以来3个月央票利率和贷款增长率的波动趋势①，不难看出，这两条曲线在 2008 年 11 月的时点上相交并大体上呈现反向变动的关系，这可能说明，2003 年至 2008 年 11 月，中国人民银行采取了适度从紧的政策操作，通过上调政策利率以控制银行贷款过快增长，但是自 2008 年 11 月以后，则采取了适度宽松的政策操作，通过下调政策利率以引导银行扩大贷款规模，可见，货币当局通过贷款渠道传导政策意图基本上是有效的。但是，也不难发现，在适度从紧的政策操作时段中，中国人民银行通过上调政策利率以控制贷款增长的力度却相当有限。我们以 2005 年 8 月至 2007 年 11 月的时段为例，央票利率从 1.07% 上调至 3.18%，而贷款增长率则从 9.77% 同步增长至 17.05%，这意味着，中国人民银行在采取紧缩性政策操作时，银行贷款渠道的有效性有所弱化。如果再联系到我国银行业在资产规模、资本充足程度和流动性水平等个体特征上存在的巨大差异以及贷款行为的互不相同，不难推论，由银行个体特征通过作用于外部融资能力进而决定贷款行为的差异性，有可能对银行贷款渠道有效性产生影响。

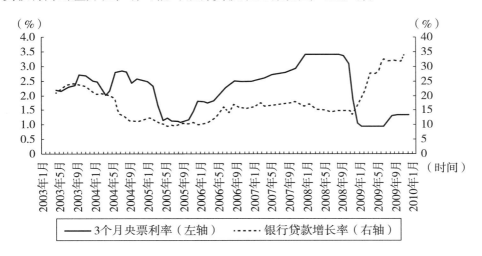

**图 2 – 5　央票利率与银行贷款增长率波动趋势**

资料来源：同花顺金融数据库。

目前国内学者对这一议题的研究尚未充分展开。刘斌（2005）以 1998 年第 1 季度至 2005 年第 1 季度为研究区间，以 16 家银行为研究对象，并采用 3

①　自从 2003 年 4 月中国人民银行启动央行票据发行以弥补现券持有量的不足之后，央行票据逐步成为中国人民银行主要的日常性微调工具（余明，2009）。同时，3 个月央票利率还与最能够反映银行间市场资金供求的 7 天加权回购利率高度相关，由此，本节选用该利率为刻画货币政策松紧状况的政策利率（policy rate）。

个月再贷款利率作为政策利率，考察了资本充足率水平互不相同的银行贷款行为的差异性。研究表明，在紧缩性政策影响下，资本充足率较低的银行可能更难获得外部融资，贷款下降幅度相对较大，而资本充足率较高的银行更易获得外部融资，贷款下降幅度相对较小。索彦峰（2007）以 1997～2005 年为研究区间，以国有银行和股份制银行为研究对象，采用 M1 增长率的实际值与趋势值的偏差作为政策利率的代理变量，并在国有银行的资产规模和资本充足率要比股份制银行更高的假定下，探讨了这两类银行贷款行为的差异性。研究表明，在紧缩性政策影响下，股份制银行更难获得外部融资，贷款下降幅度相对较大，而国有银行更易获得外部融资，贷款下降幅度相对较小。不难看出，他们的研究实际上说明了，资产规模和资本充足率构成了影响银行外部融资能力的因素，并使得银行贷款行为表现出与早期文献结论相一致的差异性。

事实上，上述两份研究存在三个有待改进之处。首先，研究结论可能缺乏有关银行资本监管制度现实依据的支持。在他们的研究区间中，我国以资本监管为核心的银行审慎监管制度尚未完全建立，监管当局虽然设定了资本充足率要求，但是对未达标的银行并未采取监管处罚措施，从而造成了资本充足率对银行获取外部融资的能力及其贷款行为并无实质的约束作用（赵锡军、王胜邦，2007；徐明东等，2009）。其次，在政策利率的选取上可能不够恰当。再贷款利率自 1998 年正式成为政策工具以来仅经历了 6 次调整，因此是一种选择性工具而非日常性微调工具，而 M1 增长率的实际值与趋势值的偏差描述的是货币政策传导机制的中介目标松紧程度，而非政策工具层面的含义。最后，从研究方法来看，在紧缩性政策影响下，银行个体特征通过作用于外部融资能力并决定贷款行为的差异性，实际上也说明了货币当局运用政策工具调控银行贷款行为的过程具有非线性的特征。对此，索彦峰（2007）是事先根据银行的产权性质对样本进行外生性分组，然后分别对子样本中的政策工具与银行贷款相关关系展开分析，并比较其差异以考察非线性特征，同时也就推断出不同的银行外部融资能力的差异性。这种做法虽然简便，但是却很可能会因为对样本的主观分组而造成研究结论的偏误。

鉴于上述分析，我们试图从以下方面对现有文献进行扩展：（1）从我国当前银行体系制度约束的典型事实出发，提出紧缩性政策影响下，银行个体特征作用于外部融资能力进而决定贷款行为差异性的理论假设；（2）采用央票利率作为政策利率；（3）建立引入银行个体特征因素的面板门限模型，试图根据有关银行个体特征的数据自身特点，对样本进行内生性的分组，进而探讨不同子样本内政策利率作用于银行贷款的静态机制并比较其差异，从而推断出外部融资能力的差异性。同时，还进一步建立面板向量自回归模型，构造政策利率冲击下银行贷款变化的响应函数，以考察不同子样本内政策利率作用于银行贷款的动态机制并进行比较，以求从不同的角度对理论假说加以验证。

## 三、研究背景与理论假说

我们首先以我国当前银行体系制度约束的典型事实为研究背景，试图从银行个体特征决定外部投资者对银行违约风险预期和盈利性预期的角度，进而提出紧缩性政策影响下，个体特征作用于外部融资能力并决定贷款行为差异性的理论假说。在以下部分中，我们从个体特征分别设定为资产规模、资本充足程度（以资本充足率衡量）和流动性水平（以流动性比率衡量）三种情形逐一加以展开。

首先，就资产规模而言，我们提出以下假设。

**假设 2.1：** 在资产主导型的盈利模式约束下，如果银行的资产规模越小，外部投资者可能会产生较高的违约风险预期和较低的盈利性预期，使得银行更难获得外部融资，并且贷款下降幅度较大。反之，如果银行的资产规模越大，外部投资者可能会产生较低的违约风险预期和较高的盈利性预期，相应使得银行更易获得外部融资，而贷款下降幅度较小。

目前我国银行业盈利模式是以信贷资产的利差收入和证券资产的投资收入等资产性收入为主，而非资产性的中间业务收入为辅的格局，其中，资产性收入中又以信贷资产的利差收入为主。我们以上市银行中规模最大的工商银行和规模最小的宁波银行为例，2008 年两家银行利差收入、投资收入、中间业务收入占营业收入的比重分别为 83.79%、1.33%、13.67% 和 84.93%、1.64%、11.03%。① 这意味着，银行扩大资产规模不仅可以让外部投资者降低违约风险的预期，而且还会提高盈利性预期，在此情况下，外部投资者更愿意为这类银行融资，结果导致银行更易获得外部融资，而贷款下降幅度也会较

---

① 参见各家上市银行 2008 年报。而在西方发达国家的银行业中，资产性收入仅占 30% ~ 60%（凌江怀，2006）。

小。反之，银行较小的资产规模则会让外部投资者提高违约风险的预期，而降低盈利性预期，这样，外部投资者则不愿意为这类银行融资，结果导致银行更难获得外部融资，而贷款下降幅度也会较大。不难看出，资产规模构成了影响银行外部融资能力的因素，并使得银行贷款行为表现出特定的差异性。

另外，我国银行体系中尚未建立存款保险制度，而且银行组织制度又是分支行制，这使得外部投资者对规模大小不一的银行的违约风险预期不能通过埃尔曼等（2003）所发现的存款保险制度、集团银行制等制度安排得以消除。从这一角度来看，资产规模仍然决定了外部投资者对银行违约风险的预期，并构成了影响银行外部融资能力的因素。

其次，就资本充足率而言，我们提出以下假设。

**假设 2.2**：在较为宽松的资本金补充机制约束下，外部投资者会低估银行的违约风险，在此情况下，资本充足率就不能够决定外部投资者对银行违约风险的预期，从而也就不会构成影响银行外部融资能力的因素。而且，如果银行的资本充足率越低，外部投资者可能会产生较高的盈利性预期，从而使得银行更易获得外部融资，并且贷款下降幅度较小。反之，如果银行的资本充足率越高，外部投资者可能会产生较低的盈利性预期，这就使得银行更难获得外部融资，并且贷款下降幅度较大。

我国银行业的资本金补充机制是随着以 2004 年 2 月银监会发布《商业银行资本充足率管理办法》（以下简称《办法》）为标志，以资本监管为核心的银行审慎监管制度开始真正建立而逐步形成的。《办法》对资本充足率的计算细则、监督检查和信息披露做出了全面规定，同时还对资本充足率未达标的银行提出了包括限制资产增长速度，停止审批银行增设新机构、开办新业务、限制红利分配等监管处罚措施，并规定了 2007 年 1 月 1 日为最后达标期限。但是，鉴于大多数银行资本充足率过低的实际情况，《办法》也为银行多渠道补充资本金制定了一套较为宽松的资本金补充机制，包括通过国家注资、引入战略投资者、海内外上市以及发行长期次级债券和混合资本债券等新型融资工具补充资本金。这样，在资本金补充机制的作用下，我国银行业资本充足率达标数从 2003 年底的 8 家提高到 2006 年底的 100 家，达标资产占比也从 0.56% 上升至 77.4%。①

---

① 据中国人民银行发布的《中国金融稳定报告》和上市银行年报统计，这一期间，汇金公司向银行业注资达到 630 亿美元，资产管理公司剥离四大国有银行不良贷款 1 万亿元。同时，共有 9 家银行上市，股权融资达 2027 亿元，发行次级债券达 1767.5 亿元，混合资本债券达 132.5 亿元。

事实上，在大多数银行的资本充足率要求达标之后，宽松的资本补充机制也使得银行在资本金管理中并未建立起资产规模自我约束机制，并且在资产主导型的盈利模式影响下陷入了"信贷资产扩张—资本充足率下降—资本金再补充"的被动状态。① 我们以 2009 年上半年宣布发行次级债的上市银行为例② 进行分析，结果如表 2 - 7 所示。

表 2 - 7　　　　　　　上市银行宣布发行次级债情况

| 银行 | 贷款增长率（%） | | 资本充足率（%） | | 次级债发行计划 |
|---|---|---|---|---|---|
| | 2008 年 12 月 | 2009 年 6 月 | 2008 年 12 月 | 2009 年 6 月 | |
| 中国工商银行 | 12.09 | 25.20 | 13.06 | 12.09 | 计划 2011 年底前发行不超过 1000 亿元次级债 |
| 中国银行 | 15.80 | 33.86 | 13.43 | 11.53 | 计划 2012 年底前发行不超过 1200 亿元次级债 |
| 中国建设银行 | 15.72 | 27.95 | 12.16 | 11.97 | 2009 年 2 月已发行 400 亿元次级债 |
| 兴业银行 | 24.67 | 45.70 | 11.24 | 9.21 | 2009 年 9 月已发行 100 亿元次级债 |
| 浦发银行 | 27.18 | 52.06 | 9.06 | 8.11 | 计划 2010 年 6 月底前发行不超过 150 亿元次级债 |
| 华夏银行 | 15.78 | 27.70 | 11.40 | 10.36 | 计划 2010 年底前发行不超过 100 亿元次级债 |

资料来源：根据各家上市银行 2008 年报告和 2009 年半年度报告整理。

不难看出，各家银行在 2009 年上半年期间贷款扩张过快，并导致了资本充足率不同程度的下降。随后，各家银行又纷纷宣布次级债券发行计划以补充资本金。可以推论，在这种资本金补充机制的支持下，外部投资者可能会低估了银行的违约风险，进而使得资本充足率不能决定外部投资者对银行违约风险的预期，

① 这也被中国人民银行称之为信贷扩张对资本补充产生的倒逼机制，即"水多了加面，面多了加水"现象。参见 2010 年第二季度《中国货币政策执行报告》第 5 页专栏。
② 次级债券作为银行补充资本金的一种主动负债工具，其发行不会稀释原有股东的股权份额，而且股东还可以享受通过债务增资使财务杠杆变大而带来的收益。因此，从发行程序来看，银行发行次级债券要比增发、配股、发行可转债所受到的限制要少，并且已成为目前国内银行业补充资本金最为常用的金融工具。

也不会构成影响银行外部融资能力的因素。不仅如此，信贷资产扩张所导致的资本充足率的下降，恰好能反映出银行信贷能力的增强，而外部投资者由此可能产生较高的盈利性预期，从而更愿意为这类银行融资，使得银行更易获得外部融资，而贷款下降幅度也会较小。反之，如果银行的资本充足率过高，这可能反映出银行信贷能力的下降，而外部投资者会产生较低的盈利性预期，从而不愿为这类银行融资，结果导致银行更难获得外部融资，而贷款下降幅度也会较大。

最后，就流动性比率而言，我们提出以下假设。

**假设 2.3**：在较为完善的银行间同业市场制度约束下，外部投资者会低估银行的违约风险，在此情况下，流动性比率不能决定外部投资者对银行违约风险的预期，从而也不会构成影响银行外部融资能力的因素。而且，如果银行的流动性比率越低，外部投资者可能会产生较高的盈利性预期，从而使得银行更易获得外部融资，并且贷款下降幅度较小。反之，如果银行的流动性比率越高，外部投资者可能会产生较低的盈利性预期，使得银行更难获得外部融资，并且贷款下降幅度较大。

我国银行间同业市场是指中国人民银行分别在 1996 年和 1997 年设立的银行间同业拆借市场和银行间债券回购市场。这一市场设立的目的在于为以银行为主体的金融机构提供一个开展流动性管理和调剂资金余缺的场所。随后，中国人民银行颁布了《银行间债券交易结算规则》《全国银行间债券市场债券交易管理办法》《同业拆借管理办法》等系列法规，不断完善银行间同业市场制度，提升银行间市场的深度和广度。到 2009 年上半年为止，银行同业拆借市场成员从设立之初的 96 家上升至 2129 家，成交额从 5971 亿元增加至 7.9 万亿元，银行间债券回购市场成员则从 79 家上升至 9366 家，成交额从 70.76 亿元增加至 35.6 万亿元。[①] 可见，银行间同业市场已成为银行间相互调剂流动性的重要网络，并在一定程度上减少了单个银行的流动性风险。

然而，银行间同业市场制度也导致了银行在流动性风险管理中的审慎性原则难以建立，并且在资产主导型的盈利模式影响下，过度依赖于银行间市场拆入资金而并非持有高流动性资产以维持流动性比率，以至于陷入了"信贷资产扩张—流动性比率下降—拆入资金"的被动状态。我们以 2009 年上半年拆入资金净增加额为正的上市银行为例进行分析，结果如表 2-8 所示。

---

① 资料来源：根据杨强等（2001）和中国债券信息网的数据整理。

表 2-8　　　　　　　　　上市银行拆入资金净增加额情况

| 银行 | 贷款增长率（%） | | 流动性比率（%） | | 2009 年上半年拆入资金净增加额（亿元） |
|---|---|---|---|---|---|
| | 2008 年 12 月 | 2009 年 6 月 | 2008 年 12 月 | 2009 年 6 月 | |
| 交通银行 | 19.95 | 39.36 | 39.62 | 35.65 | 107.49 |
| 中信银行 | 15.11 | 56.40 | 51.37 | 38.74 | 43.63 |
| 深圳发展银行 | 31.02 | 41.14 | 41.50 | 34.00 | 67.90 |
| 浦发银行 | 27.18 | 52.06 | 55.24 | 43.77 | 207.16 |
| 华夏银行 | 15.78 | 27.70 | 52.9 | 37.92 | 327.20 |

资料来源：根据各家上市银行 2008 年报告和 2009 年半年度报告整理。

不难看出，各家银行在 2009 年上半年期间贷款扩张过快，并导致了流动性比率不同程度的下降。随后，各家银行又试图通过银行间市场拆入资金以补充流动性比率。可以推论，在这种银行间同业市场制度下，外部投资者可能会低估银行的违约风险，进而使得流动性比率不能决定外部投资者对银行违约风险的预期，也不会构成影响银行外部融资能力的因素。不仅如此，信贷资产扩张所导致的流动性比率的下降，恰好能反映出银行信贷能力的增强，而外部投资者由此可能产生较高的盈利性预期，从而更愿意为这类银行融资，使得银行更易获得外部融资，而贷款下降幅度也会随之缩小。反之，如果银行的流动性比率过高，这可能反映出银行信贷能力的下降，而外部投资者会产生较低的盈利性预期，从而不愿为这类银行融资，结果导致银行更难获得外部融资，而贷款下降幅度也会较大。

## 四、面板门限模型的检验

由上述分析可知，在紧缩性政策影响下，个体特征水平存在差异的银行所获得外部融资的能力也互不相同，并使其贷款下降幅度有所差异，而这实际上说明，货币当局运用政策工具调控银行贷款行为的过程具有非线性的特征。对此，传统的研究方法是，根据银行个体特征水平的高低，事先按照某一设定好的标准对样本进行外生性分组，然后再对子样本中政策利率影响银行贷款的机制展开分析，并比较其差异以考察非线性特征，同时也就推断出外部融资能力的差异性。然而，这种做法虽然简便并易于处理，但是却很可能会因为对样本的主观分组而造成研究结论的偏误。因此，我们将以伯南克和布林德（Bernanke & Blinder，1988）提出的 CC-LM 模型为基础，建立引入银行个体特征因素的面板门限模型（panel threshold model）展开经验分析。这是因为，该模型通过构造能够刻画银行个体特征的门限变量（threshold variable），并利用该变量的观察值估计出门限值，然后根据门限值内生性地对样本分组，在此基础上分别对子样本进行分析。这样，就可以避免传统研究方法所造成的偏误。

### （一）面板门限模型的设定

伯南克和布林德（1988）最早提出了刻画银行贷款渠道的 CC-LM 模型，但是，这一模型并没有将银行个体特征引入贷款决定的因素之中。我们试图以这一模型为基础，引入银行个体特征因素，进而扩展为经验研究中的面板门限模型。

首先，某一银行 $i$ 所面临的贷款需求（$L_i^d$）是由实际产出（$Y$）、通货膨胀率（$\pi$）和贷款利率（$i_L$）所决定的。其中，实际产出的上升会促使贷款需求增加，而较高的通货膨胀率可能通过降低贷款需求者获得贷款的实际成本，产生正向的贷款需求（Cukierman & Hercowitz，1989），同时也有可能会损害企业的劳动生产率，进而产生负向的贷款需求（De Gregorio & Sturzenegger，1997）。贷款利率的上升则会抑制贷款需求，那么，贷款需求函数可以表达为：

$$L_i^d = \phi_1 Y + \phi_2 \pi + \phi_3 i_L \tag{2.7}$$

其次，银行 $i$ 的贷款供给（$L_i^s$）则是由银行存款（$D$）、贷款利率（$i_L$）和政策利率（$r$）共同决定的。其中，银行存款上升会促使贷款供给增加，贷款利率上升会通过提高贷款的边际收益促使银行的贷款意愿提高，而政策利率上升则通过提高银行在银行间市场上的融资成本而抑制贷款供给，这样，贷款供给函数表达为：

$$L_i^s = \mu_i D_i + \phi_4 i_L + \phi_5 r \tag{2.8}$$

此外，银行存款的扩张与收缩最终受到货币当局政策利率的反向影响，因此，我们进一步把银行存款表达为政策利率的函数，即：

$$D = -\psi r + \chi \tag{2.9}$$

我们再将式（2.9）代入式（2.10），并考虑到信贷市场的出清条件 $L_i^d = L_i^s$，从而得到贷款决定模型，即：

$$L_i = \frac{\phi_2 \phi_4 \pi - \phi_1 \phi_4 Y + (\mu_i \phi_3 \psi - \phi_3 \phi_5) r - \mu_i \phi_3 \chi}{\phi_4 - \phi_3} \tag{2.10}$$

可见，在信贷市场均衡时，银行贷款将是由实际产出（$Y$）、通货膨胀率（$\pi$）和政策利率（$r$）所共同决定的。事实上，这一模型中并未引入银行个体特征因素，因此，我们在经验研究中建立面板门限模型，并构造能够刻画银行个体特征的门限变量，将式（2.10）简化为单一面板门限模型[①]，即：

$$L_{it} = \mu_i + \theta_1 \pi_t + \theta_2 Y_t + \beta_1 r_t \mathrm{I}(g_{it} \leqslant \gamma) + \beta_2 r_t \mathrm{I}(g_{it} > \gamma) \qquad (2.11)$$

式中，$i$ 表示银行，$t$ 表示时期；$L$ 和 $r$ 分别表示作为被解释变量的银行贷款和解释变量的央票利率；$\pi$ 和 $Y$ 分别表示从需求角度对银行贷款产生影响的通货膨胀率和产出，也即控制变量；$g$ 表示门限变量，可以根据具体情形分别设定为资产规模（$size$）、资本充足率（$cap$）和流动性比率（$liq$）等能够反映银行个体特征的变量，$\gamma$ 表示门限值；$\mathrm{I}(\cdot)$ 表示示性函数，当括号中的条件满足时，$\mathrm{I}(\cdot)$ 取值为 1，否则为 0，这实际上说明了紧缩性政策下，个体特征水平存在差异的银行所表现出来的贷款下降幅度的差异性，从而也能够刻画货币当局运用政策工具调控银行贷款行为过程的非线性特征；$\mu$ 表示银行的个体固定效应。

在对模型估计之前，我们还要通过组内均值差分法消除个体固定效应 $\mu$，然后再利用格点搜寻法（grid search）寻找使模型残差平方和最小的门限估计值。在得到门限估计值之后，就可以对样本分组，并对各个子样本分别展开面板回归分析而获得影响系数的估计值。最后，还要对模型的非线性特征是否显著进行检验。在"模型为线性"的原假设下，门限估计值是未知的，这就使得传统的 F 统计量为非标准分布，并且临界值也无从获得。在此情况下，我们将利用汉森（1999）提出的 bootstrap 方法而得到其渐进分布并构造临界值，从而对模型的非线性特征进行检验。

### （二）样本选取与变量说明

我们从迄今为止 14 家上市银行中选取了 12 家作为研究对象，包括中国工商银行、中国银行 2 家国有银行和宁波银行、兴业银行、交通银行、招商银行、南京银行、浦发银行、民生银行、华夏银行、中信银行和深圳发展银行

---

① 严格地说，面板门限模型可以根据研究的需要设定多个门限值，并且门限值数目的确定，是对门限值为 1、2 等情形逐一运用统计量进行检验而得到。由于本节仅考察个体特征水平存在高低差别的两类银行贷款行为的差异性，因此设定门限值为 1。

10家股份制银行，研究区间为2007～2009年。样本选取的原则如下：（1）由于监管当局为资本充足率未达标的银行安排了2004～2007年为过渡期，我们为了准确考察当前银行监管制度下银行贷款行为对紧缩性政策做出反应的差异性，因此选取了2007年之后为研究区间；（2）早期发布的上市银行季报均未公开有关资本充足率和流动性比率的数据，由此我们选取了半年度数据。此外，建设银行和北京银行均在2007年下半年上市，因此，缺乏2007年半年度数据。为了保证收集到平衡面板数据，我们也将其剔除。

就各个变量的数据来源而言，银行贷款是对取自上市银行报告中"贷款和垫款"再取自然对数计算而得。央票利率取自中国债券信息网公布的3个月央票利率。通货膨胀率由以1994年为基期的定基比消费价格指数经过环比计算而得，而该价格指数又是根据谢安（1998）和《中国经济景气月报》提供的数据计算而得。产出由名义GDP经1994年为基期的定基比消费价格指数调整而得到的实际GDP再取自然对数计算而得，其中，名义GDP取自《中国经济景气月报》。资产规模、资本充足率和流动性比率均取自上市银行报告。各变量的基本描述性统计量如表2-9所示。

表2-9　　　　　　　　　　各变量的描述性统计

| 变量 | 平均值 | 标准差 | 最小值 | 最大值 |
|---|---|---|---|---|
| $L$ | 26.924 | 1.398 | 24.104 | 29.298 |
| $\pi$（%） | 1.480 | 2.088 | -1.250 | 4.477 |
| $Y$ | 6.699 | 0.108 | 6.540 | 6.858 |
| $r$（%） | 2.590 | 0.856 | 0.965 | 3.399 |
| $size$ | $1.26 \times 10^{12}$ | $1.36 \times 10^{12}$ | $6.69 \times 10^{10}$ | $1.14 \times 10^{13}$ |
| $cap$（%） | 12.256 | 4.422 | 3.880 | 30.140 |
| $liq$（%） | 41.921 | 8.286 | 26.80 | 61.620 |

不难看出，这一期间我国银行业在个体特征上的分化非常明显。资产规模的最低值为宁波银行在2007年6月底的669.19亿元，最高值为工商银行在2009年6月底的114350.86亿元。资本充足率的最低值为深圳发展银行在2007年6月底的3.88%，最高值为南京银行在2007年12月底的30.14%。流动性比率的最低值为工商银行在2007年12月底的26.8%，最高值为宁波银行在2007年6月底的61.62%。此外，各家银行的贷款差异性也相当明显。贷款

自然对数的最低值为 24.104，即南京银行在 2007 年 6 月底的贷款规模为 294.01 亿元，其最高值为 29.298，即工商银行在 2009 年 6 月底的贷款规模为 53001.16 亿元。可以推论，各家银行在个体特征上的巨大差异，有可能决定了其贷款行为的差异性。同时，我们也发现央票利率的标准差为 0.856%，小于其最低值 0.965%，这说明央票利率波动幅度较小，是一种具有微调性质的政策工具。

### （三）实证结果与分析

我们运用 stata10 软件包对门限变量分别为资产规模、资本充足率和流动性比率的三种情形进行检验，估计结果如表 2-10 所示。

表 2-10　　　　　　　　面板门限模型估计结果

| | 被解释变量：$L$ | | |
| --- | --- | --- | --- |
| 门限变量 $g$ | $size$ | $cap$ | $liq$ |
| $\pi$ | -0.023 (-2.678)** | -0.027 (-3.507)*** | -0.030 (-3.839)*** |
| $Y$ | 0.449 (3.508)*** | 0.478 (3.495)*** | 0.513 (3.811)*** |
| $rI$ $(g \leqslant \gamma)$ | -0.223 (-7.293)*** | -0.116 (-4.591)*** | -0.119 (-5.697)*** |
| $rI$ $(g > \gamma)$ | -0.141 (-8.122)*** | -0.151 (-8.149)*** | -0.152 (-8.463)*** |
| 门限值 $\gamma$ | $8.82 \times 10^{10}$ [$7.55 \times 10^{10}$, $8.83 \times 10^{10}$] | 9.06 [8.11, 24.12] | 38.9 [28, 56.44] |
| 非线性检验 | F = 12.647 (P = 0.00) | F = 2.850 (P = 0.00) | F = 5.756 (P = 0.00) |

注：（1）括号内数字表示 t 统计量；（2）**、*** 分别表示在 5%、1% 的水平上显著；（3）方括号内表示门限估计值的 95% 置信区间；（4）F 值和 P 值是采用 bootstrap 方法反复抽样 300 次得到。

可以看出，在上述三种情形下，F 值均在 1% 的显著性水平上拒绝了"模型为线性"的原假设，并且各个变量的影响系数的估计值均通过了 5% 显著性水平的检验，这说明，货币当局运用央票利率调控银行贷款行为的过程具有非线性的特征。在以下部分中，我们分别对各个影响系数做出具体分析。

首先，考察控制变量对银行贷款的影响系数。在所有的情形下，产出对银行贷款的影响系数均为正值，这说明，经济活跃程度产生了正向的贷款需求，这一结论符合理论预期，并与刘斌（2005）所得出的影响系数为 0.094 相一致。然而，通货膨胀率对银行贷款的影响系数均为负值，这又意味着通货膨胀率可能抑制了贷款需求，并与刘斌（2005）得出的影响系数为 0.11 不相一致。事实上，学术界对于这一影响系数的正负值一直存在争议，而且以不同国家银行业为研究对象的经验证据也相互矛盾。埃尔曼等（2003）的研究发现，该系数在法国、西班牙表现为负值，在德国表现为正值，在意大利表现为不显著。塔克达（2003）则发现，该系数在巴西表现为负值。那么，对于我国的经验证据相悖的情况，我们暂时难以做出解释，这有待于另文探讨。

其次，再考察作为解释变量的央票利率对银行贷款的影响系数，具体又可以按照门限变量设定的不同分为三种情形展开。

就门限变量为资产规模而言，门限估计值为 882.99 亿元，这样，我们就可以根据估计值将整个样本划分为两个子样本，其中，资产规模小于估计值的子样本包括宁波银行、南京银行，其他银行均属于资产规模大于估计值的子样本。[①] 同时，也不难发现，该影响系数在资产规模较小的子样本中为 -0.223，而在资产规模较大的子样本中为 -0.141，这就说明，与资产规模较大的银行相比，资产规模较小的银行贷款下降幅度受紧缩性政策的影响较大，而这可能意味着，资产规模较小的银行更难获得外部融资，从而支持了假设 2.1。

就门限变量为资本充足率而言，门限估计值为 9.06%，由此，我们可以根据估计值将整个样本划分为两个子样本，其中，资本充足率低于估计值的子样本包括浦发银行、华夏银行和深圳发展银行，其他银行均属于资本充足率高于该值的子样本。可以看出，该影响系数在较低的子样本中为 -0.116，而在资本充足率较高的子样本中为 -0.151，这说明，与资本充足率较高的银行相比，资本充足率较低的银行贷款下降幅度受紧缩性政策的影响较小，而这又意味着，资本充足率较低的银行更易获得外部融资，从而支持了假设 2.2。

---

① 由于研究区间中每家银行的资产规模始终不断变化，我们是取这一区间内的平均值而判断的。对于银行个体特征设定为资本充足率和流动性比率的情形，也是按照同样的方法进行处理。

　　实际上，这一实证结论还能在一定程度上得到各家银行通过发行次级债补充资本金以维持贷款增长的经验事实的支持。具体而言，我们选取上述两个子样本中相近时期发行相同期限次级债的银行作一对比。在资本充足率较低的银行中，深圳发展银行在2008年6月的资本充足率为8.53%，随后在10月发行了总额为15亿元，期限为10年，票面利率为5.3%的次级债，结果使得贷款增长率从2008年6月的19.89%上升至2008年末的31.02%。然而，在资本充足率较高的银行中，招商银行在2008年6月的资本充足率为10.41%，随后在9月发行了总额为190亿元，期限为10年，票面利率为5.7%的次级债，使得贷款增长率从18.1%上升至24.1%。不难发现，如果将次级债票面利率作为刻画银行获得外部融资难易程度的代理变量时，资本充足率较低的银行所面临的外部融资成本更低，从而也就更易获得外部融资，而贷款增长幅度也相对较大。

　　就门限变量为流动性比率而言，门限估计值为38.9%，我们同样根据估计值将整个样本划分为两个子样本，其中，流动性比率低于估计值的子样本包括兴业银行、交通银行、工商银行和民生银行，其他银行均属于流动性比率高于估计值的子样本。不难看出，该影响系数在较低的子样本中为 − 0.119，而在流动性比率较高的子样本中为 − 0.152，这说明，与流动性比率较高的银行相比，流动性比率较低的银行贷款下降幅度受紧缩性政策的影响较小，而这意味着，流动性比率较低的银行更易获得外部融资，从而支持了假设2.3。

## 五、面板向量自回归模型的检验

　　上述面板门限模型是在对样本进行内生性分组的基础上，考察了不同子样本内中国人民银行运用央票利率调控银行贷款行为的机制并比较其差异，从而说明了银行个体特征所引致的银行贷款行为的差异性。事实上，这一思路是从央票利率作用于银行贷款的静态机制角度所展开的探讨。在本节中，我们试图进一步建立面板向量自回归模型（panel VAR，PVAR），构造央票利率冲击下银行贷款变化的响应函数（impulse response function），以考察不同子样本内央票利率作用于银行贷款的动态机制并做出比较，以求从不同的角度对理论假设加以验证。

### （一）PVAR 模型设定

PVAR 模型是将时间序列向量自回归模型（VAR）的建模方法推广到微观面板领域，并在考虑个体异质性的情况下研究变量之间的动态作用机制（Holtz-Eakin et al.，1988；Love & Zicchino，2002）。与个体固定效应面板模型相比，该模型将所有变量置于一个系统之中，从而避免了变量的内生性和外生性的争论。同时，与时间序列 VAR 模型相比，则又可以充分利用面板数据而获得更多的观察值。由此，我们建立央票利率与银行贷款的二维 PVAR 模型，如式（2.12）所示。

$$Z_{it} = \Lambda_0 + \sum_{l=1}^{p} \Lambda_l Z_{it-l} + f_i + \varepsilon_{it} \tag{2.12}$$

式中，$i$ 表示银行，$t$ 表示时期，$Z$ 表示由央票利率 $r$ 与银行贷款 $L$ 所组成的内生变量向量，$\Lambda_0$ 表示常数向量，$\Lambda_l$ 表示滞后变量的系数矩阵，$f$ 表示银行的个体固定效应，$l$ 表示滞后期，$p$ 表示滞后阶数，$\varepsilon$ 表示随机冲击。这样，我们就可以在对 PVAR 模型估计的基础上，将其转化为移动平均表达式，如式（2.13）所示，即可构造出央票利率冲击下银行贷款变化的响应函数，进而考察央票利率作用于银行贷款的动态机制。

$$Z_t = \mu + \sum_{i=0}^{\infty} \phi_i \varepsilon_{t-i} \tag{2.13}$$

式中，$\mu$ 表示均值，$\phi_i$ 表示冲击响应函数的系数。

在对模型估计之前，还要事先对各个变量进行前向均值差分转换（forward mean-differencing）（Arellano & Bover，1995）以消除个体固定效应，然后再使用解释变量的滞后变量作为转换后变量的工具变量，进而采用系统 GMM 估计。此外，在进行冲击响应函数的估计时，由于模型当中各个变量的随机冲击之间可能彼此相关，因此还需要依据变量排列次序将彼此相关的随机冲击转换为互不相关的随机冲击，对此通常的做法是采用 cholesky 分解所建立的递归约束条件来设定变量之间的排列次序，而这种排列次序又包含了各个变量相互决定的因果关系，我们则依据政策工具决定银行贷款行为的理论依据，按照央票利率决定银行贷款加以设定。

### （二）实证结果与分析

我们根据上节所提出的内生性样本划分标准，运用 stata10 软件包计算了银行个体特征分别设定为资本充足率和流动性比率的情形下，不同子样本中 1 个正向标准差的央票利率冲击下银行贷款的响应函数。计算结果如图 2－6、图 2－7 所示，横轴表示预测时间，纵轴表示银行贷款做出响应的百分比，虚线和实线分别表示个体特征处于较低和较高水平下的响应函数。还须说明的是，由于资产规模较小的子样本中所包含的银行个数过少而导致自由度不够，我们放弃了对银行个体特征设定为资产规模这一情形的考察。此外，由于样本量的限制，我们采取节约自由度的原则，将模型的滞后阶数 $p$ 设定为 1。

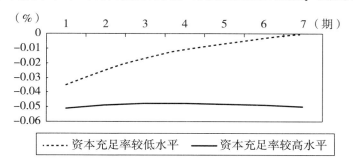

**图 2－6　银行个体特征设定为资本充足率时的冲击响应函数**

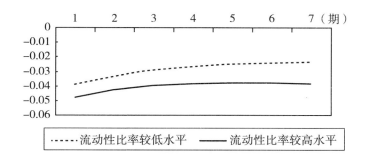

**图 2－7　银行个体特征设定为流动性比率时的冲击响应函数**

图 2－6 表示银行个体特征设定为资本充足率情形下的冲击响应函数。在资本充足率较低的水平下，银行贷款在第 1 期做出了 －0.0357% 的负向响应，然后逐渐衰减至第 7 期的 －0.0013%。然而，在资本充足率较高的水平下，银行贷款在第 1 期做出了 －0.0509% 的负向响应，到第 4 期衰减至 －0.0477%，第 5 期又增加至 －0.0481%，直至第 7 期的 －0.0499%。不难看出，与资本充足率较高的银行相比，资本充足率较低的银行贷款下降幅度受紧缩性政策的影响较小，而这又意味着，资本充足率较低的银行更易获得外部融资，从而验证了假设 2.2。

图2-7表示银行个体特征设定为流动性比率情形下的冲击响应函数。在流动性比率较低的水平下，银行贷款在第1期做出了-0.0395%的负向响应，随后逐渐衰减至第7期的-0.0239%。而在流动性比率较高的水平下，银行贷款在第1期做出了-0.0479%的负向响应，随后逐渐衰减至第6期的-0.0379%，到第7期略有上升至-0.0384%。可见，与流动性比率较高的银行相比，流动性比率较低的银行贷款下降幅度受紧缩性政策的影响较小，而这就意味着，流动性比率较低的银行同样更易获得外部融资，从而验证了假设2.3。

## 六、结论与政策建议

本节从我国当前银行体系制度约束的典型事实出发，考察了紧缩性政策下我国银行个体特征决定贷款行为差异性的影响机制。研究表明，在以资产主导型的盈利模式，较为宽松的资本金补充机制和完善的银行间同业市场制度的约束下，如果银行的资产规模越小，资本充足率和流动性比率越高，可能更难获得外部融资，并且贷款下降幅度较大。反之，如果银行的资产规模越大，资本充足率和流动性比率越低，就会更易获得外部融资，而贷款下降幅度较小。这意味着，由银行个体特征所引致的贷款行为差异性，有可能会弱化货币当局通过银行贷款渠道传导紧缩性政策意图的力度。

事实上，自2009年初以来，在国民经济运行企稳回升以及扩张性财政政策刺激的作用下，我国银行贷款意愿由持续紧缩而转变为快速增强，贷款增长率从2008年的18.8%迅速攀升至2009年上半年的34.4%，并创下自1985年以来的最高值。在此情况下，中国人民银行从2009年7月开始实施动态微调，采取了略有紧缩性的政策操作，包括小幅上调央票利率，重启1年期央票和定向央票的发行，以试图引导银行均衡放款，防止贷款在季度、月度间过大波动。不难认为，银行贷款行为的差异性有可能再次对货币当局通过银行贷款渠道传导紧缩性政策意图的力度产生影响。因此，我们建议，监管当局应不断完善以资本监管为核心的银行审慎监管制度，使之能够涵盖银行业主要风险领域，并且还要严格控制银行外部融资渠道，督促银行建立起审慎的资本金管理制度和流动性风险管理制度，进而形成资产规模增长的自我约束机制。同时，货币当局应加强对能够反映资产负债表质量的银行个体特征的监测，并将其纳入货币政策的决策体系之中，从而针对个体特征水平互不相同的银行采取差别性的微调措施，如果从本节结论出发，则应该对资产规模较大、资本充足率和流动性比率较低的银行采取更为紧缩性的政策。

## 第四节　银根紧缩、产业信贷需求和银行贷款渠道

### 一、引言

近十年来，中国人民银行进一步加大了金融支持经济结构调整和经济发展方式转变的力度。按照区别对待，有扶有持的原则，引导金融机构加大对国家重点产业调整振兴、节能环保、战略性新兴产业、服务业、经济社会薄弱环节、就业、消费、区域经济协调发展、巨灾应对和灾后重建等重点产业、重点领域和重点区域的金融支持和服务。事实上，进入 21 世纪以来，货币当局已经从制度上、宏观调控政策上双管齐下，持续地对产业结构进行调整。然而，调节力度加强的同时，效果却并不显著。这是由于不同产业在产业特征上表现出巨大的差异性，在一定程度上弱化了货币当局通过银行贷款渠道传导政策意图的力度。那么，产业特征是如何影响贷款行为的差异性呢？对这一问题的回答，不仅有助于货币当局针对行业特征水平互不相同的不同产业采取差别性微调操作，从而提高银行贷款渠道的有效性，而且还是理解银行贷款渠道内在机理的关键。

随着对货币政策传导机制的深入研究，货币政策传导的信贷渠道得到了越来越多专家学者的重视，人们针对货币政策的信用传导机制展开了较为深入的研究。为了对银行个体的特征做出定义，人们不断地用个体银行的一些特征作为变量展开深入研究。其中，有的研究仅利用一个单一的数据维度，用任意的银行规模、银行流动性或者资产总额来分割银行样本。有的研究也使用银行组织或信贷组织作为额外的模型准则沿第二个维度分割了样本。然而，纵观现有的所有研究，只有沃姆斯（Worms，2003）控制了银行贷款中可能存在的产业差异。他引入了一个真实经济领域中的产量加权平均数，并以此作为银行信贷

需求的度量，直接在借贷供给和产业间构建了模型。然而，美中不足的是，他的这一估计结果却没有给出特定产业对银行贷款的影响。

越来越多的学者发现，在信贷需求中确实存在着明显的产业间差别，德意志联邦银行（Deutsche Bundesbank，1996）将这些归因于产业的周期性和结构性特征的差异性。产量的周期性特征，通过影响产业内部金融资金的有效性而影响着产业的外部金融需求。不同的产业在银行信贷需求上的差别又影响着信贷供给的波动和变化。不同产业不仅在资金强度的等级、企业规模分布上存在差异性，而且由于各行业在保持和扩大产业结构上的投资成本千差万别，也导致了不同的产业在产业开放度等一系列的产业结构特性上的差异性。而所有这些差异性的存在，都会使得在信贷市场不完善的情况下，导致不同的行业面临着不同的信贷需求和金融环境严厉程度。

而现有的关于货币政策对银行借贷影响的研究主要假设不同的债务人或者说是不同的产业结构面临相同的银行信贷需求。构造的模型也仅仅说明一般性产业的信贷需求对银行信贷所产生的影响。而不同产业信贷需求的差异性则被忽略。总之，现有的宏观数据不能够控制不同产业的银行信贷对货币政策的不同反应。因此，普遍认为货币政策的影响与银行信贷组合中的产业构成是无关的。

然而，我们认为，很有必要对产业影响进行研究，因为其结果说明了货币政策的影响是否依赖于银行信贷组合的产业构成。这一结果可能会有助于预测未来货币政策作用对产业专业化的影响。纵观现在中国货币政策的传导，结果往往差强人意，有时候甚至与政策制定者的初衷大相径庭。特别是在涉及不同行业的时候，更是如此。这很有可能是由于政策制定过程中，没有考虑到产业因素的差别造成的。

在分析我国货币政策因何低效时，首先能想到的原因是货币政策执行环境所存在的问题。一是持续存在的老问题——货币传导机制不畅通。从货币政策的传导过程可见，货币政策传导机制实际上分属两个不同的领域，即金融领域和实体经济领域。当中央银行运用货币政策工具调整基础货币和货币市场利率时，首先改变的是金融领域的资金面和资金成本，然后影响商业银行的贷款行为和金融市场的融资条件，并通过它们的变化最终影响到实体经济领域，即引起企业和居民资产结构的调整以及投资和消费的变化，从而改变整个社会的产出和价格。通常，一国货币政策的有效性受该国货币政策传导机制效率的直接影响。因此，我们更加确定，货币传导中行业因素的研究对于缓解现有的传导弊端，有很重要的实践意义。

本节即以此为出发点。我们没有简单地假设单一的银行信贷需求，而是利用银行借贷数据的产业特点定义了银行信贷供给对我国特定产业的银行信贷需求和货币政策的变化做出的反应。我们假设是产业特征决定了银行借贷对银行信贷需求和货币政策变化的反应。也就是说，银行借贷的变化因行业的不同而不同，并且一家银行借贷组合的产业构成决定了货币政策通过信贷渠道施加影响的有效程度。

## 二、理论回顾

自 20 世纪 30 年代的大萧条以来，国外学者对货币政策的信贷传导机制已经展开了较为深入的探讨。越来越多的学者开始注意到银行贷款渠道在货币政策传导中发挥的重要作用。

对这一议题的深入探讨始于伯南克和布林德（1988），他们遵循托宾和布雷纳德（Tobin & Brainard，1963）、托宾（1970）、布伦纳和梅尔策（Brunner & Meltzer，1963、1972、1988）的做法，放弃了 IS-LM 模型中两种资产的完全替代性假设并对其进行了修正，将金融资产区分为货币、债券和银行贷款，且假定它们是不完全替代的，然后在此基础上提出了信贷市场、货币市场和商品市场三市场均衡的 CC-LM 模型，从而奠定了银行贷款渠道的理论基础。

伯南克和布林德（1988）的这一开创性工作激发了大量后续研究，很多学者在此基础上强调不完美的信贷、资本市场对企业融资及投资行为的影响，并在此基础上确定其宏观经济含义。例如，卡什亚普、斯坦和威尔科克斯（Kashyap，Stein & Wilcox，1993）在设定企业资本结构选择模型的基础上，研究了企业的投资行为对货币政策传导机制的影响。费希尔（Fisher，1996）则发展了一个内含不完美信贷市场的有关银行贷款渠道的定量一般均衡模型以研究异质性借款人对货币性冲击的反应。

虽然这些理论文献对银行贷款渠道的研究角度不尽相同，但它们却得出了共同的结论，即银行贷款渠道的存在必须满足以下两个条件。（1）银行贷款是特殊的。即存在某种类型的借款人，对他们来说，当银行的贷款供给减少时，他们无法获得或低成本地获得其他融资来源，而是必须削减他们的投资支出。在这个意义上，他们被称为银行依赖型借款人（bank dependent borrower）。（2）货币政策变动可以直接影响银行的贷款供给。这取决于银行既是以储备支撑的存款持有者又是贷款发放者的双重特性。银行贷款渠道的存在要求货币政策变动引起的银行体系储备的减少必然会导致银行贷款供给量的下降。也就是说，在储备受到冲击之后，银行不能通过重新安排其资产和债务的投资组合以使其贷款供给不受影响。因此，当这两个条件同时满足时，货币政策的银行贷款渠道就出现了。

在此基础上，伯南克和格特勒（1995）运用离散数据对货币政策传导机制进行实证研究，发现货币政策对一国最终支出的各个组成部分具有不同的影响。

德意志联邦银行（1996）将这些归因于产业的周期性和结构性特征的异质性，认为产业的周期性产量通过它在内部金融资金有效性上的影响力影响着外部的金融需求。而交叉产业在银行信贷需求上的差别，又进一步影响着银行的信贷量。在此基础上，伊沃·J. M. 阿诺德、克莱门斯·J. M. 库尔和凯瑟琳·拉贝（Ivo J. M. Arnold，Clemens J. M. Kool & Katharina Raabe，2006）认为，特定产业的贷款增长是由货币政策工具和银行个体特征所决定的贷款供给，以及特定产业所产生的贷款需求均衡作用的结果。作者以德国联邦银行1992～2003年的季度借贷方统计数据和月度银行资产负债表统计数据为研究对象，并通过对埃尔曼等（2003）的模型进行扩展，将原有模型中影响贷款需求的GDP和CPI，替换为特定产业的工业增加值和该产业的产品价格，进而分类讨论各个产业的贷款决定问题。最终得出结论：特定产业的贷款受到特定产业自身产生的贷款需求影响较大，而受到货币政策工具的影响较小。这意味着，银行贷款渠道的有效性可能取决于银行贷款的产业组合。

目前，国内学者对这一议题的研究尚未充分展开。张勇、黄旭平（2010）建立引入银行个体特征的贷款决定模型，并进一步扩展为动态面板模型，考察了在我国当前银行体系的制度约束下，银行个体特征是如何作用于外部融资成本并决定贷款行为的差异性。但在他们的研究中，对于贷款需求的刻画也仅仅是用一般性的产出和通货膨胀变量代替。王剑、刘玄（2005）建立了四个层次的VAR模型考察货币政策的行业效应，结果显示货币政策冲击对行业经济影响的程度存在较大差异。闫红波、王国林（2008）发现我国货币政策对制造业中各行业存在非对称性，提出并检验了这种产业非对称性的原因。戴金平、金永军和陈柳钦（2010）利用向量自回归和脉冲响应函数证实了货币政策对第二产业和第三产业及其内部二级行业上存在着明显的行业效应。这都给我们的工作提供了理论依据。

事实上，上述研究都存在两个有待改进之处。首先，针对货币政策的行业效应的分析，只是粗略地将产业分为第一产业、第二产业、第三产业，而没有根据各个产业的特点、政策倾向及政策方向做进一步的分类，这与当前我国对各产业的政策导向严重不符。对当前的产业政策导向没有提出实质性的有效政策建议。这也是本节的贡献之一。其次，从研究方法来看，现有的研究，由于数据的不可得性，多以货币供应量代表货币政策，以 M1 为货币政策的代理变量。而现有的研究表明转型期内我国货币政策主要是通过信用渠道传导的（索彦峰，2007），因此，作为对研究结论的一个自然应用，我们将以"信用观点"为理论依据进行研究。

鉴于上述分析，我们对埃尔曼等（2003）的模型进行扩展，将原有模型中影响贷款需求的 GDP 和 CPI，替换为特定产业的产出固定资产投资完成额和该产业的出厂价格指数，通过建立动态面板模型，分类讨论各个产业的贷款决定问题。分析特定产业的贷款增长是受到货币政策工具的影响较大，还是产业自身产生的贷款需求的影响较大？不仅如此，由于产业之间存在周期性和结构性的差异，特定产业贷款增长对上述两种因素的敏感度，在产业之间又存在何种差异？

## 三、银行贷款的产业构成分析

迄今为止，对我国银行结构的描述限定于对产业总体借贷的分配。本部分扩展了这一研究，重点研究银行信贷组合的产业构成。表 2 – 11 给出了 2007 年下半年到 2010 年上半年期间，各银行对制造业、能源业、建筑业、交通运输、仓储和邮政业以及房地产业等主要产业的贷款额占产业总贷款量的比重数据。由表 2 – 11 我们可以看出，不同银行贷款的产业构成存在着较大的差别。工商银行最大的贷款产业是交通运输业；建设银行则是能源业。中国银行、交通银行、中信银行、招商银行虽然主要贷款产业都是制造业，但是各产业比例也有所不同。

表 2 – 11　　　2007 下半年到 2010 上半年银行对各主要产业的
贷款额占各产业总贷款比重　　　单位：%

| 银行 | 制造业 | 能源业 | 建筑业 | 交通运输、仓储和邮政业 | 房地产 |
|---|---|---|---|---|---|
| 中国工商银行 | 21.23 | 31.15 | 1.84 | 34.97 | 26.53 |
| 中国建设银行 | 19.78 | 28.49 | 3.55 | 22.09 | 23.84 |
| 中国银行 | 22.61 | 16.19 | 1.35 | 15.44 | 13.91 |
| 交通银行 | 9.31 | 7.22 | 1.71 | 8.92 | 7.44 |
| 中信银行 | 5.09 | 4.11 | 0.78 | 3.87 | 3.25 |
| 招商银行 | 4.69 | 3.68 | 0.60 | 4.67 | 3.10 |
| 浦发银行 | 5.00 | 2.74 | 1.07 | 2.71 | 5.09 |
| 民生银行 | 3.79 | 2.52 | 0.86 | 2.64 | 6.55 |
| 兴业银行 | 2.48 | 1.50 | 0.40 | 1.80 | 4.48 |
| 华夏银行 | 2.94 | 1.23 | 0.59 | 1.18 | 1.91 |
| 深圳发展 | 1.69 | 0.60 | 0.26 | 0.72 | 1.28 |
| 北京银行 | 0.70 | 0.49 | 0.36 | 0.78 | 2.01 |
| 南京银行 | 0.18 | 0.07 | 0.04 | 0.15 | 0.31 |
| 宁波银行 | 0.52 | 0.03 | 0.02 | 0.07 | 0.29 |

那么，在货币政策的传导中，银行贷款的产业构成扮演了什么角色？发挥了什么作用？在银行贷款的决定因素中，是政策和银行自身的特征还是产业自身的特点起到了主要作用？这就是我们本节研究的重点。

## 四、引入产业因素的银行贷款决定模型

### （一）模型设定

与伊沃·J.M. 阿诺德、克莱门斯·J.M. 库尔和凯瑟琳·拉贝（2006）一致，为了考察产业借贷对银行信贷需求和货币政策变化的反应，我们使用了埃尔曼等（2003）、沃姆斯（2003）以及甘巴科尔塔和米斯特鲁利（Gambacorta & Mistrulli，2004）提出的动态面板估计框架建立引入产业因素的银行贷款决定模型，如式（2.14）所示。

$$l_{bi,t} = \alpha_b + \beta_i l_{bi,t-1} + c_1 ip_{it} + c_2 p_{it} + c_3 r_t + c_4 x_{b,t-1} + c_5 x_{b,t-1} r_t + \eta_b + \varepsilon_{bi,t}$$

$$(2.14)$$

式中，$i$ 表示银行，$t$ 表示时期，银行贷款（$l_{bi,t}$）为被解释变量，产出增长（$ip_{it}$）和产品价格（$p_{it}$）为从产业贷款需求角度产生影响的解释变量，而货币市场利率（$r_t$）、银行个体特征（$x_{i,t-1}$）则为从贷款供给角度产生影响的解释变量，银行特征用滞后变量引入，是为了避免内生性偏差。为了定义货币政策对银行信贷的影响，我们将 $t-1$ 时期的货币市场利率（$r_{m,t-1}$）与 $t-1$ 时期的银行特征（$x_{b,t-1}$）相互作用，$\eta_b$ 为个体固定效应，$\varepsilon_{bi,t}$ 为随机扰动项。

### （二）样本选取与变量说明

本节采用 2007～2010 年 14 家上市银行的半年度 3 个行业的行业贷款数据来构建面板数据集。本节所用数据来源于上海证券交易所和深圳证券交易所网站。由于农业银行在 2010 年才刚刚上市，考虑到数据的可得性，我们从 15 家上市银行中选取了 14 家作为研究对象，包括工商银行、中国银行、建设银行、中信银行、宁波银行、兴业银行、交通银行、招商银行、南京银行、北京银行、浦发银行、民生银行、华夏银行和深圳发展银行，研究区间为 2007 年下半年至 2010 年上半年。

样本选取的原则如下：（1）由于大多数银行的公开报告都从 2007 年开始，因而数据范围定为 2007～2010 年；（2）除宁波银行、交通银行、深圳发展银行外，其他各上市银行的季度报告都没有公开各个行业的贷款数据，因此，我们选择了半年度数据；（3）考虑到大多数银行在公布本行行业贷款数据时，都按照国家统计局国民经济行业大类展开行业划分标准公布，因此，在做行业统计时，本节根据国民经济行业大类，从 20 个行业展开统计。然而，对于一些贷款额较小的行业，一些银行的报告中，特别是早期的报告中只给出了合并数据，而未单独给出数据。

对于数据缺失过多的行业，为了保证收集到平衡面板数据，我们也将其剔除。对于行业的选择，考虑到数据的可得性和完整性以及研究的实践意义等原则。我们主要选择了以下三个行业作为重点研究对象：建筑业、房地产业以及交通运输、仓储和邮政业。

就各个变量的数据来源而言，银行对行业的贷款是取自上市银行半年度和年度报告中"分行业贷款"数据。货币市场利率（$r_t$）取自中国债券信息网公布的 3 个月央票利率。产出增长（$ip_{it}$）采用了各行业的固定资产投资完成额，产品价格（$p_{it}$）采用各行业的产品出厂价格指数来表示。$ip_{it}$ 和 $p_{it}$ 均取自《中国经济景气月报》。而银行特征的代理变量资产规模（$size$）、资本充足率（$cap$）和流动性比率（$liq$）均取自上市银行报告。表 2 – 12 给出了样本的描述性统计。

表 2 – 12　　　　　　　　　　　样本描述性统计

| 变量 | 平均值 | 最大值 | 最小值 | 标准差 |
|---|---|---|---|---|
| ln$L\_C$ | 9.91 | 11.81 | 6.49 | 1.25 |
| ln$L\_H$ | 10.80 | 13.13 | 7.36 | 1.40 |
| ln$L\_T$ | 10.76 | 13.71 | 6.57 | 1.81 |
| ln$IP\_C$ | 11.54 | 12.15 | 10.87 | 0.41 |
| ln$IP\_H$ | 14.75 | 15.28 | 14.22 | 0.37 |
| ln$IP\_T$ | 13.93 | 14.66 | 13.11 | 0.49 |
| $P\_C$ | 4.25 | 16.70 | 5.90 | 7.09 |
| $P\_H$ | 6.28 | 11.40 | 0.40 | 4.71 |
| $P\_T$ | 1.37 | 0.10 | 2.50 | 0.86 |
| $RM$（%） | 2.19 | 3.36 | 0.96 | 0.95 |
| ln$SIZE$ | 14.03 | 16.34 | 11.23 | 1.37 |
| $LIQ$（%） | 42.08 | 72.01 | 26.80 | 8.88 |
| $CAP$（%） | 12.43 | 30.14 | 5.77 | 3.90 |

注：（1）$C$、$H$、$T$ 分别代表建筑业、房地产业以及交通运输、仓储和邮政业，$L$ 代表银行贷款，$P$ 代表产品出厂价格指数，而 $IP$ 代表固定资产投资额，$SIZE$、$LIQ$ 和 $CAP$ 分别代表银行的个体特征：资产规模、流动性比率和资本充足率。（2）对应各产业 $N = 14$ 家，$T = 6$（半年度），$N \times T = 84$。

不难看出，这期间建筑业、房地产业以及交通运输、仓储和邮政业在产业特征上的分化非常明显。建筑业固定资产投资额取自然对数的平均值为 11.54，产品出厂价格指数为 4.25；房地产业的固定资产投资额取自然对数的平均值为 14.75，产品出厂价格指数为 6.28；而交通运输、仓储和邮政业的固定资产投资额取自然对数的平均值为 13.93，产品出厂价格指数为 1.37。可以推断，不同产业在产业特征上的巨大差异，有可能决定了其贷款行为的差异性。同时，我们也发现 3 个月央票利率的标准差为 0.95%，接近其最低值 0.96%，这也就说明央票利率波动幅度较小，从而是一种具有微调性质的政策工具。

## 五、方差（ANOVA）分析

这部分首先报告了变量的单因素的检验统计，这一统计结果对产业特征变量和银行特征变量之间的交互性进行了检验，表 2 - 13 给出了分析结果。

表 2 - 13　　　　　　　　　　单因素方差分析

| 变量 | 组别 | 平方和 | df | 均方 | F |
|---|---|---|---|---|---|
| $\Delta Ip$ | 组间 | 0.045 | 13 | 0.003 | 0.012 |
| | 组内 | 68.892 | 238 | 0.289 | |
| D（P） | 组间 | 1.395 | 13 | 0.107 | 0.002 |
| | 组内 | 11464.058 | 238 | 48.168 | |
| D（Rm） | 组间 | 0.000 | 13 | 0.000 | 0.005 |
| | 组内 | 0.029 | 238 | 0.000 | |

我们首先调查产量增长、产品出厂价格和利率变化的系数估计是否受银行特征（银行资产规模、资本充足率和流动性比率）选择的影响。因为表 2 - 13 结果表明银行特征间的相同系数的原假设不能被拒绝，因此，从单因素方差分析得到的结果表明对银行的选择稳健，即银行特征的选择不会影响银行借贷需求或货币市场利率对银行贷款的作用效果。

## 六、动态面板模型的估计与结果分析

### （一）单位根检验

模型要求系统具有平稳性，而宏观经济变量的时间序列一般都是非平稳的且具有时间趋势。因此，为了防止伪回归现象的出现，在估计模型时，应该先对各变量的平稳性进行单位根检验。本节采用莱文、林和朱（Levin, Lin & Chu, 1992）的 t* 统计量、ADF 和 PPd 三种检验，检验类型包括含常数项、常数项和趋势项、无常数项和趋势项，通过对各序列作图，观察图形形态，选择相应的检验类型。检验结果如表 2 - 14 所示。

表 2 – 14                          单位根检验结果

| 变量 | 检验类型 $(c, t, l)$ | Levin, Lin & Chu t* 统计量 | ADF | PP |
|---|---|---|---|---|
| ln$L\_C$ | $(c, t, 0)$ | − 64. 0533 *** (0. 0000) | 60. 2404 *** (0. 0004) | 94. 3816 *** (0. 0000) |
| ln$L\_H$ | $(c, t, 0)$ | − 8. 76527 *** (0. 0000) | 26. 2950 (0. 5568) | 50. 7111 *** (0. 0054) |
| ln$L\_T$ | $(c, t, 0)$ | − 11. 6220 *** (0. 0000) | 31. 4366 (0. 2980) | 56. 4231 *** (0. 0011) |
| ln$IP\_C$ | $(c, 0, 0)$ | − 11. 5022 *** (0. 0000) | 70. 1108 *** (0. 0000) | 70. 1108 *** (0. 0000) |
| ln$IP\_H$ | $(c, 0, 0)$ | − 17. 9959 *** (0. 0000) | 101. 264 *** (0. 0000) | 101. 264 *** (0. 0000) |
| ln$IP\_T$ | $(c, 0, 0)$ | − 11. 5881 *** (0. 0000) | 70. 7057 *** (0. 0000) | 70. 7057 *** (0. 0000) |
| $P\_C$ | $(c, 0, 1)$ | − 58. 9772 *** (0. 0000) | 146. 886 *** (0. 0000) | 13. 7717 (0. 9887) |
| $P\_H$ | $(c, 0, 1)$ | − 56. 2315 *** (0. 0000) | 150. 127 *** (0. 0000) | 10. 9687 (0. 9984) |
| $P\_T$ | $(c, 0, 1)$ | − 4. 69162 *** (0. 0000) | 22. 6989 (0. 7481) | 24. 5749 (0. 6509) |
| $RM$(%) | $(c, 0, 1)$ | − 5. 44480 *** (0. 0000) | 12. 5556 (0. 9947) | 7. 70133 (0. 9999) |
| ln$SIZE$ | $(c, t, 0)$ | − 7. 96177 *** (0. 0000) | 25. 1408 (0. 6202) | 47. 2182 ** (0. 0130) |
| $LIQ$(%) | $(c, 0, 1)$ | − 34. 3523 *** (0. 0000) | 68. 7945 *** (0. 0000) | 47. 4780 ** (0. 0122) |
| $CAP$(%) | $(c, t, 0)$ | − 9. 36977 *** (0. 0000) | 25. 1593 (0. 6192) | 42. 6288 ** (0. 0378) |

注：（1）括号内数字表示 P 值。（2）检验类型 $(c, t, l)$ 中 $c$, $t$, $l$ 分别表示常数项、时间趋势和滞后阶数。（3） **、*** 分别表示在 5%、1% 的水平上显著。$C$、$H$、$T$ 分别代表建筑业、房地产业以及交通运输、仓储和邮政业。

不难看出，综合三种检验方法表明，所有变量在 1%、5% 的显著性水平上具有平稳性。

### （二）动态面板模型估计结果

我们在个体特征分别设定为资产规模、资本充足程度和流动性水平的三种情形下，运用阿雷洛和邦德（Arellao & Bond，1991）提出的差分 GMM 一阶差分法对式（2.15）进行动态面板模型的估计。通过对该式一阶差分，我们消除了个体固定效应 $\eta_b$，即：

$$\Delta l_{bi,t} = \alpha_b + \beta_i \Delta lb_{i,t-1} + c_1 \Delta ip_{it} + c_2 \Delta p_{it} + c_3 \Delta r_t + c_4 \Delta x_{b,t-1} + c_5 \Delta x_{b,t-1} r_t + \Delta \varepsilon b_{i,t}$$

$$(2.15)$$

由于式（2.15）的解释变量 $\Delta l_{b,t-1}$ 可能与随机扰动项 $\Delta \varepsilon_{bi,t}$ 相关，这意味着 $\Delta l_{b,t-1}$ 具有内生性。因此，我们在其他解释变量视为外生的情况下，选取被解释变量 $\Delta l_{b,t-1}$ 滞后二期以及其他变量的水平值和滞后变量作为工具变量，同时选取怀特逐期协方差矩阵作为加权矩阵进行 one-step 估计，估计结果如表 2-15 所示。

可以看出，在上述三个产业、三个银行特征变量下，Sargan J 检验表明工具变量的选取都是有效的，并且 Arellao-Bond 检验也说明了残差项序列不存在二阶自相关，模型估计是有效的。以下就各个变量对银行贷款的影响系数做具体分析。

就解释变量对银行贷款的影响系数而言，不难看出，建筑业中，在银行特征变量取资产规模自然对数下，行业特征变量的系数分别为 -0.166 和 0.029，并较为显著；在银行特征变量取资本充足率时，行业特征变量的系数分别为 -0.194 和 0.0141，并较为显著；在银行特征变量取流动性比率时，行业特征变量的系数分别为 -0.152 和 0.012，也较为显著。然而在分别取资产规模自然对数、资本充足率和流动性比率为行业特征变量时，作为供给方代表的变量则相对不显著。这说明，建筑业中，银行信贷的增长显著地取决于产业对银行信贷需求的改变，而不是货币政策的改变。不难发现，类似的结论也存在于交通运输、仓储和邮政业中。这说明，在建筑业以及交通运输、仓储和邮政业中，假设结论是成立的。即在这两个产业中，当受到货币政策冲击时，产业的自身特征决定了信贷规模的变化。换言之，信贷需求决定了最终的信贷变化，

表2-15　固定效应下动态面板模型的估计结果

| 产业 | 建筑业（construe） | | | 房地产业（house） | | | 交通运输、仓储和邮政业（transfer） | | |
| --- | --- | --- | --- | --- | --- | --- | --- | --- | --- |
| 银行特征 | lnsize | cap | liq | lnsize | cap | liq | lnsize | cap | liq |
| $\Delta IP$ | -0.166*** (-3.825) | -0.194*** (-7.415) | -0.152*** (-3.052) | -0.003 (-0.058) | 0.002 (0.183) | 0.047* (1.735) | -0.185 (-1.085) | 0.097* (1.896) | 0.316** (2.094) |
| D(P) | 0.029* (1.896) | 0.0141*** (4.874) | 0.012*** (2.944) | 0.001 (0.152) | 0.003** (2.331) | -0.005 (-0.904) | -0.107 (-0.958) | 0.112*** (3.535) | 0.200** (2.677) |
| D(IR) | -57.135** (-2.122) | -2.619 (-0.341) | -41.143*** (-3.982) | -60.596* (-1.743) | -11.284*** (-5.388) | 14.824** (1.992) | 1.676 (0.041) | -59.981** (-2.153) | -37.795 (-0.928) |
| D($X\times IR$) | 2.481** (1.691) | -66.718 (-1.083) | 60.568*** (3.607) | 4.045 (1.606) | 20.159** (-2.065) | -51.396*** (3.150) | 0.524 (0.209) | 219.150 (1.511) | -5.780 (-0.090) |
| D($X_{t-1}$) | -0.507*** (-0.993) | -0.864 (-0.464) | 0.567 (1.306) | 0.614** (2.109) | -3.318** (-2.141) | -0.869** (-0.565) | 2.496** (2.085) | -11.099*** (-3.635) | -0.094 (-0.071) |
| P-val Sargan J | 0.1746 | 0.1478 | 0.115 | 0.5710 | 0.6473 | 0.5972 | 0.9108 | 0.9487 | 0.3617 |
| P-val AR(2) | 0.606 | 0.436 | 0.128 | 0.177 | 0.234 | 0.356 | 0.190 | 0.276 | 0.143 |

注：（1）Δ表示取对数后再差分；（2）括号内数字表示t统计量；（3）*、**、*** 分别表示在10%、5%、1% 的水平上显著。

而非信贷供给。

　　然而，我们也发现，在房地产业中，结果却恰恰相反。在房地产业中，当受到货币政策冲击时，信贷供给起决定性作用，即货币政策变化和银行特征更显著。这主要是因为我国房地产开发投资、房地产销售所需要的资金大部分都来自银行。房地产开发资金来源除自筹资金之外，最大来源是国内银行贷款和房地产预售款，而预售款中有很大一部分是个人按揭贷款，无疑又来源银行。银行也有相当比例的贷款发放到房地产行业。这样，房地产信贷主要受提供信贷的银行个体特征的影响。

　　此外，作为国家的经济支柱，房地产业还受到一些地方政策调控的影响，在我国很多地方，都把房地产作为支柱产业来发展。统计表明，在整个房地产的建设、交易的过程中，政府税费收入占到了房地产价格将近30%~40%。如果再加上占房地产价格20%~40%的土地费用，地方政府在房地产上的收入将近占到整个房地产价格的50%~80%。房地产业给地方政府带来如此巨大利益，因而影响到央行货币政策对于房地产业的实施效果。

　　可见，实证结果较好支持了假设：银行信贷组合的产业构成是银行信贷增长和货币政策影响力的一个重要的决定性因素。

### （三）　面板残差的平稳性检验

　　为了进一步评价估计结果的稳健性，我们还对上述模型进行了诊断检验，其依据是试图运用莱文、林和朱（Levin、Lin & Chu，1992）的 $t^*$ 统计量，以及弗里舍尔（Frisher，1932）的 $\chi^2$ 统计量对上述三种产业下的动态面板模型所估计的残差进行平稳性检验。表2-16为检验结果。

表2-16　　　　　　　　　面板残差的平稳性检验

| 产业分类 | 个体特征 | 检验类型 $(c, t, l)$ | Levin，Lin & Chu $t^*$ 统计量 | ADF |
|---|---|---|---|---|
| 建筑业 | size | (0, 0, 0) | -190.833 *** (0.0000) | 118.763 *** (0.0000) |
| | cap | (0, 0, 0) | -55.6891 *** (0.0000) | 116.847 *** (0.0000) |
| | liq | (0, 0, 0) | -13.3245 *** (0.0000) | 99.0621 *** (0.0000) |

续表

| 产业分类 | 个体特征 | 检验类型<br>($c$, $t$, $l$) | Levin，Lin & Chu t[*]<br>统计量 | ADF |
|---|---|---|---|---|
| 房地产业 | *size* | (0, 0, 0) | − 6.48568 ***<br>(0.0000) | 65.7935 ***<br>(0.0001) |
| | *cap* | (0, 0, 0) | − 76.5044 ***<br>(0.0000) | 84.1485 ***<br>(0.0000) |
| | *liq* | (0, 0, 0) | − 7.06518 ***<br>(0.0000) | 67.8003 ***<br>(0.0000) |
| 交通运输、仓储<br>和邮政业 | *size* | (0, 0, 0) | − 9.25933 ***<br>(0.0000) | 108.361 ***<br>(0.0000) |
| | *cap* | (0, 0, 0) | − 73.2753 ***<br>(0.0000) | 94.8977 ***<br>(0.0000) |
| | *liq* | (0, 0, 0) | − 4.90217 ***<br>(0.0000) | 68.0079 ***<br>(0.0000) |

注：（1）括号内数字表示 P 值；（2）检验类型（$c$, $t$, $l$）中 $c$, $t$, $l$ 分别表示常数项、时间趋势和滞后阶数；（3） *** 表示在 1% 的水平上显著。

不难看出，两种检验方法均表明，这三种产业在三种不同银行特征值下的模型面板残差在 1% 的显著性水平上具有平稳性，这也支持了上述模型的估计结果。

## 七、结论与政策建议

综合上述分析，我们得出结论：银行信贷组合的产业构成是银行信贷增长和货币政策影响力的一个重要的决定性因素。银行借贷增长是由产业因素决定的，是由产业产出增长和通货膨胀以及特定产业的银行信贷需求共同引起的。

在当前大力倡导"加快产业结构调整 促进工业转型升级"的大环境下，本节的结论对于如何更加有效地从宏观政策角度来优化当前产业结构，加快产业转变，提供了有力的理论依据。当传统的货币政策工具对特定产业的贷款增长调控力度较弱时，政府一方面可以通过窗口指导，实施"有保有控"的信贷政策；另一方面还可以通过加强产业政策、财政政策和货币政策的协调配合，来优化银行贷款的产业组合，进而发挥银行贷款渠道在促进经济结构调整，加快经济增长方式转变的积极作用。

第二篇

# 信息沟通渠道

　　自从2001年迈克尔·伍德福德（Michael Woodford）提出货币政策精髓是管理预期以来，中央银行通过信息沟通引导经济主体预期的传导渠道来实现政策意图日益受到重视。事实上，央行信息沟通渠道的有效性主要是通过发布的信息内容来实现的，如果信息内容的精确度、透明度和可信度不高，这就会影响到中央银行对经济主体预期的有效引导。本篇以中央银行对宏观经济信息、金融稳定信息等沟通实践为特征事实，系统考察信息沟通渠道中有关信息内容方面存在的梗阻因素及其影响机制。本篇共分为四章：第三章论述中央银行宏观经济信息沟通的有效性，考察信息精确度对信息沟通有效性产生的影响机制。第四章论述中央银行金融稳定沟通的市场效应，探讨了央行金融稳定沟通对金融市场产生的递减性效应和非对称性效应。第五章论述央行沟通对银行风险承担的影响效应，从货币政策立场和经济发展形势信息沟通两个维度分析信息沟通能否有效引导银行风险承担意愿。第六章在央行缺乏有效信息沟通的情况下，探讨未预期的宽松性政策如何导致经济主体预期的时变性，以及经济主体预期时变性在这一政策行动影响信贷市场融资成本过程中的机制。

# 第三章

# 中央银行宏观经济
# 信息沟通的有效性

中央银行对宏观经济展开信息沟通是货币政策预期管理的重要内容，而这一信息沟通是否具有较高的精确度，又是引导市场主体对宏观经济运行风险预期的形成，进而有效实现预期管理的关键。本章以 2001～2015 年《中国货币政策执行报告》作为文本信息源，通过措辞提取法构建宏观经济沟通指数以量化这一沟通的信息内容，然后运用时差相关分析和回归预测分析，考察宏观经济沟通指数对宏观经济景气系列指数的预测性，从而对信息精确度做出判断，并进一步建立结构向量自回归模型，通过探讨信息沟通对利率期限结构的影响效应，来检验其引导市场主体宏观经济运行风险预期的有效性。

## 第一节　引言

近年来，随着我国经济发展从高速增长期向中高速增长期换挡，市场主体对于经济发展前景预期的不确定性加大，乐观和悲观情绪并存，这对深入推进供给侧结构性改革造成了负面影响。[①] 为此，党的十八届三中全会发布的《中共中央关于全面深化改革若干重大问题的决定》明确指出，"稳定市场预期，

---

[①] 参见王一鸣等：《推进供给侧结构性改革仍要做好需求管理》，载《人民日报》2016 年 3 月 29 日；文松辉：《开局首季问大势——权威人士谈当前中国经济》，载《人民日报》2016 年 5 月 9 日。

实现经济持续健康发展",而中央银行则试图完善货币政策预期渠道,通过加强信息沟通,促使市场主体形成合理和稳定的预期,为供给侧结构性改革营造中性适度的货币金融环境。由此提出的议题是,货币当局所展开的信息沟通能否有效引导市场主体预期?对这一议题的解答,不仅可以深化货币政策预期渠道的理论考察,而且还有助于创新和完善宏观调控方式,改善信息沟通的前瞻引导功能,提升预期管理的有效性。

从货币政策预期渠道理论来看,中央银行展开信息沟通引导市场主体预期的机制又主要是通过所沟通的信息内容(information content)来实现的。该渠道认为,中央银行首先需要向市场主体沟通与自身货币政策制定策略相关的信息内容,使得市场主体的信息结构更趋向于同质状态,进而降低市场主体预期的异质性,使之形成有关中央银行政策制定的理性预期,然后还要辅之政策操作路径与信息内容保持一致,以及增强中央银行独立性和健全问责制等方式,进一步提高信息内容的可信性,从而达到引导市场主体预期与政策意图一致的目的(博芬格,2013)。其中,在上述渠道中,中央银行沟通信息内容精确度(precision)的高低,对于市场主体预期形成又起到了较为关键的作用,如果信息内容具有较高的精确度,将会为市场主体的信息结构同质化提供"聚焦",加速市场主体预期向理性预期均衡收敛(Morris & Shin,2002;Dale et al.,2011);同时,这一信息内容还构成了市场主体判断其可信性的参照,如果信息精确度较高,就会避免实际值与预测值出现误差而引致政策的意外调整,进而增强中央银行的信誉度,有效引导市场主体预期(卞志村、张义,2012)。因此,量化信息内容并考察信息精确度,构成了信息沟通有效性分析的重要切入点。

从现有文献来看,目前学术界对这一议题展开了初步的探讨,其中,大多数文献在分析信息沟通的有效性时,却普遍缺乏对信息精确度这一环节的考察(Kohn & Sack,2004;Reeves & Sawicki,2007;Fratzcher,2006;Chague et al.,2015;冀志斌、周先平,2011;卞志村、张义,2012;张强、胡荣尚,2013、2014;吴国培、潘再见,2014;谷宇等,2016)[①],而针对信息精确度展开的少量研究,又主要集中在货币政策立场信息的沟通上,并且均发现,较高的信息精确度与信息沟通有效性的提升密切相关。例如,海涅曼和乌尔里克

---

① 这导致了研究结论存在诸多争议,其科学性和政策参考性值得进一步检验。

（Heineman & Ulrich，2007）、斯特姆和哈恩（Sturm & Haan，2011）以欧洲央行为例，将货币政策委员会会议决议、央行行长有关货币政策立场看法的演讲、访谈等信息量化为信息沟通指数，并将该指数引入泰勒规则展开预测分析，研究发现，该指数能够提升市场主体对未来政策决策的预测能力，这意味着该信息具有较高的精确度。德米拉尔普等（Demiralp et al.，2012）以土耳其央行为例，将货币政策委员会会议决议信息进行量化，发现决议中的措辞与政策操作中的利率调整高度匹配，这说明该信息具有较高的精确度，并且，这一信息沟通还能够有效地改变收益率曲线形状。王少林、林建浩（2017）以中国人民银行为例，将《中国货币政策执行报告》有关货币政策立场信息量化为指数，同样发现该指数的变化与利率、货币供应量的实际调整基本一致，这意味着该信息精确度较高，同时，这一信息沟通也能够有效地引导通胀预期。

上述研究成果为我们考察中央银行信息沟通的有效性提供了很好的借鉴，也即应当在对信息精确度高低做出深入检验的基础上，才能对信息沟通的有效性做出较为准确的判断，在此种情况下，实证思路即可按照信息内容量化（精确度检验）信息沟通有效性分析加以展开。但是，在信息内容的选择上，区别于已有研究成果，我们试图以宏观经济信息作为研究对象，这是因为，中央银行对宏观经济信息的沟通会影响到市场主体对宏观经济运行风险预期的形成，并进一步作用于消费和投资行为，进而影响到宏观经济的稳定运行。那么，在当前宏观经济环境日益复杂，市场主体预期明显分化的背景下，如何通过有效的宏观经济信息沟通稳住市场预期就显得尤为必要。可见，与其他类型的信息内容相比，我们针对有关宏观经济信息沟通的分析，会更有利于中央银行实施预期管理，降低宏观经济波动。

基于上述考虑，我们首先以《中国货币政策执行报告》（以下简称《报告》）作为文本信息源，通过措辞提取法构建宏观经济沟通指数以量化中央银行对宏观经济信息的沟通内容。其次，运用时差相关分析和回归预测分析，通过考察宏观经济沟通指数对宏观经济景气系列指数的预测性，从而对信息精确度做出判断①。最后，建立结构向量自回归模型，通过探讨信息沟通对利率期

---

① 信息精确度通常是从这一信息提升市场主体对未来实际经济状况的预测性加以判断，而中国经济景气监测中心发布的宏观经济景气系列指数（一致指数、先行指数、滞后指数）能够从经济景气循环角度加以全面反映宏观经济运行的实际状况，这也为我们系统考察宏观经济信息精确度提供了便利。

限结构的影响效应，来检验其引导市场主体宏观经济运行风险预期的有效性。研究表明，从短期看，中央银行对宏观经济的信息沟通具有较高精确度，同时，信息沟通引导市场预期也表现出短期效应。这意味着，这一信息沟通引导预期的短期性，可能与其较为短期的信息精确度相关，信息精确度会制约信息沟通的有效性。

本章的贡献体现在两个方面。第一，在分析信息沟通引导市场预期的机制上，本章从信息精确度检验视角出发考察宏观经济信息沟通机制，系统融合了宏观经济信息沟通与精确度检验两方面的内容，丰富了货币政策预期渠道领域的研究文献。第二，在分析信息沟通引导市场预期的有效性上，本章试图提炼出宏观经济信息沟通作用于期限溢价进而影响利率期限结构的逻辑链条，并提出通过探讨宏观经济信息沟通影响利率期限结构的效应，来检验其引导市场预期有效性的研究假说，拓宽了学术界有关利率期限结构与宏观经济因素关联性的研究视角。

# 第二节　宏观经济沟通信息的量化

目前学术界在量化中央银行沟通信息内容的通常做法是，提取中央银行信息沟通文本（书面文本、口头文本）中反映相关信息内容的措辞（code words），并在统计措辞词频的基础上构建措辞指数（wording index）而实现，其中具体又包括整理备选措辞、筛选有效措辞、合成措辞指数三个步骤（Heineman & Ulrich，2007）。我们将参照这一方法，以 2001 年第 1 季度至 2015 年第 4 季度《报告》中"中国宏观经济形势"部分作为文本信息源，通过提取相关措辞来构建宏观经济沟通指数。

**（一）阅读各期《报告》，系统整理反映宏观经济形势的备选措辞，并统计其词频**

《报告》从城乡居民收入、城镇居民消费、固定资产投资、外商直接投资、进出口贸易、农业生产形势、工业生产增速、企业效益、物价水平、财政收入、就业形势、国际收支 12 个方面分析了宏观经济形势，我们对刻画上述方面经济形势变化的措辞表述进行整理，并归类形成"形势较好"、"形势一般"和"形势较差"三种备选措辞类型，具体如表3-1所示。

表3-1　　　　　　宏观经济形势措辞类型与表述

| 措辞类型 | 措辞表述 |
| --- | --- |
| 形势较好 | 平稳增长、较快增长、形势较好、好于预期、快速增长、大幅增加、略有回升、继续增加、小幅上涨 |
| 形势一般 | 保持平稳、稳定、基本稳定、基本平衡、大体平稳、稳健 |
| 形势较差 | 大幅下滑、继续衰退、缓慢减速、涨幅较低、急速下滑、继续走低、增速放缓、增速回落、低速增长 |

此外，我们还假定每种措辞类型 $i$ 下的具体表述 $j$ 含义等价，由此将各个具体表述 $j$ 等权重计入措辞类型 $i$ 词频，即：

$$措辞\,i\,词频 = \frac{\sum 具体表述\,j\,在当期货币政策报告中出现次数}{当期货币政策报告总字数} \times 10000$$

图3-1进一步报告了上述三种备选措辞类型词频的变化趋势。不难看出，从词频的水平量来看，在整个样本区间内，"形势较好"措辞词频显著高于"形势较差"和"形势一般"措辞词频，这就说明《报告》对措辞使用倾向于"报喜不报忧"。再进一步比较三种措辞类型词频的变动规律，也可以发现，

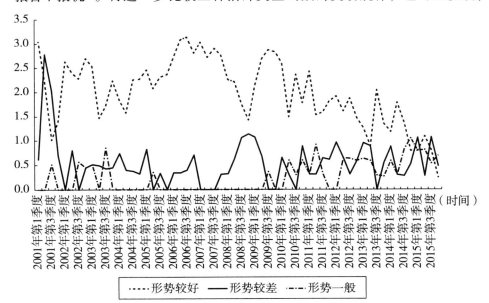

图3-1　备选措辞类型词频变动趋势

"形势较好"措辞词频与"形势较差""形势一般"措辞词频之间基本上呈现反向变化关系①，这说明，随着经济周期阶段的转换，《报告》会相应交替使用上述措辞。

### （二）根据各个经济周期阶段备选措辞词频的差异性，筛选出有效措辞

运用措辞提取法来量化中央银行沟通的信息内容，实际上还存在一个简化学习过程（simple learning process）假定，即市场主体是通过观察各个经济周期阶段措辞词频的差异性，并由识别具有明确宏观经济状况指向的有效措辞，进而形成宏观经济运行风险预期（Heineman & Ulrich，2007）。因此，在整理出备选措辞之后，还要根据这些措辞词频的差异性筛选出这些有效措辞，才能构建宏观经济沟通指数。那么，我们首先运用马尔科夫区制转换模型（Markov regime switching model）对经济周期阶段做出划分，在此基础上，对备选措辞词频的差异性做出初步描述性分析。然后，运用单因素方差分析（ANOVA test）对备选措辞词频的总体差异性展开检验，进而判断《报告》对措辞的使用是否在各个经济周期阶段存在显著的差异性，同时，还运用成对差异性分析（pairwise difference test）来考察备选措辞所包含的宏观经济信息是否具有明确的指向性，以便筛选出有效措辞。

**1. 经济周期阶段划分和备选措辞词频差异性的描述性分析**

马尔科夫区制转换模型通过构造具有马尔科夫链过程的状态变量，通过考察状态变量转换概率的变化，从而反映出各个区制（regime）的转换过程，因此，这一模型通常用于识别经济周期阶段的转换（Hamilton，1989）。基于上述考虑，我们设定以产出作为自变量，且对其展开估计。其中，状态变量设定为"经济扩张期"、"经济稳定期"和"经济衰退期"三种区制，这样，即可将区制转换概率大于 0.5 的样本区间视为相应的经济周期阶段。

在产出变量的数据选取上，我们采用 GDP 增长率加以刻画，同时根据 AIC 和 BIC 准则，确定 MSM-AR 模型滞后阶数为 2，经过极大似然估计，得到三种区制转换概率如表 3-2 所示。

---

① "形势较好"措辞词频与"形势较差""形势一般"措辞词频的相关系数分别为 -0.346、-0.645。

表 3 - 2　　　　　　　　　　　区制划分特征

| 区制 | 样本数 | 样本期 |
|---|---|---|
| 经济扩张期 | 13 | 2003 年第 1 季度至 2003 年第 1 季度［0.9707］；2004 年第 2 季度至 2004 年第 3 季度［0.9981］<br>2005 年第 1 季度至 2005 年第 1 季度［0.9979］；2005 年第 4 季度至 2006 年第 2 季度［0.9802］<br>2007 年第 2 季度至 2007 年第 4 季度［0.9995］；2009 年第 3 季度至 2010 年第 1 季度［1.0000］ |
| 经济稳定期 | 17 | 2001 年第 1 季度至 2002 年第 1 季度［0.9517］；2002 年第 3 季度至 2002 年第 4 季度［0.9614］<br>2003 年第 2 季度至 2004 年第 1 季度［0.9826］；2004 年第 4 季度至 2004 年第 4 季度［0.9979］<br>2005 年第 2 季度至 2005 年第 3 季度［0.9977］；2006 年第 3 季度至 2006 年第 3 季度［0.9773］<br>2008 年第 1 季度至 2008 年第 3 季度［0.9946］；2009 年第 2 季度至 2009 年第 2 季度［1.0000］<br>2010 年第 2 季度至 2010 年第 2 季度［1.0000］ |
| 经济衰退期 | 30 | 2001 年第 2 季度至 2002 年第 2 季度［0.9505］；2006 年第 4 季度至 2006 年第 4 季度［0.9982］<br>2008 年第 4 季度至 2009 年第 1 季度［0.9973］；2010 年第 3 季度至 2015 年第 4 季度［0.9905］ |

注：括号内为相应时期的转换概率。

由表 3 - 2 不难看出，在整个样本区间内，经济扩张期要小于经济稳定期，同时又要小于经济衰退期。其中，经济扩张期和稳定期主要集中在 2002 年第 3 季度宏观经济全面复苏，直至 2010 年第 2 季度开始转为阶段性放缓；经济衰退期主要集中在 2001 年第 1 季度至 2002 年第 2 季度、2008 年第 4 季度至 2009 年第 1 季度的通货紧缩时期，以及 2010 年第 3 季度之后的经济发展新常态时期。可见，这一模型对经济周期阶段的划分与宏观经济实际状况较为符合。

在经济周期阶段划分的基础上，我们分别统计各个经济周期阶段三类备选措辞词频平均值，统计结果如图 3 - 2 所示。

由图 3 - 2 可以直观看出，"形势较好"、"形势一般"和"形势较差"三类备选措辞词频平均值，在经济衰退期、稳定期和扩张期分别为 1.59、2.26、2.58，0.41、0.16、0.06 和 0.72、0.42、0.28，从而在各个经济周期阶段之间表现出一定程度的差异性。而且，随着经济周期从衰退期向稳定期、扩张期

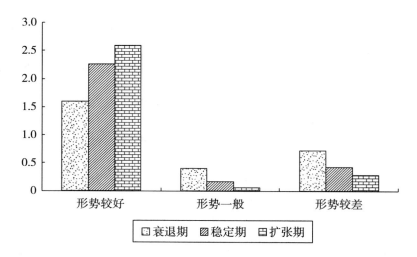

**图 3 – 2    各个经济周期阶段三类备选措辞词频平均值**

的转换，"形势较好"措辞词频平均值表现为递增趋势，从而包含了宏观经济向好信息，而"形势一般"和"形势较差"措辞词频平均值均表现为递减趋势，从而包含宏观经济走弱信息，这就初步说明，《报告》在措辞使用的次数上，会随着经济周期阶段的转换而做出相机调整，进而传递宏观经济信息，这也意味着，上述备选措辞均可能具有宏观经济状况指向性。

**2. 备选措辞词频的总体差异性分析**

我们运用单因素方差分析对上述三类备选措辞词频的总体差异性做出检验，从而更为准确地判断《报告》是否会根据各个经济周期阶段差异性地使用措辞，检验结果如表 3 – 3 所示。

表 3 – 3                 各类备选措辞的方差分析

| 措辞类型 | F 统计量 | 显著性 | $\eta^2$ |
|---|---|---|---|
| 形势较好 | 17.478 | 0.000 | 0.380 |
| 形势一般 | 7.694 | 0.001 | 0.213 |
| 形势较差 | 5.038 | 0.010 | 0.150 |

注：$\eta^2$ = 组间离均差平方和／总离均差平方和。

由表 3 – 3 可以看出，上述备选措辞词频均值在各个经济周期阶段之间均表现出 1% 显著性水平的差异性，这说明，《报告》在措辞使用上确实表现出显著的差异性。

**3. 备选措辞词频的成对差异性分析**

我们进一步展开成对差异性检验，试图考察各个经济周期阶段备选措辞词频的变化，是否表现出与经济周期阶段转换具有一致的方向性，进而筛选出具有宏观经济状况指向的有效措辞，检验结果如表3－4所示。

表3－4 各类备选措辞的成对比较

| 措辞类型 | （$I$）经济周期 | （$J$）经济周期 | 均值差（$I-J$） | 标准误 | 显著性 |
|---|---|---|---|---|---|
| 形势较好 | 1 | 2 | $-0.665$ | 0.166 | 0.001 |
| | 2 | 3 | $-0.325$ | 0.202 | 0.250 |
| | 1 | 3 | $-0.991$ | 0.182 | 0.000 |
| 形势一般 | 1 | 2 | 0.239 | 0.872 | 0.021 |
| | 2 | 3 | 0.098 | 0.105 | 0.621 |
| | 1 | 3 | 0.338 | 0.095 | 0.002 |
| 形势较差 | 1 | 2 | 0.299 | 0.137 | 0.082 |
| | 2 | 3 | 0.134 | 0.166 | 0.699 |
| | 1 | 3 | 0.434 | 0.150 | 0.015 |

表3－4中1、2、3分别表示衰退期、稳定期和扩张期。不难发现，在各个经济周期阶段之间，"形势较好"措辞词频均值差大多数情形下显著为负值，这说明随着经济周期从衰退期向稳定期、扩张期的转换，"形势较好"措辞词频表现出递增趋势，从而包含了宏观经济向好信息；在各个经济周期阶段之间，"形势一般"和"形势较差"措辞词频均值差同样大多数情形下显著为正值，这说明当经济周期经历类似的转换，这两类措辞词频表现出递减趋势，从而包含宏观经济走弱信息。可见，上述备选措辞均为具有明确宏观经济状况指向的有效措辞，进而与描述性分析的结论相一致。

**（三）根据有效措辞词频合成宏观经济沟通指数**

我们进一步对三类措辞词频进行标准化处理，并引入权重和正负号，然后按照公式（3.1）来合成宏观经济沟通指数。

$$WI_t = \sum_{i=1}^{k} \frac{\text{nob}(x_{i,t}) - \text{meanobs}(x_i)}{\text{stdv}(x_i)} \times \text{sign}(x_i) \times \eta^2(x_i) \qquad (3.1)$$

其中，$x_i$表示措辞$i$，$k$即为3；$\text{nob}(x_{i,t})$表示措辞$i$词频，$\text{meanobs}(x_i)$表

示措辞 $i$ 词频均值，$stdv(x_i)$ 表示措辞 $i$ 词频标准差，$\dfrac{nob(x_{i,t}) - meanobs(x_i)}{stdv(x_i)}$ 即为对措辞词频的标准化。$\eta^2(x_i)$ 为措辞 $i$ 权重，说明措辞词频均值在各个经济周期阶段之间差异性越大，其权重也应当越大。$sign(x_i)$ 表示措辞 $i$ 正负号，其中，"形势较好"措辞取正号，"形势一般"和"形势较差"措辞取负号，这意味着，宏观经济沟通指数 $WI$ 数值越大，《报告》越倾向传递宏观经济向好信息，反之，则传递宏观经济走弱信息。经计算，该指数走势如图 3-3 所示。

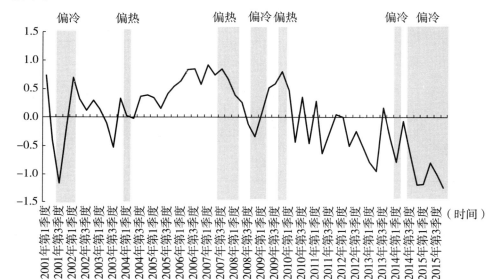

**图 3-3 宏观经济沟通指数走势**

由图 3-3 可见，宏观经济沟通指数总体上随着宏观经济走势的变化，经历了先下降后上升，然后再次下降和上升，最后转入长期持续下降的过程。具体而言，在 2001 年第 1 季度至 2003 年第 3 季度宏观经济处于低谷调整时期，指数同时低位运行。再从 2003 年第 4 季度开始直至 2007 年第 3 季度，随着宏观经济运行进入上行周期，指数也不断攀升。从 2008 年第 1 季度至第 4 季度，随着国际金融危机爆发，宏观经济运行短暂回落，指数随之有所降低。从 2009 年第 1 季度至第 4 季度，在极度扩张性财政和货币政策刺激作用下，宏观经济运行回暖，指数也同步上升。但是，从 2010 年第 1 季度开始，随着扩张性政策逐步退出，宏观经济运行全面转为阶段性放缓态势，指数又持续走低。

事实上，如果进一步将该指数的波动趋势与经济周期阶段的转换进行比较，正如图 3 - 3 阴影所示经济周期的"偏热"和"偏冷"区间①，不难发现，该指数的波峰和波谷基本上与"偏热"和"偏冷"区间相重合，这实际上意味着，该指数的波动趋势与经济周期阶段具有较高的关联性，而《报告》所传递的宏观经济信息，也会随着经济周期阶段的转换而发生周期性变化。

# 第三节　宏观经济沟通信息精确度的检验

我们运用时差相关分析和回归预测分析，通过考察宏观经济沟通指数对宏观经济景气系列指数（一致指数、先行指数、滞后指数）的预测性，从而对《报告》所传递的宏观经济信息精确度做出检验。

## （一）时差相关性分析

时差相关性分析（cross correlation），是将两个时间序列变量分别设定为基准变量与被选变量，并计算基准变量与被选变量超前或滞后值之间相关系数的一种方法，那么，通过观察不同时差数下的相关系数变化特征，可以推断出基准变量与被选变量之间所存在的超前滞后关系，进而判断基准变量与被选变量之间的预测性。这样，我们将基准变量和被选变量分别设定为 $y$ 和 $x$，$l$ 为时差数，$T$ 为最大时差数，时差相关系数 $r_{xy}(l)$ 表示为：

$$r_{xy}(l) = \frac{\sum_{t=1}^{T}(x_{t-l} - \bar{x})(y_t - \bar{y})}{\sqrt{\sum_{t=1}^{T}(x_t - \bar{x})^2} \times \sqrt{\sum_{t=1}^{T}(y_t - \bar{y})^2}}, l = 0, \pm 1, \pm 2, \cdots, \pm T$$

(3.2)

式中，当 $l > 0$ 时，$r_{xy}(l)$ 表示基准变量 $y$ 与被选变量 $x$ 超前值的相关系数，反映基准变量 $y$ 滞后于被选变量 $x$ 的关系，这说明被选变量 $x$ 对于基准变量 $y$

---

① 中国经济景气监测中心依据宏观经济景气预警指数将经济状态分为五个区间：冷 ≤ 63.3；63.3 < 偏冷 < 83.3；83.3 ≤ 稳定 ≤ 116.7；116.7 < 偏热 < 136.7；热 ≥ 136.7。

的预测性。反之，当 $l<0$ 时，$r_{xy}(l)$ 说明基准变量 $y$ 与被选变量 $x$ 滞后值的相关系数，反映基准变量 $y$ 领先于被选变量 $x$ 的关系，同时可以说明基准变量 $y$ 对于被选变量 $x$ 的预测性。因此，我们将宏观经济沟通指数设定为基准变量 $y$，宏观经济景气系列指数设定为被选变量 $x$，并计算了宏观经济沟通指数与宏观经济景气系列指数之间的时差相关系数，试图考察这两类变量是否存在预测性。图 3-4 显示宏观经济沟通指数与宏观经济景气系列指数的走势，图 3-5 还报告了时差相关系数的计算结果。

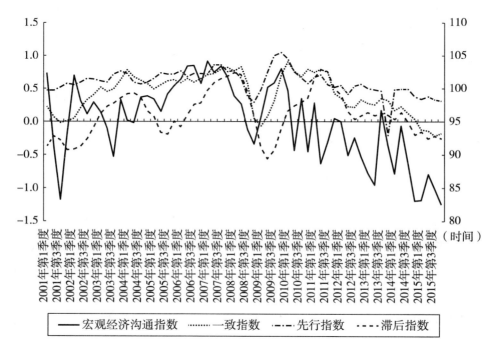

**图 3-4 宏观经济沟通指数与宏观经济景气系列指数走势**

由图 3-4 可以看出，宏观经济沟通指数与宏观经济景气系列指数大体上经历类似的周期性转换，但是，在波峰和波谷出现的时点上，宏观经济沟通指数与先行指数基本重合，并领先于一致指数和滞后指数。

图 3-5 也进一步验证了上述结论。在整个时差区间内，时差相关系数基本为正，其中，宏观经济沟通指数与先行指数的时差相关系数最大值为 0.622，出现在时差数 $l=0$ 上，说明这两类指数基本上同步变化；宏观经济沟通指数与一致指数的时差相关系数最大值为 0.613，出现在时差数 $l=-1$ 上，说明该指数领先一致指数 1 期；宏观经济沟通指数与滞后指数的时差相关系数

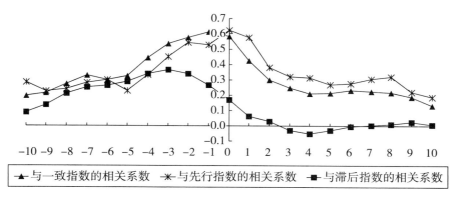

**图 3 - 5　宏观经济沟通指数与宏观经济景气系列指数的时差相关系数**

最大值为 0.364，出现在时差数 $l = -3$ 上，说明该指数领先滞后指数 3 期。可见，宏观经济沟通指数对于上述系列指数均具有一定的短期预测性。事实上，从宏观经济景气系列指数的经济学含义来看，这一类指数可视为对宏观经济实际状况的刻画，其中，先行指数描述宏观经济在未来出现的峰和谷，一致指数描述宏观经济的当前状况，而滞后指数则是对宏观经济出现峰和谷的事后确认，这也不难推论出，从短期看，《报告》所传递的宏观经济信息，对未来宏观经济状况具有一定的预测性。

## （二）回归方程的预测性分析

我们建立宏观经济景气系列指数作为被解释变量、宏观经济沟通指数作为解释变量的回归方程，通过考察方程的预测精确度，判断宏观经济沟通指数对于宏观经济景气系列指数的预测性大小，并由此推断《报告》所传递宏观经济信息精确度的高低。

我们先将先行指数、一致指数、滞后指数分别记为 *LEAD*、*COIN*、*LAG*，然后运用 ADF 方法对景气系列指数以及沟通指数进行单位根检验，发现各个变量均为平稳序列，由此进一步建立回归方程并对预测精确度展开检验。其中，我们还根据宏观经济沟通指数领先于景气系列指数的时差数，来确定回归方程中景气系列指数的滞后期数，回归结果如表 3 - 5 所示。

由表 3 - 5 可以看出，在三组回归方程中，宏观经济沟通指数对宏观经济景气指数的影响系数 $c_2$ 均在 1% 显著性水平下显著，同时，F 统计量也具有 1% 的显著性水平。这意味着，上述方程具有较强的解释力。

表 3 – 5　　　　　　　　回归方程估计与预测分析

| 回归方程 | $R^2$ | F 值 | 系数 $c_2$ | 预测精确度指标 | | | | |
|---|---|---|---|---|---|---|---|---|
| | | | | 平均相对误差 | Theil 不等系数 | 偏差比例 | 方差比例 | 协方差比 |
| $LEAD_t = c_1 +$ $c_2 WI_t + \varepsilon_t$ | 0.387 | 36.71 *** (0.000) | 100.99 *** (0.000) | 0.981 | 0.007 | 0 | 0.233 | 0.767 |
| $CONI_{t+1} = c_1 +$ $c_2 WI_t + \varepsilon_t$ | 0.409 | 39.579 *** (0.000) | 99.19 *** (0.000) | 1.850 | 0.011 | 0 | 0.219 | 0.781 |
| $LAG_{t+3} = c_1 +$ $c_2 WI_t + \varepsilon_t$ | 0.166 | 10.960 *** (0.002) | 96.28 *** (0.000) | 2.505 | 0.016 | 0 | 0.421 | 0.579 |

注：括号内为系数的 P 值，*** 表示在 1% 的水平上显著。

再从回归方程的预测精确度指标来看，平均相对误差和 Theil 不等系数值较小，这就说明景气指数的预测值与实际值的误差较小。此外，我们还将回归方程的均方差分解为偏差比例、方差比例和协方差比例，不难发现，各个方程中的偏差比例和方差比例相对较小，而协方差比相对较大，这说明，在预测误差构成中，系统性预测误差较小，而非系统性预测误差较大，由此不难推论，上述三组回归方程均具有较高的预测精确度。如果再考虑到回归方程中景气系列指数的滞后期数仅为 0 ~ 3 期，这表明，宏观经济沟通指数对于宏观经济景气系列指数具有较高的短期预测性，而《报告》所传递的宏观经济信息，也就具有较高的短期精确度。

# 第四节　信息沟通引导市场预期的有效性分析

我们首先在理论机制上提炼出信息沟通作用于期限溢价进而影响利率期限结构的逻辑链条，在此基础上，提出通过探讨信息沟通影响利率期限结构的效应，来检验其引导市场预期有效性的研究假设，最后建立结构向量自回归模型（SVAR）对这一假设展开检验。

## （一）宏观经济信息沟通影响利率期限结构的理论分析

利率期限结构刻画了债券市场中相同风险等级水平下债券利率与到期期限

的关系，具体又是由市场主体对未来短期利率的预期，以及用于补偿持有长期债券而承担利率风险的期限溢价共同决定的（米什金，2011）。那么，中央银行展开的宏观经济信息沟通，主要是作用于期限溢价进而对利率期限结构产生影响。

就利率期限结构的决定因素而言，期限溢价往往会比未来短期利率预期更为显著地影响利率期限结构（Compell & Shiller，1991；Lee，1995；朱世武、陈健恒，2004）。从利率期限结构理论的发展脉络来看，预期假设（expectation hypothesis）曾指出，期限溢价只与长期债券到期期限有关，进而可以假定为零或常数，未来短期利率预期就构成了影响利率期限结构的主要因素（Hicks，1939；Lutz，1940）。然而，随后大量的实证文献却拒绝预期假设，尤其是在复杂的宏观经济环境之中，货币政策调控（Bekaert et al.，2001）、经济体制（Bekaert & Hodrick，2001）、债券供求关系（Vayanos & Vila，2009）、宏观经济运行风险预期（Campbell & Cochrane，1999；朱世武、陈健恒，2004）等诸多宏观经济因素会使得市场主体持有长期债券时承担的利率风险更加不确定，并导致期限溢价具有时变性特征。在此情况下，期限溢价系统反映了宏观经济运行风险（Hejazi et al.，2000；王晓芳、郑斌，2015），进而会对利率期限结构产生更为重要的影响。

在上述理论分析的基础上，我们试图将宏观经济信息沟通引入期限溢价的影响因素之中。我们认为，在中央银行普遍比市场主体具有信息优势的现实背景下，中央银行所展开的宏观经济信息沟通，首先会对市场主体的宏观经济运行风险预期进行引导，然后通过作用于期限溢价进而对利率期限结构产生影响。具体地，当中央银行传递宏观经济向好或者走弱信息，会引导市场主体对宏观经济运行风险形成乐观或者悲观的预期。而且，这一预期又会使其风险厌恶程度下降或者上升，并进一步使得持有长期债券时的利率风险补偿随之下降或者上升，最终导致期限溢价以及各个期限利率总体水平发生同向变化（Campbell & Cochrane，1999；朱世武、陈健恒，2004），因此，就形成"信息沟通→宏观经济运行风险预期→期限溢价→利率期限结构"的影响机制。

不难看出，上述机制为我们检验宏观经济信息沟通引导市场主体预期有效性提供了新的思路，也即可以从考察信息沟通对利率期限结构的影响效应加以展开。因此，我们提出一个可供检验的研究假设：如果中央银行传递宏观经济向好或者走弱信息，使得各个期限利率总体水平发生下降或者上升变化，这说明，信息沟通能够引导市场主体对宏观经济运行风险形成乐观或者悲观预期；反之，如果信息沟通难以使得利率总体水平发生变化，这说明其无法引导市场预期。

### （二）SVAR 模型的设定

从利率期限结构理论来看，除了中央银行宏观经济信息沟通之外，宏观经济状况和中央银行的实际干预也会通过引导市场主体对未来短期利率的预期，进而对各个期限利率总体水平产生影响（郭涛、宋德勇，2008；丁志国等，2014）。因此，为了控制上述因素的影响效应，我们建立包含宏观经济状况、中央银行实际干预和宏观经济信息沟通、利率期限结构水平因子[1]作为内生变量的 SVAR 模型进行估计，并通过分析模型结构系数估计值和冲击响应函数值，来考察中央银行展开宏观经济信息沟通的有效性。

基于上述考虑，我们建立五维 SVAR 模型如式（3.3）所示。

$$A\begin{pmatrix} Y_t \\ P_t \\ R_t \\ I_t \\ L_t \end{pmatrix} = \sum_{i=1}^{p} C_i \begin{pmatrix} Y_{t-i} \\ P_{t-i} \\ R_{t-i} \\ I_{t-i} \\ L_{t-i} \end{pmatrix} + B \begin{pmatrix} u_t^Y \\ u_t^P \\ u_t^R \\ u_t^I \\ u_t^L \end{pmatrix} \quad (3.3)$$

式中，$Y$、$P$ 分别表示产出和价格变量，以反映宏观经济状况。$R$ 表示政策利率变量，以反映中央银行的实际干预。$I$ 表示信息沟通变量，以反映中央银行展开的宏观经济信息沟通。$L$ 表示利率期限结构水平因子，以反映各个期限利率总体水平。$A$ 表示决定内生变量同期关系的系数矩阵，$C_i$ 表示滞后第 $i$ 阶的系数矩阵，$B$ 表示某一变量随机冲击对内生变量产生影响的系数矩阵，$u$ 表示结构化随机冲击，$p$ 为滞后阶数。

在 SVAR 模型估计之前，还需要对 $A$、$B$ 矩阵的结构系数施加可识别性的约束条件，进而将其转化为简化式 VAR 模型。根据前文分析，对于本节而言，$k=5$，也即还需要施加 10 个约束条件。由此，我们假定 $B$ 矩阵如式（3.4）

---

① 利率期限结构通常由水平因子、斜率因子和曲度因子加以刻画，其中，水平因子说明了各个期限利率总体水平的变化情况（Dielod & Li，2006）。

所示。

$$B = \begin{pmatrix} b_{11} & b_{12} & b_{13} & b_{14} & b_{15} \\ b_{21} & b_{22} & b_{23} & b_{24} & b_{25} \\ b_{31} & b_{32} & b_{33} & b_{34} & b_{35} \\ b_{41} & b_{42} & b_{43} & b_{44} & b_{45} \\ b_{51} & b_{52} & b_{53} & b_{54} & b_{55} \end{pmatrix} \tag{3.4}$$

那么，基于利率传导机制理论和我国货币政策操作实践情况，我们得出以下四个假设：

（1）假定产出仅受自身冲击的影响，即 $b_{12}=0$、$b_{13}=0$、$b_{14}=0$、$b_{15}=0$；

（2）根据菲利普斯曲线的产出缺口决定价格变动的机制，假定价格除了受自身冲击影响之外，还受到产出冲击的影响，即 $b_{23}=0$、$b_{24}=0$、$b_{25}=0$；

（3）中央银行是根据产出和价格的变动相应调整政策利率，假定政策利率除了受自身冲击影响之外，还受到产出和价格冲击的影响，即 $b_{34}=0$、$b_{35}=0$；

（4）中央银行通过发布《报告》所展开的信息沟通，往往滞后于其实际干预，并在调控方向上与实际干预保持一致，由此假定信息沟通除了受自身冲击影响之外，还受到产出、价格和政策利率冲击的影响，即 $b_{45}=0$。

这样，在 SVAR 模型识别和估计之后转化为移动平均表达式，即可建立各类冲击下利率期限结构水平因子响应函数 $\varphi_n$，如式（3.5）所示。

$$\varphi_n = \frac{\partial(L_{t+n})}{\partial(u_t)} \tag{3.5}$$

式中，$n$ 表示冲击作用下时间滞后间隔。

### （三）数据来源与说明

产出（$Y$）和价格（$P$）分别采用 GDP 增长率和同比 CPI，政策利率（$R$）采用 1 年期定期存款利率，信息沟通（$I$）取自上述宏观经济沟通指数的计算结果。利率期限结构水平因子（$L$）是运用主成分分析法（principal components）对到期期限分别为 3 个月、6 个月、9 个月、1 年、2 年、3 年、4 年、5 年中国银行间债券市场国债利率共 8 列数据提取第一主成分加以表示，这是因为，通过主成分分析法得到的第一主成分对利率期限结构变动贡献度最大，并且其不同期限的载荷因子近似相等，通常用于刻画利率期限结构的水平因子

（Litterman & Scheinkman，1991；康书隆、王志强，2010）。因此，我们采集了《报告》发布日或发布后最近交易日的利率数据展开主成分分析，研究表明，第一主成分的贡献度达到94.66%，载荷因子处于0.34至0.35范围内平稳变动[①]。上述数据均取自同花顺金融数据库，样本区间为2001年第4季度至2015年第4季度。

### （四）模型估计与结果分析

#### 1. 结构系数分析

首先运用 ADF 方法对上述变量展开平稳性检验，检验结果表明，信息沟通、利率期限结构水平因子均为平稳序列，而产出、价格、政策利率均为单整过程。在此情况下，为了避免对单整序列差分而丢失信息，我们仍然将其放入 SVAR 模型之中进行估计[②]。SIC 和 AIC 进一步表明，模型滞后阶数 $p$ 为 1，VAR 模型稳定性检验也表明，所有单位根的模均小于 1，这说明模型满足稳定性条件。我们施加上述约束条件之后，采用极大似然方法估计出 $B$ 矩阵的结构系数，结果如式（3.6）所示。

$$B = \begin{pmatrix} 0.936 & 0 & 0 & 0 & 0 \\ 0.498 & 0.851 & 0 & 0 & 0 \\ 0.1 & 0.077 & 0.239 & 0 & 0 \\ 0.137 & -0.096 & 0.057 & 0.364 & 0 \\ 0.514 & 0.897 & 0.459 & -0.073 & 1.423 \end{pmatrix} \tag{3.6}$$

同时，简化式 VAR 模型的随机冲击 $e$ 可以表示为 SVAR 模型结构化随机冲击 $u$ 的线性组合：

$$e_t^Y = 0.936 u_t^Y \tag{3.7}$$

$$e_t^P = 0.498 u_t^Y + 0.851 u_t^P \tag{3.8}$$

$$e_t^R = 0.1 u_t^Y + 0.077 u_t^P + 0.239 u_t^R \tag{3.9}$$

---

① 第二主成分和第三主成分的贡献度分别为4.37%和0.65%，而这两个成分通常视为刻画利率期限结构的斜率和曲度因子，不难看出，这两项因子对利率期限结构的影响微弱，无法反映各个期限利率整体的变化情况。

② 我们没有对单整序列进行差分处理，主要参照了西姆斯（1980）和李云峰、李仲飞（2011）的处理方法。事实上，处理非平稳序列的目的是使得 VAR 模型满足稳定性条件，只有当 VAR 不稳定时才考虑处理序列，而本书所构建的模型恰好满足了稳定性条件。

$$e_t^I = 0.137u_t^Y - 0.096u_t^P + 0.057u_t^R + 0.364u_t^I \qquad (3.10)$$

$$e_t^L = 0.514u_t^Y + 0.897u_t^P + 0.459u_t^R - 0.073u_t^I + 1.423u_t^L \qquad (3.11)$$

从上述结果可以看出，式（3.11）实际上刻画了各类冲击影响利率期限结构水平因子的机制。其中，$b_{54} = -0.073$ 说明信息沟通冲击会引致水平因子下降，如果考虑到这一正向冲击意味着中央银行传递宏观经济向好信息，不难推论，这一信息沟通能够引导市场主体对宏观经济运行风险形成乐观的预期，进而导致利率总体水平下降。[①]

此外，$b_{51} = 0.514$、$b_{52} = 0.897$，说明产出和价格冲击会导致水平因子上升，这意味着宏观经济状况趋于繁荣，会增加资金需求，进而引导市场主体对未来短期利率形成上升预期，并导致利率总体水平上升（丁志国等，2014）；$b_{53} = 0.459$，说明政策利率冲击会导致水平因子上升，这意味着中央银行采取紧缩性政策而上调当前短期政策利率，会进一步引发市场主体对未来短期利率形成上升预期，并导致利率总水平上升（郭涛、宋德勇，2008）。可见，刻画宏观经济状况和中央银行实际干预影响效应的结构系数估计值也均符合理论预期。

**2. 冲击响应函数分析**

我们分别计算了产出、价格、政策利率、信息沟通的 1 个正向标准差冲击下利率期限结构水平因子 $L$ 的响应函数，如图 3 - 6 所示。

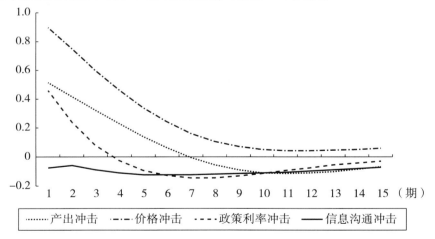

**图 3 - 6　各类冲击下利率期限结构水平因子的响应函数**

---

① 查格等（Chague et al.，2015）以巴西中央银行为例，同样发现了当中央银行传递宏观经济向好信息时会降低长期利率的结论。

首先，就信息沟通冲击而言，利率期限结构水平因子在整个期间内均做出负向响应，并大体呈现"U"形变化趋势，具体表现为，在第 1 期做出 -0.073% 响应并逐期放大，直至第 6 期达到 -0.122% 的谷值，随即又平滑缩小至第 15 期的 -0.071%。这说明，信息沟通冲击会引致水平因子下降，从而与上述结构系数分析的结论相一致，同时，从冲击响应函数的动态变化趋势来看，其作用力度显著表现出短期效应大于长期效应，且其持久性有限。这实际上意味着，从短期看，中央银行展开的宏观经济信息沟通能够引导市场主体预期，从而具备短期前瞻引导功能。

其次，就产出、价格以及政策利率冲击而言，利率期限结构水平因子均在期初做出显著的正向响应，随即逐期平滑衰减并趋近于零，这说明，这些冲击均会导致水平因子上升，从而同样与上述结构系数分析的结论相一致。事实上，如果再将这一类冲击下响应函数绝对值与信息沟通冲击的情形进行比较，不难发现，在整个期间内，产出、价格和政策利率冲击下响应函数绝对值均显著高于信息沟通冲击下响应函数绝对值，这也说明，宏观经济状况和中央银行实际干预的影响效应要大于信息沟通的影响效应，同时意味着，当前中央银行展开宏观经济信息沟通的效果相对较弱，仍然具有进一步提升的空间。

### （五）稳健性检验

由于现阶段我国货币政策框架仍然具有数量型与价格型的混合型特征，中央银行在实际干预过程中会综合运用利率和货币供应量工具，在此情况下，货币政策工具运用的差异性就会影响到模型估计结果的稳健性。因此，我们试图将原有模型中刻画央行实际干预的政策利率替换为货币供应量重新估计进而展开稳健性检验。其中，M2 为季度同比增长率，数据取自同花顺金融数据库。

首先，我们在对模型施加约束条件之后，采用极大似然方法估计出 $B$ 矩阵的结构系数，其中 $b_{54} = -0.126$，这同样说明信息沟通冲击会引致水平因子下降，从而与原有模型估计结果一致。其次，我们还计算了产出、价格、货币供应量、信息沟通的 1 个正向标准差冲击下利率期限结构水平因子的响应函数，如图 3-7 所示。

不难发现，在信息沟通冲击下，利率期限结构水平因子在整个期间内均做出负向响应，并同样表现出"U"形变化趋势，即在第 1 期做出 -0.126% 响应，到第 2 期扩大为 -0.162% 的谷值，随即又平滑缩小至第 15 期的 -0.0005%。可

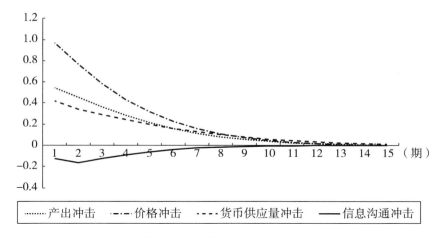

**图 3 - 7　各类冲击下利率期限结构水平因子的响应函数**

见，从冲击响应函数的动态变化趋势来看，其作用力度表现出短期效应大于长期效应。此外，如果进一步将产出、价格和货币供应量冲击下响应函数绝对值与信息沟通冲击的情形进行比较，在整个期间内，前者显著高于后者，这说明，宏观经济状况和中央银行实际干预的影响效应要大于信息沟通的影响效应，从而与原有模型估计结果一致。

# 第五节　研究结论与政策建议

本章首先构建宏观经济沟通指数以量化中央银行对宏观经济信息的沟通内容，然后在检验信息精确度的基础上，进一步探讨信息沟通引导市场主体预期的有效性，从而为这一预期机制有效性的研究提供了新的视角。

（1）宏观经济沟通指数的波动趋势与经济周期阶段具有较高的关联性，这意味着，《报告》所传递的宏观经济信息会随着经济周期阶段的转换而发生周期性变化。

（2）宏观经济沟通指数对于宏观经济景气系列指数具有较高的短期预测性，这说明，从短期看，中央银行对宏观经济信息的沟通具有较高的精确度。

（3）中央银行传递宏观经济向好信息会降低利率总体水平，且其作用力度和持久性有限，短期效应要大于长期效应，这意味着，中央银行所展开宏观经济向好信息的沟通，能够在短期内引导市场主体形成宏观经济运行风险的乐观预期，从而具备短期前瞻引导功能。同时，这一信息沟通的影响效应与宏观经济状况和中央银行实际干预的影响效应相比，其沟通效果相对较弱，仍然存在提升的空间。事实上，这也不难推论，这一信息沟通引导市场主体预期所表现出的短期性，可能与其较为短期的信息精确度相关，而信息精确度也制约了信息沟通的有效性，从而为强调信息精确度在货币政策预期渠道发挥重要作用的相关文献（Morris & Shin，2002；Dale et al，2011；卞志村、张义，2012）提供了经验证据的支持。

目前中央银行展开信息沟通以引导市场主体预期，已经成为宏观调控的重要方式。2015 年中央经济工作会议在关于引领经济发展新常态的宏观调控决策上，强调"要更加注重引导市场行为和社会心理预期"，2016 年发布的《国民经济和社会发展第十三个五年规划纲要》也明确指出，"稳定政策基调，改善与市场的沟通，增强可预期性和透明度"。在此情况下，如何完善信息沟通前瞻引导功能，提升预期管理有效性，就成为货币当局迫切需要解决的问题。那么，从本章的研究结论出发，进一步提高信息精确度应当是可行途径，事实上，这即是对 2018 年《政府工作报告》有关创新和完善宏观调控方式中提出"加强精准调控"的深化和落实。为此，我们提出以下建议。

首先，提高中央银行对宏观经济运行的认知水平。中央银行比市场主体具有天然的信息优势，能够拥有更多资源对宏观经济做出预测，因此，应当充分发挥信息优势以及人才优势，提升经济发展前景的预测能力，以避免因本身认知不足而造成对宏观经济的理解偏差，进而使得所沟通的信息内容更加精确。

其次，提高信息沟通的透明度。中央银行除了沟通宏观经济信息本身之外，还要及时沟通与之相关的其他信息，包括预测模型、预测误差等细节，进而缓解中央银行与市场主体之间的信息不对称性，使得市场主体更为全面和准确地理解信息内容。

再次，协调中央银行与其他宏观调控部门在信息沟通上的一致性。当各个宏观调控部门在宏观经济信息沟通上存在分歧甚至矛盾时，就会降低信息沟通的精确度，因此，各个部门之间应当建立常态沟通协调机制，以避免引起市场混乱。

最后，如果中央银行所沟通的信息内容精确度本身不够高，此时应当谨慎行事，以避免这一信息成为市场主体所参照的"聚焦"信息，进而导致市场的过度反应。

# 第四章

# 中央银行金融稳定沟通的市场效应

2008 年国际金融危机引发全球金融市场动荡，越来越多的国家意识到稳定的金融市场是关系经济发展和社会安稳的重点。中央银行沟通在传递金融市场信息、降低中央银行与市场主体之间信息非对称性以及协调经济主体内部信息差异度等方面发挥着重要作用。目前，中央银行沟通的金融市场效应已成为学术界的研究热点。

本章首先在理论机制上分析中央银行沟通影响金融市场的递减性效应和非对称性效应，然后以 2005～2016 年《中国金融稳定报告》作为文本信息源，通过构建金融稳定沟通指数来反映中央银行的政策意图，最后建立 EGARCH 模型展开实证分析。

## 第一节　文献评述

从研究领域看，"货币政策的金融市场效应"这个主题自金融危机发生后一直是国内外学者研究的重点。由于实际干预政策受限于零利率约束，从而推进信息沟通成为维系金融稳定的重要工具。因此，近几年，越来越多的学者把研究重点从实际干预的金融市场效应转移到中央银行沟通的金融市场效应上（吴国培、潘再见，2014；刘琦、何启志，2015；谷宇、王轶群、翟羽娜，2016）。

## 一、中央银行沟通内容分析

金融危机发生后，越来越多的学者将中央银行沟通的金融市场效应作为研究重点。不同的研究文献中中央银行沟通的内容不大相同，本节针对沟通内容的不同，将已有文献划分成货币政策沟通、宏观经济沟通、金融稳定沟通三类。

首先，就货币政策沟通而言，研究学者将《中国货币政策执行报告》、货币政策委员会会议决议、中央银行行长的重要讲话以及新闻采访中涉及货币政策立场的信息量化，考察经济主体对货币政策立场预期的准确度，从而分析此沟通内容对金融市场的影响（冀志斌、周先平，2011；张强、胡荣尚，2013；吴国培、潘再见，2014）。其中，冀志斌、宋清华（2011）将中央银行网站上的报告以及网络上中央银行领导的讲话中货币政策信息进行量化分析，发现沟通信息有助于稳定金融市场，且对波动率呈现不对称性。张强、胡尚荣（2013）将《中国货币政策执行报告》和中央银行行长重要讲话中货币政策操作信息进行量化分析，显示沟通信息对股票市场收益率并不存在明显影响，货币政策沟通暂时不能独自充当引导股票市场稳定发展的政策工具。

其次，就宏观经济沟通而言，学者们将中央银行行长的重要讲话以及新闻采访中涉及宏观经济描述的信息进行量化分析，考察这一信息沟通是否有利于引导金融市场主体形成正确的通货膨胀预期以及宏观经济前景预期（李云峰、李仲飞，2011；冀志斌、宋清华，2012；熊海芳、王志强，2012）。其中，李云峰、李仲飞（2011）将中央银行的通货膨胀评论以及宏观经济预期言论进行量化分析，结果与利率变化呈现显著关系，表明宏观经济沟通能够成为调控利率的政策工具。而冀志斌、宋清华（2011）对中央银行领导讲话中涉及宏观经济的信息进行分析，显示宏观信息沟通无法引导经济主体形成正确预期，对金融市场影响力度不大。

最后，就金融稳定沟通而言，学术界将《中国金融稳定报告》、中央银行行长重要讲话和新闻采访中描述金融稳定的信息量化，来考察这类信息沟通引导经济主体形成金融稳定预期的有效性。李云峰（2015）以《中国金融稳定报告》为研究文本，进行人工量化赋值、数值分析，研究表明中央银行关于金融环境改善的描述性信息能够提高股票市场上的收益率，但同时增大了股票市场的波动性。

## 二、中央银行沟通的金融市场效应

金融危机发生以来，越来越多学者研究中央银行沟通作为调控金融市场的货币政策工具时，金融市场呈现的具体效应（吴国培、潘再见，2014；刘琦、何启志，2015；谷宇、王轶群、翟羽娜，2016）。但在已有研究中，绝大多数学者仅研究中央银行沟通的单一金融市场效应，割裂了不同类型金融市场间的关联性。已有文献主要从沟通的国债市场效应、股票市场效应以及外汇市场效应三个方面展开研究。

首先，就中央银行沟通的国债市场效应而言，学者们普遍认为中央银行沟通能够引导国债市场收益率朝着中央银行期盼的方向发展，沟通的收益率效应是有效的；而中央银行沟通能否降低国债市场波动，在波动性效应是否有效的分析上未达成一致看法。在中央银行沟通能否降低国债市场波动性的研究上，已有文献存在不同的衡量方式和研究观点。第一种衡量方式是不区分沟通的政策性意图，将沟通直接量化为虚拟变量分析沟通能否降低市场波动性，此衡量方式下存在两种观点：观点一认为沟通在波动性研究上是有效性（Blinder，1998；卞志村、张义，2012）；观点二认为沟通并不能稳定利率市场，对利率市场波动性影响是无效的（Born et al.，2011；熊海芳、王志强，2012）。第二种衡量方式是研究不同政策意图的中央银行沟通对国债市场波动率的影响是否存在不对称性，张强和胡尚荣的研究表明，紧缩性意图的沟通和宽松性意图的沟通对市场波动性影响方面存在不对称效应。

其次，就中央银行沟通的股票市场效应而言，绝大多数学者认为中央银行沟通对股票市场中金融资产价格的影响并没有完全达到中央银行预期，作用效果并非完全有效（张强、胡尚荣，2013；吴国培、潘再见，2014）。学者们研究中央银行沟通对金融资产价格的影响来检验沟通在股票市场上是否有效，研究显示沟通对股票价格有一定影响，但效果不明显（张强、胡尚荣，2013）。部分学者证明中央银行沟通对股票价格的影响并未完全达到中央银行预期，表明沟通的作用效果并不显著，沟通的有效性还值得再探讨（吴国培、潘再见，2014）。

最后，就中央银行沟通的外汇市场效应而言，学术界在沟通能够有效影响外汇市场的研究上并未达成一致结论。戈亚尔和阿罗拉（Goyal & Arora，

2010）通过月度数据进行回归，结果表明沟通无论对汇率水平还是波动水平均呈现不显著影响，这表明沟通对外汇市场无效。埃格特和科森达（Egert & Kocenda，2013）利用捷克、匈牙利和波兰这三个发展中国家的中央银行沟通对各自国内汇率的影响进行研究，结果显示在危机之前的中央银行沟通对瑞典克朗、匈牙利福林的影响是显著，而对于波兰的影响则是不显著；在危机期间，中央银行沟通对这三个国家的货币币值的影响均不显著，沟通的有效性会随着国家和时间的改变而有所不同。

### 三、文献评述

从中央银行沟通内容来看，目前基于金融稳定沟通来研究金融市场效应的文献并不丰富，忽略了金融风险信息是影响金融稳定的重要因素；从金融市场效应来看，已有文献缺乏对中央银行沟通在不同金融市场之间传递过程的考察，忽略了不同金融市场间存在的联动性。就国内已有文献来看，把金融稳定沟通和金融市场效应联系起来研究的针对性文献十分缺乏。因此，本章从金融稳定沟通入手，研究金融稳定沟通是否能够引导金融市场（国债市场、股票市场、外汇市场）朝着中央银行预期的方向发展；另外，将市场传递机制引入金融稳定沟通的市场效应分析中，分析金融稳定沟通的市场效应时区分三个金融市场对金融信息做出反应的先后顺序，并对其影响结果进行解释说明。

## 第二节　金融稳定沟通市场效应的
## 理论机制分析

金融稳定沟通是指中央银行为缓解与微观经济主体间信息的不对称性，发布关于金融形势现状、金融系统前景和金融市场风险等方向的信息，以此缓解两大主体间的信息非对称性以及协调微观经济主体内部的信息差异性，从而实现引导市场主体预期和稳定金融市场的目的。中央银行金融稳定沟通对金融市场产生的影响包括两个方面：一是基于信号渠道产生的递减效应，二是基于协调渠道产生的非对称效应。

## 一、金融稳定沟通渠道

中央银行向微观经济主体传递金融稳定信息的过程中，其发布的信息一方面能够引导经济主体形成更为精确的预期（信号渠道），另一方面则修正经济主体间预期的差异度（协调渠道），从而引导微观经济主体做出更为理性的金融决策。

### （一）信号渠道

信号渠道，针对金融市场中信息发布者与信息接收者间信息不对称而展开，其基本思想是指金融市场中的微观经济主体把中央银行沟通信息当作未来政策方向的信号或实际政策干预的信号，实际上代表中央银行的信息创造功能和信息传递功能。相对微观经济主体，中央银行掌握着信息数量优势和信息质量优势，为平衡彼此间信息差异度和指引微观经济主体形成正确预期，借助沟通提供新信息给经济主体。

信号渠道通过两方面来体现。第一，中央银行传递政策意图、政策目标、经济前景以及金融环境等方向的信息，修正微观经济主体对短期利率走势的预期以及风险变动的预期，进而影响长期利率、股票收益率以及汇率。第二，中央银行向金融市场传递信息时，微观经济主体会依据接收的信息实时更新自身的信息集，调整微观金融决策，引发资金流动，进而导致金融资产收益率上升或下降（吴国培、潘再见，2014）。信号渠道作用机制如图 4 – 1 所示。

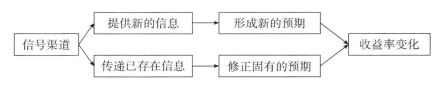

**图 4 – 1　信号渠道作用机制**

### （二）协调渠道

协调渠道，围绕金融市场中信息的协调问题展开，其基本思想是中央银行通过向微观经济主体提供信息，减少经济主体间私人信息的差异度，驱使信息同质化和预期同质化，从而减缓金融市场的波动性，这主要体现为降低噪音功能。中央银行通过信息沟通向金融市场提供有效信息，可以增加信息数量以及提高信息质量，强化对经济主体预期引导，稳定市场预期（徐亚平，2009）。

协调渠道效应通过两方面表现。第一，当微观经济主体间信息量存在明显差别时，中央银行沟通信息能够降低微观经济主体间的信息差异度，微观经济主体接收相同的信息内容最终趋向信息同质化状态（吴国培、潘再见，2014）。第二，中央银行向金融市场传递信息，能够降低微观经济主体获取信息成本，实现学习能力的加快以及学习过程的缩短，减少金融市场参与者预期异质性，从而使微观经济主体预期趋向同质化状态（谢杰斌，2009）。这意味着，中央银行通过信息沟通会影响经济主体间预期的协调性，最终导致波动率变化。协调渠道作用机制如图 4 – 2 所示。

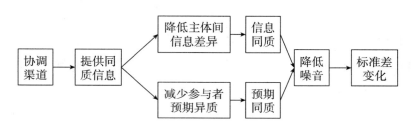

**图 4 – 2　协调渠道作用机制**

### （三）影响沟通渠道的关键因素

中央银行沟通要发挥作用必须维持信号渠道和协调渠道的通畅，这两大渠道的沟通效果受到中央银行和微观经济主体影响。

一方面，作为信息发布者中央银行而言，中央银行发布信息的有效性和中央银行公信力的大小是影响沟通效果的两大因素。

第一，中央银行公布信息有效性涉及信息数量和信息质量。其中，信息数量主要指中央银行公布信息内容的丰富程度，即公布的信息是否比经济主体自身拥有的信息要多，能否缓解中央银行与经济主体间信息的不对称性；而信息质量是指中央银行公布信息内容的准确性，即公布的信息是否具备事实依据，能否给经济主体提供价值信息。

第二，中央银行公信力是指中央银行历史潮流中在公众心中形成的说服力形象和权威性代表。经济主体对有公信力的中央银行发布经济信息的接受程度相对于无公信力或公信力较小的中央银行要大，并且有公信力的中央银行发布的经济信息更能被经济主体充分利用，从而在金融市场中更能得到充足的反应。

另一方面，作为信息接受者微观经济主体而言，预期形成过程中会受到自身对信息的获取能力、自身教育水平以及认知偏差三个因素影响。

第一，经济主体对于信息的获取能力会直接影响经济主体拥有的信息量。当经济主体获取能力强时，经济主体掌握多样化信息来源，可以通过多渠道获取所需信息。在这种情况下，预期能够随着形势的变化而变化，能够引导公众做出相对合理的决策。相反，当经济主体获取能力弱时，无法通过多渠道获取信息，掌握帮助决策的信息相对不足，这时，经济主体预期不易改变。

第二，经济主体对信息认知能力的高低与自身教育水平和知识素养有关。当经济主体知识文化水平较高、认知能力较强时，对信息的解读能力较强，能够较充分理解中央银行传达的信息，经济主体能够与中央银行形成一致性预期。而当经济主体知识文化水平较低、认知能力较弱时，经济主体不能充分理解中央银行披露的信息，此时经济主体预期并不能朝着中央银行期盼方向发展。

第三，在现实市场中存在着信息成本，经济主体并不能完全利用已知信息，并且学习认知能力有限，只能缓慢学习，会存在认知偏差，不能对新信息做出迅速反应和正确预期，这形成的预期便是有限理性预期。这意味着，由于学习认知能力的差异和信息成本的不同，不同经济主体形成的预期是异质的。

综上所述，中央银行的金融稳定沟通对金融市场产生影响，实际依赖于沟通渠道的通畅，而沟通渠道的通畅性受到中央银行和微观经济主体的共同影响。具体影响因素如图4-3所示。

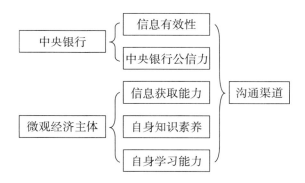

**图4-3　沟通渠道的影响因素**

## 二、金融稳定沟通影响金融市场的递减效应分析

从中央银行沟通的信号渠道来看，中央银行发布信息缓解自身与经济主体间信息不对称性，进而影响经济主体预期。这一预期引起货币市场利率发生变化，再传递到资本市场并通过资本市场收益率体现出来。

### （一）金融稳定沟通影响金融市场的传递机制

中央银行发布信息后，信息首先影响国债市场中微观经济主体预期，导致国债市场收益率变化。国债市场利率作为基础利率，其变动包含重要宏观经济信息和金融市场信息，能够直接影响股票市场、外汇市场上金融资产价格和收益率，这表明国债市场利率是资本市场金融资产价格形成的基础。由于国债市场与股票市场、外汇市场存在连通性和传递性，国债市场收益率的变动又传递出金融信号，进而影响到股票市场、外汇市场中微观经济主体预期，最后导致股票市场、外汇市场收益率变动。

经济下行时期，金融市场走向低迷，中央银行发布的信息大多围绕经济发展指标下降、监管工具指标不合格等内容展开。微观经济主体预期中央银行会实施宽松性政策，短期利率将趋于下降；另外，微观经济主体风险偏好趋向下降，流动性风险溢价将出现上升（朱世武，2004）。从短期维度看：就资金流向而言，经济主体对货币市场短期利率下降的预期影响其在货币市场与资本市场间的金融决策，资金将从低收益货币市场流向高收益资本市场；就资产价格而言，风险溢价的上升抬高风险资产报酬率，促使风险资产价格上升，导致产品收益率变大。

在经济上行时期，金融市场趋向繁荣，中央银行发布的信息多数围绕经济发展指标上升、监管指标达标等内容展开。微观经济主体预期中央银行会实施紧缩性政策时，预期短期利率将上升；微观经济主体的流动性偏好将上升，风险溢价趋向下降。从短期维度看，就资金流向而言，经济主体对货币市场短期利率上升的预期会影响其在货币市场与资本市场间的金融决策，资金将从资本市场流向货币市场；就资产价格而言，风险溢价下降将拉低风险资产收益率，从而导致资本市场上风险资产价格的下降和收益率的降低。具体机制如图 4-4 所示。

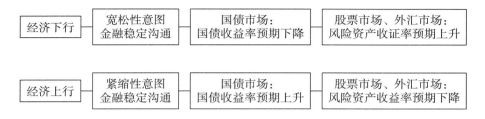

**图 4 - 4 金融稳定沟通影响金融市场的传递机制**

### （二）金融稳定沟通影响金融市场的递减性分析

金融信息从国债市场向股票市场、外汇市场传递过程中，存在现实因素影响传递的通畅性，导致传递过程出现信息流失现象，最终呈现递减性。

第一，不同类型金融市场中中央银行公信力不同。货币市场以国家信用为基础而发展，市场中国家控制力度强，中央银行发布的信息更容易被接受，而资本市场由于自由化程度较高，对中央银行发布的信息接受力度较小。这说明，同等质量信息在货币市场上被接受力度较大，反应程度较高，而在资本市场上却未必能够引起微观经济主体足够的反应。

第二，信息由货币市场向资本市场传递过程中存在着流失现象。监管机构对各市场参与者准入限制影响货币市场和资本市场中微观主体数量和市场参与度，导致两大市场联结渠道减少和联结关系降低，加剧了市场间的分割状况（马骏、王红林，2014）。受市场间分割性影响，基础利率本身包含的信息很难全部传递到资本市场，存在着信息流失现象，这影响资产价格和资产收益率对原始信息的反应程度。

第三，不同类型金融市场上资产价格的影响因素不同。就股票市场来说，星期效应、机构投资者数量、新出台的政策制度等因素都对股票市场有一定的影响；外汇市场上国家间的相对综合国力、进出口贸易情况等因素都会对其产生影响。资本市场上金融资产价格不仅受货币市场利率影响，还受到其他因素综合影响，这表明资本市场上资产价格走势与收益率变动存在一定关系，但不一定紧密相连。

因此，中央银行信息沟通对货币市场的影响更符合预期，而通过货币市场利率再影响资本市场时，由于受中央银行公信力、金融信息流失、资本市场自身特征的影响，沟通效果有所下降。其影响机制如图 4 - 5 所示。

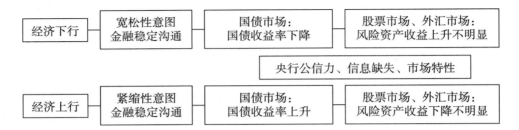

图 4 - 5 金融稳定沟通影响金融市场的递减机制

## 三、金融稳定沟通影响金融市场的非对称性分析

中央银行发布的信息，能够驱使公众信息同质化和预期同质化，减缓金融市场波动。根据沟通信息的不同意图，分为紧缩性意图沟通和宽松性意图沟通，这两类沟通对金融市场波动性的影响呈现不同效果。

一方面，经济金融发展阶段不同，中央银行发布的信息存在差异性。在经济过热、金融繁荣时期，中央银行发布的信息多数围绕加强金融监管、增强风险意识，以缓解经济过热和抑制金融市场过度高涨。在经济过冷、金融低迷时期，中央银行公布的信息主要围绕适度放松金融监管指标、调动金融主体积极性，以摆脱经济过冷和提高金融市场的活跃性。不同的经济金融形势，中央银行透露信息不同，促使经济主体形成不同的预期，进而影响微观经济主体不同形势下的金融活动。另一方面，不同金融环境下，微观经济主体预期存在非对称性。经济主体在经济金融繁荣时期的乐观态度相对于经济金融萧条时期下的悲观程度要来得低，或是说在经济金融低迷阶段，微观主体的微观金融活动表现出更加的小心谨慎，这种对待风险的非对称性心理会使得沟通效果产生非对称性。因此，不同政策意图的沟通在引导微观经济主体预期形成的过程中会表现出非对称性效应，并表现为紧缩性意图的沟通作用效果大于宽松性意图的沟通作用效果，作用机制如图 4 - 6 所示。

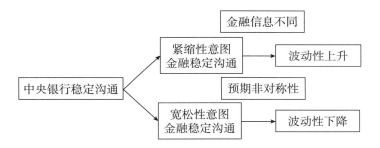

**图4-6　金融稳定沟通影响金融市场的非对称性**

# 第三节　金融稳定沟通指数的构建

《中国金融稳定报告》是中央银行为缓解自身与经济主体间金融信息不对称而发布的文本报告，属于书面沟通的一种。报告内容围绕金融市场形势、金融环境发展以及金融市场潜在风险等方面展开描述，给市场经济主体提供一定信息，影响主体的微观金融决策和微观金融活动，从而引导金融市场朝着中央银行预期的方向发展，实现稳定金融市场的目的。

《中国金融稳定报告》属于文本信息，把文本信息转化成数字信息是本节研究的关键之处，更直接地说是将定性的信息定量化。目前量化文本信息的方法主要有以下两种：第一，采用机器赋值的方式，其原理是通过机器挖掘及统计文本中所特有的某些词汇，根据统计的数值合成指数；第二，采用人工赋值的方式，主要依赖人工解读文本信息，提取可以反映态度的特定词汇，统计词汇出现的频数，然后将频数汇总合成指数。第一种方式，通过机器进行措辞统计比较客观，不易受人为因素影响，但统计过程中容易遗落错过某些重要信息；第二种方式，采取人工统计措辞具备一定灵活性，却容易受个人主观因素影响。由于中文的词性特征，如采用机器赋值的方式则需事先对文本进行分词，分词的好坏直接影响统计质量，为避免分词引起人为因素的干扰，本章采用人工赋值的方式量化报告文本。

在量化《中国金融稳定报告》过程中，提取中央银行关于金融市场态度的观测指标至关重要。下文将从宏观审慎监管视角出发，把宏观审慎监管工具的词性描述分为正方向描述（记为 +1）和负方向描述（记为 -1），将正方向描述次数和负方向描述次数进行对比来量化文本，具体量化方法如表4-1所示。

表4-1 文本信息量化表

| 文本信息 | 衡量依据 | 数字信息 |
|---|---|---|
| 金融稳定报告 | 正方向的描述（+1）次数大于负方向的描述（-1）次数 | +1 |
| | 正方向的描述（+1）次数小于负方向的描述（-1）次数 | -1 |
| | 正方向的描述（+1）次数等于负方向的描述（-1）次数 | 0 |

## 一、构建依据

本章考虑到宏观审慎监管工具在维护金融稳定目标中的重要性，试图通过提取宏观审慎监管工具描述性措辞，来反映金融市场系统性风险和中央银行的政策意图。

20世纪70年代金融危机、东南亚金融危机以及2008年金融危机等一系列危机的爆发，不仅干扰全球金融市场的稳定发展甚至侵蚀实体经济的发展根基，进而引发世界经济衰退，系统性风险影响经济金融稳定发展。为减少系统性金融风险，降低金融危机，同时增强金融系统的整体稳健性，减少经济波动，宏观审慎监管作为事前监管方式应运而生。

### 1. 宏观审慎监管工具

中央银行在应对金融危机的历史潮流中，得出系统性风险会引发金融危机，要减少金融危机发生，实现金融稳定，离不开事前监管方式宏观审慎监管的合理应用。宏观审慎监管主要依赖系列宏观审慎监管工具的统筹应用。

宏观审慎监管工具通过在时间维度上限制风险的过度顺周期性和空间维度上的过度部门联动，以达到抑制风险的顺周期积累性以及减少风险敞口的部门相似性。在时间维度上，其要求金融机构实行"逆周期"交易来控制甚至降低金融体系的顺周期性。在空间维度上，为控制甚至降低某一特定时间点上金融机构间的关联程度和共同风险暴露，要求金融机构采取措施应对市场失效（Crockett，2000）。宏观审慎监管工具在时间维度或空间维度上进行管理，实现金融体系整体的平衡和有效。

### 2. 宏观审慎监管工具的分类

宏观审慎监管工具通过抑制系统性风险形成的根源，减少系统性危机爆发的可能性，以实现金融系统的整体稳定。系统性危机形成的根源包括过度杠杆化、流动性缺失、资产泡沫破裂，将定位于抑制危机产生根源的宏观审慎监管工具相对应分为降低过度杠杆化的监管工具、提高流动性管理的监管工具、防范信贷等风险的监管工具，故宏观审慎监管工具包括杠杆性、流动性以及风险性三个类别，其分类逻辑如图4-7所示。

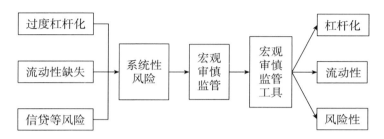

**图4-7　宏观审慎工具分类逻辑**

## 二、提取观测指标

宏观审慎监管工具要求金融机构实行逆周期的最低资本要求和资本缓冲以及采用更稳健的拨备方式，来增强金融体系抵御风险的能力，达到跨周期的贷款投放以及平滑经济波动的目标。宏观审慎监管工具使用的目的是减少系统性危机，针对的对象是金融机构。目前我国三大主要金融行业分别是银行业、证券业、保险业。

在杠杆性方面：就银行业来说，为降低杠杆率风险的宏观审慎指标主要包括资本充足率、贷款损失拨备等；就证券业来说，为降低杠杆率风险的宏观审慎指标主要包括保证金等；就保险业来说，为降低杠杆率风险的宏观审慎指标主要包括资本充足率。

在流动性方面：就银行业来说，为维护流动性降低系统性风险爆发的宏观审慎指标主要包括了流动性、期限错配、不良贷款率等；就证券业来说，为维护流动性降低系统性风险爆发的宏观审慎指标主要包括了流动性、筹融资市值等；就保险业来说，为维护流动性降低系统性风险爆发的宏观审慎指标主要包括了流动性、资产负债匹配、偿付能力、保险收入与支出等。

在风险性方面：对于银行业、证券业和保险业这三个行业来说各类透露出可能爆发金融危机的风险主要包括信贷风险、潜在风险、表外风险等。

观测指标如图 4 - 8 所示。

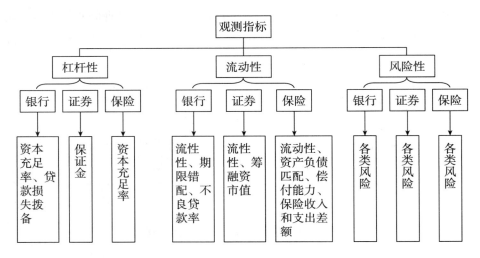

**图 4 - 8　观测指标**

确定上述观测指标后，对观测指标的不同描述性质进行定量统计。根据观测指标描述的性质将对应的词汇进行赋值，统计文本中出现特定词汇（观测指标）的次数，通过次数实现报告文本数值量化。在词性描述方面进行以下定义：当文中表明某个指标正朝着更加利好或该指标正处于符合宏观审慎要求时，将该指标记为 " + 1 "（也称正方向指标）。相反，当文中表明某个指标正朝着恶化或者是该指标并不处于符合宏观审慎要求时，将该指标记为 " - 1 "（也称负方向指标）。将文本中出现的观测指标根据不同的词性分别统计出现次数，即统计正方向指标出现的频数、负方向指标出现的频数。

对 2005 ~ 2016 年发布的《中国金融稳定报告》进行统计，" + 1 " 出现频次以及 " - 1 " 出现频次结果如图 4 - 9 所示。

将文本《中国金融稳定报告》量化为指数时，对我国 2005 ~ 2016 年公布的金融稳定报告中出现的宏观审慎工具措辞进行词性频数统计。当 " + 1 " 统计频数大于 " - 1 " 统计频数时，即文本中 "宏观审慎监管工具正朝着更加利好或该指标处于符合宏观审慎要求" 的措辞描述多于 "宏观审慎监管工具正朝着恶化或该指标并不处于符合宏观审慎要求" 的措辞描述，此时把文章量化为指数 1，代表中央银行对当前金融环境总体看好。另外，当 " + 1 " 的统

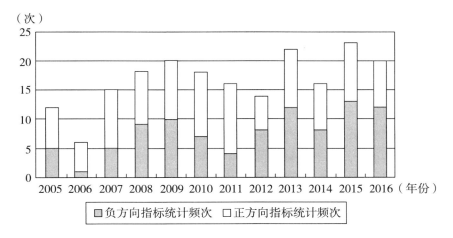

**图4-9　宏观审慎监管工具频次统计**

计频数小于"-1"的统计频数时，将文章量化为指数-1，代表中央银行认为当前的金融环境总体处于低迷阶段。此外，当"+1"的统计频数等于"-1"的统计频数时，把文章量化为指数0，意味着中央银行对当前金融环境并未明确态度，并不能给市场传递相关调节信号。

## 三、金融稳定沟通指数的政策含义分析

金融稳定沟通指数，可以反映中央银行对目前金融环境、金融前景以及潜在风险等方面的总体态度，透露出中央银行在金融市场上的宏观审慎监管动向以及政策意图倾向，对经济主体的金融决策和金融活动提供方向性引导。金融稳定沟通指数的政策含义如表4-2所示。

表4-2　　　　　　　　金融稳定沟通指数的政策含义

| 文本信息 | 数字信息 | 中央银行观点 | 政策倾向 |
|---|---|---|---|
| 金融稳定报告 | +1 | 当前金融市场相对繁荣 | 实施政策避免过度繁荣 |
| | -1 | 当前金融市场相对繁荣 | 实施政策避免持续低迷 |

### （一）宽松的货币政策倾向

前文提到指数-1表示金融市场处于低迷状态或朝着衰弱方向发展，此时金融衰退，并伴随着经济下行，实体经济和金融市场受到较大压力，容易引爆

金融危机（陈雨露、马勇、阮卓阳，2016）。在经济下行和金融衰退环境下：资产价值被低估，金融产品风险被高估，金融中介机构为经济主体提供信用的过程中受到阻力，金融发展压力大。正如哈基奥和基顿（Hakkio & Keeton，2009）总结的金融压力大时市场普遍对资产的基本价值和预期收益失去信心，资产价格下滑，价格波动加剧，风险资产和流动性资产价格暴跌，资金转而追逐低风险资产和高流动性资产。经济主体倾向追求国债，加剧市场中资金的短缺，导致信贷的中断。为缓解信贷紧缩，平滑经济波动，中央银行对银行等金融机构将降低资本要求。因此，中央银行为刺激经济金融发展，会采取宽松货币政策倾向。具体机制如图 4 - 10 所示。

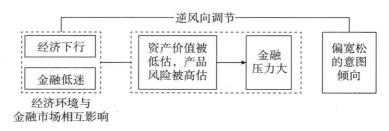

**图 4 - 10　宽松货币政策倾向形成机制**

### （二）紧缩的货币政策倾向

当文章量化为指数 1 时，意味着经济处于上行期，金融市场相对繁荣。经济环境和金融环境相对乐观时，金融资产价值被高估，金融产品风险被低估（李妍，2009）。金融市场中存在着过度放贷和过度融资的情况，此时中央银行为防止系统性风险继续累积放大，趋向采取偏紧的政策倾向。正如货币政策执行报告所言：在经济处于快速增长阶段时，中央银行会增加银行等金融机构的拨备和资本要求，以加强风险防范，防止过度信贷和过度低估金融资产风险。具体机制由图 4 - 11 所示。

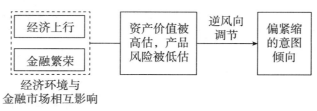

**图 4 - 11　紧缩货币政策倾向形成机制**

## 四、金融稳定沟通指数与其他类型经济指数的相关性分析

### (一)金融稳定沟通指数与宏观经济预警指数变动趋势

经济预警指数是在经济运行过程中,通过对经济的发展变化进行预测,能够反映未来经济走势,经济预警指数低代表经济低冷,高则代表经济高涨。

经济下行时期,经济环境低迷、经济发展趋势放慢,经济预警指数趋于下降。同时,金融环境低迷,金融市场中的各类监管指标达到监管要求,这说明,宏观经济预警指数与描述金融市场系统性风险大、各类监管指标并不符合监管要求的词语出现次数(-1统计数)在变化趋势上大体相反。这是因为,当经济下行时期,金融市场环境走向低迷,经济预警指数走低,监管指标大部分不符合监管要求;相反,当经济上行时期,金融环境发展繁荣,经济预警指数走高,监管指标绝大多数处于监管范围甚至处于质量的监管状态中。

图4-12显示了金融稳定沟通指数与宏观经济预警指数的变动趋势。2008年爆发的金融危机波及我国经济环境和金融市场,随着部分企业的倒闭,失业人数增加,经济发展面临"瓶颈",金融环境走向低迷,系统性金融风险较大,微观经济主体的金融活动受到干扰,金融市场中多数宏观监管指标并不符

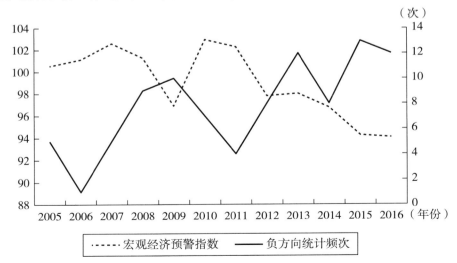

图4-12 金融稳定沟通指数与宏观经济预警指数变动趋势

合要求。2009 年下半年，我国逐步摆脱金融危机带来的负面影响，经济实现增长，信贷规模逐步扩大，资金短缺现象逐步缓解，金融市场系统性风险出现下降。2011 ~ 2012 年，许多中小企业倒闭，企业的投融资情绪出现下降，经济发展遭遇阻碍，金融市场发展压力持续上升，系统性金融风险不断攀升。2015 年我国经济进行了重大改革，"一带一路"倡议、"长江经济带"战略和"京津冀协同发展"战略等的实施，拉动市场投资需求，经济实现小幅度增长。总体来说，我国的宏观经济预警指数与负方向描述统计数在各个年份间的变化趋势大体呈现相反关系。

根据金融稳定沟通指数与宏观经济预警指数的关系图，可以看出所构建的金融稳定衡量指标与经济发展环境整体吻合，该指标可以透露金融市场整体发展情况和变化趋势。

### （二）金融稳定沟通指数与金融压力指数变动趋势的关系

金融压力指数是指由一系列能够反映金融体系各个子系统压力情况的指标综合而成的复合型指数。金融压力指数越大，代表系统性金融风险越大；相反，金融压力指数越小，意味着系统性金融风险越小。当数值大于临界值时，表示此阶段处于需要关注的高风险阶段或是金融危机阶段。

金融压力指数与反映金融市场低迷的金融稳定沟通指数应当同方向发展。这是因为，金融市场系统性风险较大时，金融压力指数较大，监管指标描述多数围绕监管不符合要求展开；而系统性风险较小时，金融压力指数较低，关于监管指标不符合监管要求的描述性词语相对比较少。

图 4 - 13 显示了金融稳定沟通指数与金融压力指数变动趋势的关系。从金融市场来看，2002 ~ 2007 年是我国金融市场的开始发展阶段，此阶段金融市场受内外部冲击较小，金融市场上的波动相对平缓，金融压力整体较小，宏观审慎监管各类指标多数处于中央银行监管范围内。2007 年 6 月至 2008 年，美国爆发次贷危机，进而引发波及全球的金融危机，此时我国金融市场受到传染并且处于动荡之中，金融压力和系统性风险不断攀升。随后，为应对国际金融对我国的不利影响，中央银行采取极度宽松的刺激性政策，金融市场压力逐步缓解。2012 年，我国互联网金融的发展迅速，金融产品收益率远大于银行定期存款利率，资金由银行部门投向互联网金融公司。自 2014 年下半年，政府逐渐鼓励资本投向股票市场，各项投资利好政策的不断出台，促使"杠杆牛

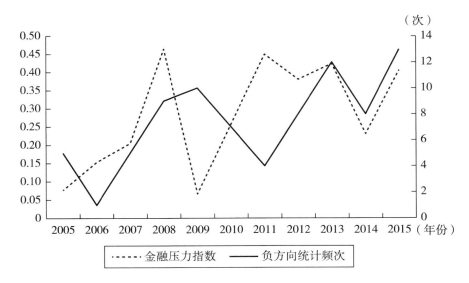

**图 4 - 13　金融稳定沟通指数与金融压力指数变动趋势的关系**

市"出现。此时沪、深两市单日成交额和创业板中小指数过度攀升,股票市场过度繁荣,金融压力不断积压。根据金融稳定沟通指数与金融压力指数的关系,可以看出该指数与金融压力变化相吻合。

### (三) 金融稳定沟通指数与消费者信心指数变动趋势

消费者信心指数是消费者对于经济环境信心强弱程度的反映,能够体现消费者关于经济的看法以及购买意向,不仅与当下的景气状况高度相关,也涉及经济未来走势的预期。消费者信心指数下降时,意味着消费下降,经济走弱,金融形势走低,消费者对未来经济预期较悲观。

经济环境下行时,消费者较悲观,消费有所下降,消费者信心指数较低,经济发展程度与消费者信心指数在一定程度内具有相同发展趋势。经济环境与金融环境属于相互作用关系,经济下行时,金融市场衰退,金融压力上升,此时消费者信心指数趋于下降,反映金融市场低迷的金融稳定指数应与消费者信心指数反方向发展。实际上意味着,金融环境低迷时,消费者信心指数下降;金融环境繁荣时,消费者信心指数趋于上升。

经济下行时期,消费者信心指数与刻画金融市场系统性风险大、各类监管指标并不符合监管要求的词语出现次数的金融稳定沟通指数在变化趋势上大体相反。

图 4 - 14 显示了金融稳定沟通指数与消费者信心指数变动趋势的关系。就我国经济发展而言，2006～2007 年我国的消费结构和产业结构加快升级，经济体制改革和消费经济结构升级引导内生经济增长活力进一步增强，市场中微观经济主体的投资和消费情绪高涨，此时的金融市场中的系统性风险较小，金融市场呈现欣欣向荣的景象。2008～2009 年美国次贷危机引发的金融危机对我国经济产生不利影响，消费者情绪受严重打击，我国金融市场发展由此走向低迷，资金流动性严重不足，金融体系中的系统性风险维持高峰状态。2010年，中央把经济发展重点放在促进经济发展方式的转变，把改善民生和发展社会事业作为扩大内需、调整经济结构的重点，投资者和消费者对经济发展乐观情绪看涨，经济环境和金融市场实现发展。2014 年，我国经济全面深化改革，为经济社会发展注入强大力量支撑，带动公众情绪高涨和金融市场发展。总体来说，消费者信心指数与金融稳定沟通指数呈现相反关系，这与本章构建原理相符合。

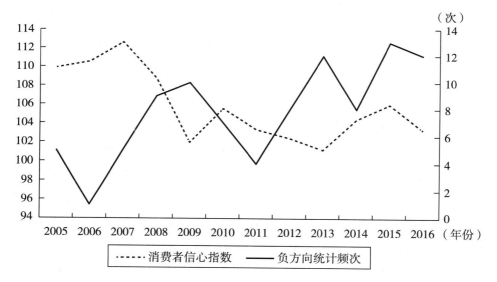

**图 4 - 14　金融稳定沟通指数与消费者信心指数变动趋势的关系**

综上所述，本章所构建的金融稳定沟通指数能够较好贴合我国经济发展以及吻合金融市场状况，可以客观度量系统性金融风险高低，并且能够较准确识别金融压力时期，为金融风险度量以及预警提供科学依据。

# 第四节　金融稳定沟通市场效应的实证分析

本章采用纳尔逊（Nelson，1991）提出的 ARCH 模型的扩展模型——EGARCH 模型，针对金融市场中的国债市场、股票市场、外汇市场的收益情况和波动情况进行分析。之所以采用 EGARCH 模型，是由于模型能够修正偏态、尖峰态和资产价格的随时间波动性，而且在条件方差中不需要对右端系数进行非负的限制。本章借鉴了克莱森和施密德（Kliesen & Schmid，2004）的思路，加入了两个控制因素来解决遗漏变量的问题：一个因素是宏观经济信息意外成分；另一个因素是货币政策意外成分。另外，由于股票市场存在着星期效应（李勇斌，2009；王如丰，2009），故在股票市场的条件均值方程中加入了日期工具变量。本章采用相对高频的日度数据进行分析，主要是由于日度收益率的变化不会立即反过来影响前瞻性的货币政策决策，可以避免内生性的问题（张强、胡尚荣，2013）。由于信息对公众的影响并非只在信息发布日存在影响，某类信息对公众行为的影响会持续一定的时间。

EGARCH 模型包括均值方程和方差方程两部分，其中，均值方程可以用来度量中央银行金融稳定指数对金融市场收益率水平量的影响，方差方程可以度量中央银行金融稳定指数对收益率波动性的影响。

均值方程构建如下：

$$x_t = a + mx_{t-1} + \beta FSR + pGDP + rZL + \varepsilon_t \tag{4.1}$$

式（4.1）中，$x_t$ 表示 $t$ 时刻的利率，$x_{t-1}$ 表示 $t-1$ 时刻的利率，$FSR$ 表示根据金融稳定报告构建的金融稳定沟通指数，$GDP$ 表示宏观经济信息意外成分，$ZL$ 表示货币政策信息意外成分。由于信息对公众预期的影响是逐渐修正的过程，预期影响行为主体的微观金融活动会在持续一段时间内产生持续性影响，故信息指数不仅在公布日当天存在，在发布日后一定的时间内都存在。$\varepsilon_t$ 为随机残差项，表示影响利率的其他因素，服从均值为 0，方差为 $\sigma_t$ 的正态分布。

假设 $\varepsilon_t = \sqrt{\sigma_t} V_t$，其中，$v_t$ 独立同分布，服从标准正态分布 EGARCH 模型的条件方差方程由此表示为：

$$\ln(\sigma_t) = b + n\left(\frac{\varepsilon_t}{\sqrt{\sigma_{t-1}}} - \sqrt{\frac{2}{\sigma_{t-1}}}\right) + q\left(\frac{\varepsilon_{t-1}}{\sqrt{\sigma_{t-1}}}\right) + c\ln(\sigma_{t-1}) + gFSR + oGDP + yZL$$

$$(4.2)$$

式（4.2）中，考虑到宏观经济信息意外和货币政策决定意外这两类信息对资产价格存在着重要影响，一定程度影响国债市场、股票市场、外汇市场的收益情况和波动情况，所以加入了宏观经济信息意外成分和货币政策信息意外成分这两个控制变量，尽量减少其他因素对金融市场的影响。

宏观经济信息意外采用 GDP 增长率的意外成分来衡量。GDP 增长率的意外成分用 GDP 的实际增长率减去市场预期增长率。其中，GDP 的实际增长率为国家统计局公布的 GDP 数据相对于上一年度同期 GDP 的增长率，GDP 的市场预期值采用的是北京大学中国宏观经济研究中心公布的朗润预测数据，然后把 GDP 的实际增长率和预期增长率进行标准化后的数据作为意外成分。国家统计局公布的 GDP 数据有一个具体日期，在公布日的数据为所计算出来的意外成分，假如公布日并没有对应三大市场的交易日，则计入下一交易日。

货币政策意外采用的是准备金和存贷款利率的调整来衡量。如果当天公布准备金调整和存贷款利率调整的公告，对应了三大市场的交易日，则当天的货币政策意外取公布的调整幅度；如果并没有对应三大市场的交易日，则把准备金调整数据计入下一交易日。

# 一、金融稳定沟通递减效应的实证分析

## （一）国债市场

### 1. 数据的选择

为了研究中央银行金融稳定沟通对国债收益率的影响，在万得数据库中提取 2005～2016 年的国债收益率，本章采用 2 月期、3 月期、6 月期、9 月期、12 月期 5 个不同期限的国债到期收益率来表示国债市场利率，分别用 $interest2$、$intereste3$、$interest6$、$interest9$、$interest12$ 来表示。

### 2. 数据描述

我们首先对数据进行描述性分析，以便于更好判断数据的分布特征以及适用的回归模型。涉及的检验主要有正态检验、单位根检验以及异方差检验。描述性分析能够掌握数据和研究对象的基本特征，并且在此基础上能够选择适合的模型和分布，提高计量结果的准确度。模型建立的前提是避免"伪回归"现象的发生，因此，在进行实证回归前，需要对数据的平稳性进行检验。在对股票收益率等金融收益率建立模型时，由于模型中随机扰动项经常在较大幅度波动后再次出现较大幅度波动，而在较小幅度波动后面再次出现较小幅度波动，因此，对金融收益率建立模型时通常需要选择条件异方差模型。

对解释变量进行以上三方面的数据检验，结果显示：国债收益率并不完全符合正态分布，并且国债市场上的数据存在一阶自相关现象。在回归过程中，需要进行一阶差分处理，而针对变量出现的尖峰和厚尾现象，采用 T 分布。由于各个期限的检验结果相似，故以 2 月期国债收益率检验为例，图 4 – 15 以及表 4 – 3 是 2 月期国债收益率的修正前的检验结果，图 4 – 16 以及表 4 – 4 是修正后的检验结果。

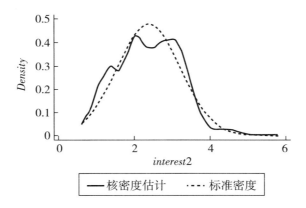

图 4 – 15　正态检验

表 4 – 3　　　　　　　　　　　　　KPSS 检验

| 滞后阶数 | 检验统计量 |
| --- | --- |
| 0 | 0.11 |
| 1 | 5.51 |
| 2 | 3.69 |
| 3 | 2.77 |
| 4 | 2.22 |
| 5 | 1.86 |
| 6 | 1.6 |

续表

| 滞后阶数 | 检验统计量 |
|---|---|
| 7 | 1.4 |
| 8 | 1.25 |
| 9 | 1.12 |

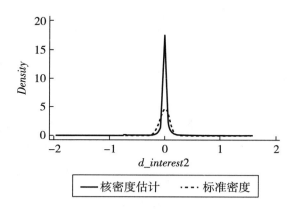

**图 4 – 16　修正后正态检验**

**表 4 – 4　　　　　　　　　修正后 KPSS 检验**

| 滞后阶数 | 检验统计量 |
|---|---|
| 0 | 0.0421 |
| 1 | 0.0412 |
| 2 | 0.039 |
| 3 | 0.0385 |
| 4 | 0.039 |
| 5 | 0.0407 |
| 6 | 0.0419 |
| 7 | 0.0438 |
| 8 | 0.0449 |
| 9 | 0.0459 |

### 3. 实证结果

将解释变量 $interest2$、$intereste3$、$interest6$、$interest9$、$interest12$ 分别引入模型，并限制模型在服从 T 分布的情况下进行回归。根据 EGARCH 模型的均值

方程，估计出均值方程的各个系数，如表4-5所示。

表4-5 国债市场均值方程回归结果

| 利率 | 均值方程 | | | | | |
|---|---|---|---|---|---|---|
| | FSR | | ZL | | GDP | |
| | 系数 | P值 | 系数 | P值 | 系数 | P值 |
| *interest*2 | 0.0075895 *** | 0.005 | 0.0057911 | 0.226 | -0.003185 | 0.913 |
| *interest*3 | 0.0039101 | 0.220 | 0.100991 ** | 0.035 | -0.0126323 | 0.501 |
| *interest*6 | 0.0015931 | 0.611 | 0.0106408 ** | 0.011 | 0.03493 | 0.155 |
| *interest*9 | 0.0004974 | 0.859 | 0.01585578 *** | 0.000 | -0.0044015 | 0.812 |
| *interest*12 | 0.0047151 ** | 0.039 | 0.023542 *** | 0.000 | 0.0010345 | 0.952 |

注：**、*** 分别表示在5%、1%的水平上显著。

从均值方程来看：金融稳定沟通指数的系数和货币政策信息意外系数存在显著情况，这表明中央银行通过发布金融稳定信息和货币政策信息能够更新公众的信息源，修正公众预期，引导公众金融活动，对国债收益率产生合乎中央银行意图的变动，故金融稳定信息和货币政策信息影响国债市场的信号渠道是相对通畅的。其中，金融稳定沟通指数的系数为正，正向关系表明：中央银行紧缩性意图的金融稳定沟通能够提高国债券的收益率，宽松性意图的金融稳定沟通会降低国债券的收益率，债券的收益率会朝着中央银行的意图一致性变化；货币政策信息意外的系数为正，这说明中央银行的货币政策信息也能对金融市场产生影响，当中央银行发布提高准备金率或利率等紧缩性货币政策信息时，国债收益率会提高；而宏观经济信息意外的系数有正有负，且显著性水平不高，这表明该类信息对金融市场的影响力度不明显，这可能主要与中央银行传达的信息对金融市场的针对性描述相对较少有关，此时不足以引起公众预期的变化。

中央银行的金融稳定沟通能够对债券市场符合预期，实质上是金融稳定信息基于信号渠道对国债市场产生影响的过程相对通畅，可以具体概括为以下三方面原因。第一，债券市场规范程度较高。我国债券市场具有悠久的发展历史、完善化的制度、完备的执行程序，这为债券的投融资活动提供有利环境。债券市场上，沟通作用债券收益率过程中受到干扰因素少。第二，债券受控制程度高。我国债券主要有国家债券、政府债券、金融债券等，在这几类债券中，占据主导地位的是国家债券，风险性低，安全性高，流动性强，受国家的控制效果最好。国家的公信力和权威性在债券市场上强有力。第三，剔除时间因素和通胀因素，债券是具有稳定性收益的投资方式。债券发行时，规定票面利率和票面价值，直接决定债券的固定利息收入和持有至到期时的资金收入。剔除时间因素和通胀因素影响后，债券是具有稳定性收益的投资方式。

### （二）股票市场与外汇市场

#### 1. 股票市场

股票市场中，均值方程中的收益率采用上证指数收益率，数据来源万得数据库，用 *rate* 来表示。在模型回归前，首先对 *rate* 进行检验（正态检验、单位根检验、异方差检验），结果显示，收益率并不完全符合正态分布，并存在一阶自相关现象；接着对数据进行修正（一阶差分处理），差分处理后数据呈现出尖峰和厚尾现象。针对数据的尖峰与厚尾现象，令其服从 T 分布，模型回归结果如表 4-6 所示。

表 4-6　　　　　　　　股票市场均值方程回归结果

| | | | |
|---|---|---|---|
| 均值方程 | *FSR* | 系数 | -0.1355917 |
| | | P 值 | 0.427 |
| | *GDP* | 系数 | -1.668013 |
| | | P 值 | 0.178 |
| | *ZL* | 系数 | 0.2271671 |
| | | P 值 | 0.530 |
| | D1 | 系数 | 0.0979515 |
| | | P 值 | 0.209 |
| | D2 | 系数 | -0.0365444 |
| | | P 值 | 0.603 |
| | D3 | 系数 | 0.0298794 |
| | | P 值 | 0.668 |
| | D4 | 系数 | -0.2425869 [***] |
| | | P 值 | 0.001 |

注：*** 表示在 1% 的水平上显著。

从均值方程来看，股票市场中，金融稳定沟通对收益率系数符号为负，且不显著，这表明金融稳定沟通通过利率然后作用于股票市场的实质性效果并不大，紧缩性意图的金融稳定沟通和宽松性意图的金融稳定沟通对股票市场的影响并没有得到足够的反映。回归结果显示，中央银行信息对股票市场收益率的影响并不显著，反而股票市场独有的星期效应对收益率产生显著性的影响。

金融稳定沟通对国债市场影响渠道相对通畅，但国债市场基于基础利率对股票市场的影响效果并不理想，一方面，由于信息传递效果中会受市场分割性影响，国债市场和股票市场间的分割性导致信息传递的不充分和预期形成的不显著；另一方面，与股票市场自身因素有关，包括市场机制、参与者、国家公信力形象等因素。我国的股票市场机制发展不算完善，主要投资者为机构投资者，散户投资者所占的比例较少，导致股票市场的收益率容易受投资机构的投机性影响。此外，国家公信力在股票市场上相对不足，中央银行发布的金融信息在股票市场上的接受程度不高，直接影响沟通信息在股票市场上的反应程度。

**2. 外汇市场**

在外汇市场条件均值方程中收益率采用的中国与美国的交换汇率来表示，数据来源于万得数据库，用符号 $EC$ 来表示。对变量 $EC$ 进行正态检验、单位根检验、异方差检验，根据检验结果对数据进行修正，针对修正数据进行回归。最终，模型的回归结果如表 4－7 所示。

表 4－7　　　　　　　外汇市场均值方程回归结果

| 均值方程 | FSR | 系数 | －0.0002853 |
| --- | --- | --- | --- |
| | | P 值 | 0.668 |
| | GDP | 系数 | 0.0008858 |
| | | P 值 | 0.661 |
| | ZL | 系数 | －0.0002516 |
| | | P 值 | 0.575 |

均值方程显示，在外汇市场中，金融稳定沟通对收益率系数为负但不显著，这表明了仅通过紧缩性的金融稳定沟通能够引起汇率下降，但效果却不明显。在金融市场相对稳定和国际环境相对安定的情况下：当中央银行实施紧缩性的金融稳定沟通后，基础利率会上升，一方面，引起国内经济主体将更多的资金投向货币市场，货币市场投资热情高涨而外汇市场投资趋于平静；另一方面，基于对高收益的追求，国外资金更多流入国内市场，对人民币需求增大，

直接或间接地引起人民币币值上升，交换汇率趋于下降。但现实中，基于经济全球化和金融国际化的背景下，外汇市场受到多方面因素干扰，而汇率是综合因素影响的结果，中央银行的货币政策倾向通过基础利率向外汇市场传递信息的过程中，会受到其他因素的作用，最终对汇率贡献力度相对较小。货币政策沟通作用效果与金融稳定沟通作用效果比较相似，而宏观经济信息沟通由于传递信息对金融市场的针对性不强表现出的效果并不理想。

金融稳定沟通对国债收益率产生一定影响，而国债收益率作为基础利率对汇率的引导效果却不理想。一方面，汇率是综合因素影响而形成的，受到金融稳定沟通影响的基础利率只是影响汇率的众多因素之一，此外还包括国家的经济情况和其他国家特别是美国经济状况等国内外因素的影响。近些年来，我国的外汇市场开放性程度越来越高，影响其他国家外汇市场，但同时受到其他国家影响，这意味着汇率的升值或贬值并不直接取决于我国的经济金融情况，还会受到其他国家重大变故的干扰。另一方面，对外汇市场参与者来说，其市场上的投资者更多依靠自身所拥有的外汇知识，受中央银行透露信息的影响比较少。中央银行发布的金融市场信息通过沟通渠道传递到外汇市场时被公众接受的力度较小，这实质上表明中央银行金融稳定信息从国债市场到外汇市场传递过程中存在着遗失现象。

金融稳定沟通能够对基础金融市场国债市场产生影响，引导国债市场收益率朝着中央银行预期方向发展；而金融稳定沟通对股票市场和外汇市场的影响并不存在明显效果，金融稳定信息并不足以引起公众足够的金融反映。这表明通过沟通渠道传递的金融信息在国债市场上容易被公众接受，而连接国债市场、股票市场和外汇市场的利率渠道在现实生活中容易受到其他因素干扰，信息在金融市场间传递时存在受阻现象，导致中央银行金融稳定沟通通过国债市场再对股票市场和外汇市场产生影响的效果并不理想。实际上，这直接表明金融稳定沟通对国债市场的影响效果要比金融稳定沟通在股票市场和外汇市场上产生的效果更好，即中央银行金融稳定沟通对金融市场存在着明显的递减效应。

## 二、金融稳定沟通非对称性效应的实证分析

目前大部分文献在研究中央银行沟通对国债市场波动率影响时，仅围绕沟通能否降低国债市场收益率这个目标来进行，并未根据政策意图的不同划分为

紧缩性和宽松性沟通。事实上，中央银行沟通作为非传统性货币政策工具，沟通意图的不同会导致经济主体预期的差异性，并会对国债市场波动性产生影响。

EGARCH 模型方差方程将当天发布《中国金融稳定报告》细分为 +1（紧缩性政策意图）、−1（宽松性政策意图），得到的回归结果如表 4-8 所示。

表 4-8　　　　　　　　国债市场方差方程回归结果

| 利率 | 均值方程 | | | | | |
|---|---|---|---|---|---|---|
| | FSR | | ZL | | GDP | |
| | 系数 | P 值 | 系数 | P 值 | 系数 | P 值 |
| interest 2 | − 0. 1606079 * | 0. 093 | − 0. 6278303 *** | 0. 008 | 0. 0314303 | 0. 976 |
| interest 3 | − 0. 1679854 ** | 0. 039 | − 0. 6132542 *** | 0. 008 | − 0. 6949397 | 0. 508 |
| interest 6 | − 0. 1264014 ** | 0. 046 | 0. 0045513 | 0. 983 | − 0. 4200987 | 0. 662 |
| interest 9 | − 0. 2170179 *** | 0. 009 | 0. 2059401 | 0. 433 | − 2. 16246 ** | 0. 048 |
| interest 12 | − 0. 0800035 | 0. 332 | − 0. 1754984 | 0. 478 | − 0. 1640516 | 0. 150 |
| interest 24 | − 0. 2367554 *** | 0. 009 | − 0. 4681361 * | 0. 075 | 0. 0991905 | 0. 935 |

注：*、**、*** 分别表示在 10%、5%、1% 的水平上显著。

从方差方程结果来看，金融稳定沟通的波动率系数为负，显著性水平高，这表明紧缩性的沟通能够降低债券的波动率，维持整个债券市场稳定，而扩张性的沟通会加剧债券市场的波动，并不能在一定程度上保证债券平稳性发展；货币政策信息意外成分能对国债市场的波动率产生相对应的影响，但其表现出的影响稳定性不如金融稳定沟通；宏观经济信息意外成分由于公布的信息内容涉及面广，对金融市场针对性不强，在影响国债市场波动率方面明显不如其他两类沟通信息。

紧缩性和宽松性意图的金融稳定沟通对国债市场波动率的影响存在着方向性的差异主要有以下两方面原因。一方面，与市场参与者的心理因素有很大关系。行为金融学表明，当人们处于损失的状态下，对于风险反而是属于追求的，区别与在受益情况下的风险规避心理，体现的是一种风险的非对称性。另一方面，这种现象与信用分配有关。当中央银行透露出宽松性意图时，会促使金融市场的信用分配，信用的过度分配容易导致金融风险的累积和释放，影响到金融体系配置信贷资金的效率，从而引起债券收益率的波动。

## 三、结果验证

前文研究指出，紧缩性意图的金融稳定沟通能够引导国债市场收益率上升，而宽松性意图的金融稳定沟通会引起国债收益率下降。为了刻画这一变化趋势，我们将金融稳定沟通日前和沟通日后的国债利率进行对比。

图 4 - 17、图 4 - 18 是紧缩性金融稳定沟通（以 2005 年为例）前后一段期间内 2 月期、3 月期、6 月期、9 月期、12 月期国债收益率变化图。

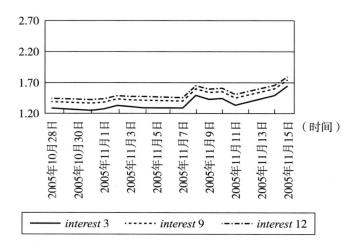

**图 4 - 17　金融稳定信息发布前国债收益变化**

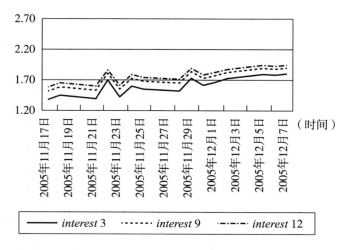

**图 4 - 18　金融稳定信息发布后国债收益变化**

　　从图4－17、图4－18趋势对比可以看出，在2005年金融稳定沟通信息发布后国债收益水平相对于未发布金融稳定信息前国债收益水平有上升的趋势，另外，其他紧缩性沟通的年份也大致符合这种发展趋势。可以说，紧缩性的金融稳定沟通确实能够引导国债收益率的提升。

　　图4－19、图4－20是扩张性金融稳定沟通（以2013年为例）前后一段期间内2月期、3月期、6月期、9月期、12月期国债收益率变化图。

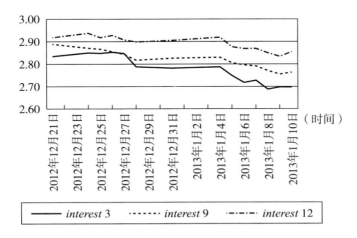

**图4－19　金融稳定信息发布前国债收益变化**

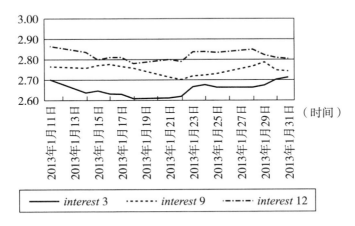

**图4－20　金融稳定信息发布后国债收益变化**

　　由图4－19、图4－20可以看出，宽松性意图的金融稳定信息发布后，国债收益有下降趋势，并且波动幅度增大。其他宽松性意图的金融稳定沟通年份也大致呈现了这样一种下降趋势。可以说，宽松性意图的金融稳定沟通会引导国债利率下降。

前文研究得出紧缩意图的金融稳定沟通能够降低国债市场波动率，而宽松性意图的金融稳定沟通对降低国债收益率并无明显作用，反而会在一定程度上引起波动率上升。也就是说，紧缩性意图的金融信息发布后的国债市场波动率相对日前未发布信息时国债市场波动率要小；宽松性意图的金融信息发布后的国债市场波动率相对日前未发布信息时国债市场波动率要大，所以通过比较沟通事件前后波动率的具体变化情况可以对该结论进行论证。根据时间窗口，把沟通事件发生的当天定为基准日，计算基准日前两天、前三天、前四天的波动率，再计算基准日后两天、后三天、后四天的波动率，比较波动率在沟通事件发生前后的变化情况。为了尽量排除货币政策信息发布、货币政策操作等因素对国债波动率的影响，故把时间长度控制在沟通事件前后很短的时间范围内，以考察金融稳定沟通对波动率影响。

在紧缩性意图沟通年份，计算1月期、2月期、3月期、6月期、9月期、12月期6个期限沟通基准日前后一定时间内的国债波动率，结果如表4-9所示。

**表4-9　　　　　　　紧缩性意图沟通前后的国债波动情况**

| 年份 | 1个月 | | 2个月 | | 3个月 | | 6个月 | | 9个月 | | 12个月 | |
|---|---|---|---|---|---|---|---|---|---|---|---|---|
| 2005 | 2天前 | 0.0513 | 2天前 | 0.0488 | 2天前 | 0.0464 | 2天前 | 0.0395 | 2天前 | 0.0333 | 2天前 | 0.0277 |
| | 2天后 | 0.0026 | 2天后 | 0.0025 | 2天后 | 0.0025 | 2天后 | 0.0014 | 2天后 | 0.0024 | 2天后 | 0.0023 |
| | 3天前 | 0.0256 | 3天前 | 0.0244 | 3天前 | 0.0232 | 3天前 | 0.0198 | 3天前 | 0.0167 | 3天前 | 0.0140 |
| | 3天后 | 0.0014 | 3天后 | 0.0014 | 3天后 | 0.0014 | 3天后 | 0.0014 | 3天后 | 0.0013 | 3天后 | 0.0012 |
| | 4天前 | 0.0236 | 4天前 | 0.0228 | 4天前 | 0.0219 | 4天前 | 0.0197 | 4天前 | 0.0177 | 4天前 | 0.0158 |
| | 4天后 | 0.0236 | 4天后 | 0.0229 | 4天后 | 0.0222 | 4天后 | 0.0202 | 4天后 | 0.0183 | 4天后 | 0.0165 |
| 2006 | 2天前 | 0.0001 | 2天前 | 0.0001 | 2天前 | 0.0001 | 2天前 | 0.0003 | 2天前 | 0.0000 | 2天前 | 0.0000 |
| | 2天后 | 0.0000 | 2天后 | 0.0000 | 2天后 | 0.0000 | 2天后 | 0.0000 | 2天后 | 0.0000 | 2天后 | 0.0000 |
| | 3天前 | 0.0001 | 3天前 | 0.0000 | 3天前 | 0.0001 | 3天前 | 0.0009 | 3天前 | 0.0000 | 3天前 | 0.0000 |
| | 3天后 | 0.0000 | 3天后 | 0.0000 | 3天后 | 0.0000 | 3天后 | 0.0000 | 3天后 | 0.0001 | 3天后 | 0.0000 |
| | 4天前 | 0.0001 | 4天前 | 0.0000 | 4天前 | 0.0001 | 4天前 | 0.0008 | 4天前 | 0.0002 | 4天前 | 0.0000 |
| | 4天后 | 0.0000 | 4天后 | 0.0000 | 4天后 | 0.0000 | 4天后 | 0.0000 | 4天后 | 0.0000 | 4天后 | 0.0000 |
| 2007 | 2天前 | 0.0001 | 2天前 | 0.0000 | 2天前 | 0.0001 | 2天前 | 0.0000 | 2天前 | 0.0001 | 2天前 | 0.0000 |
| | 2天后 | 0.0002 | 2天后 | 0.0002 | 2天后 | 0.0001 | 2天后 | 0.0000 | 2天后 | 0.0000 | 2天后 | 0.0000 |
| | 3天前 | 0.0004 | 3天前 | 0.0004 | 3天前 | 0.0001 | 3天前 | 0.0003 | 3天前 | 0.0002 | 3天前 | 0.0002 |
| | 3天后 | 0.0001 | 3天后 | 0.0001 | 3天后 | 0.0001 | 3天后 | 0.0000 | 3天后 | 0.0000 | 3天后 | 0.0000 |

续表

| 年份 | 1个月 | | 2个月 | | 3个月 | | 6个月 | | 9个月 | | 12个月 | |
|---|---|---|---|---|---|---|---|---|---|---|---|---|
| 2007 | **4天前** | **0.0006** | **4天前** | **0.0006** | **4天前** | **0.0003** | **4天前** | **0.0004** | **4天前** | **0.0004** | **4天前** | **0.0003** |
| | **4天后** | **0.0001** | **4天后** | **0.0001** | **4天后** | **0.0001** | **4天后** | **0.0000** | **4天后** | **0.0000** | **4天后** | **0.0001** |
| 2010 | 2天前 | 0.0000 | **2天前** | **0.0001** | **2天前** | **0.0003** | 2天前 | 0.0000 | **2天前** | **0.0001** | **2天前** | **0.0001** |
| | 2天后 | 0.0003 | **2天后** | **0.0000** | **2天后** | **0.0000** | 2天后 | 0.0000 | **2天后** | **0.0000** | **2天后** | **0.0000** |
| | **3天前** | **0.0002** | 3天前 | 0.0000 | 3天前 | 0.0001 | 3天前 | 0.0000 | 3天前 | 0.0000 | 3天前 | 0.0000 |
| | **3天后** | **0.0017** | 3天后 | 0.0000 | 3天后 | 0.0002 | 3天后 | 0.0000 | 3天后 | 0.0000 | 3天后 | 0.0000 |
| | 4天前 | 0.0001 | 4天前 | 0.0000 | 4天前 | 0.0003 | **4天前** | **0.0001** | 4天前 | 0.0001 | 4天前 | 0.0000 |
| | 4天后 | 0.0048 | 4天后 | 0.0003 | 4天后 | 0.0004 | **4天后** | **0.0000** | 4天后 | 0.0000 | 4天后 | 0.0000 |
| 2011 | **2天前** | **0.0580** | **2天前** | **0.0188** | **2天前** | **0.0162** | **2天前** | **0.0181** | **2天前** | **0.0215** | **2天前** | **0.0183** |
| | **2天后** | **0.0014** | **2天后** | **0.0072** | **2天后** | **0.0118** | **2天后** | **0.0141** | **2天后** | **0.0183** | **2天后** | **0.0062** |
| | 3天前 | 0.0384 | 3天前 | 0.0148 | 3天前 | 0.0146 | 3天前 | 0.0166 | 3天前 | 0.0192 | 3天前 | 0.0150 |
| | 3天后 | 0.1269 | 3天后 | 0.0037 | 3天后 | 0.0072 | 3天后 | 0.0046 | 3天后 | 0.0092 | 3天后 | 0.0033 |
| | 4天前 | 0.0286 | 4天前 | 0.0121 | 4天前 | 0.0127 | 4天前 | 0.0141 | 4天前 | 0.0165 | 4天前 | 0.0134 |
| | 4天后 | 0.1410 | 4天后 | 0.0025 | 4天后 | 0.0056 | 4天后 | 0.0031 | 4天后 | 0.0061 | 4天后 | 0.0023 |

注：加粗标注部分表示符合本章研究结果，沟通信息发布日后的国债波动率比沟通信息发布日前的国债波动率小。

在宽松性意图沟通年份，计算 1 月期、2 月期、3 月期、6 月期、9 月期、12 月期这六个期限沟通基准日前后一定时间内的国债波动率，结果如表 4 - 10 所示。

**表 4 - 10　　　　宽松性意图沟通前后的国债波动情况**

| 年份 | 1个月 | | 2个月 | | 3个月 | | 6个月 | | 9个月 | | 12个月 | |
|---|---|---|---|---|---|---|---|---|---|---|---|---|
| 2012 | **2天前** | **0.0000** | 2天前 | 0.0003 | **2天前** | **0.0001** | 2天前 | 0.0000 | **2天前** | **0.0002** | 2天前 | 0.0000 |
| | **2天后** | **0.0002** | 2天后 | 0.0002 | **2天后** | **0.0003** | 2天后 | 0.0000 | **2天后** | **0.0003** | 2天后 | 0.0002 |
| | **3天前** | **0.0007** | 3天前 | 0.0000 | **3天前** | **0.0001** | 3天前 | 0.0001 | 3天前 | 0.0001 | 3天前 | 0.0000 |
| | **3天后** | **0.0026** | 3天后 | 0.0001 | **3天后** | **0.0005** | 3天后 | 0.0000 | 3天后 | 0.0007 | 3天后 | 0.0002 |
| | **4天前** | **0.0015** | 4天前 | 0.0025 | **4天前** | **0.0003** | 4天前 | 0.0001 | 4天前 | 0.0001 | 4天前 | 0.0002 |
| | **4天后** | **0.0167** | 4天后 | 0.0011 | **4天后** | **0.0014** | 4天后 | 0.0000 | 4天后 | 0.0008 | 4天后 | 0.0002 |
| 2013 | 2天前 | 0.0409 | 2天前 | 0.0003 | 2天前 | 0.0035 | 2天前 | 0.0032 | 2天前 | 0.0009 | 2天前 | 0.0003 |
| | 2天后 | 0.0000 | **2天后** | **0.0009** | 2天后 | 0.0045 | 2天后 | 0.0035 | 2天后 | 0.0018 | 2天后 | 0.0024 |
| | 3天前 | 0.0481 | 3天前 | 0.0005 | 3天前 | 0.0058 | **3天前** | **0.0036** | 3天前 | 0.0009 | 3天前 | 0.0008 |
| | 3天后 | 0.0558 | 3天后 | 0.0017 | 3天后 | 0.0036 | **3天后** | **0.0052** | 3天后 | 0.0014 | 3天后 | 0.0013 |
| | 4天前 | 0.0389 | 4天前 | 0.0005 | 4天前 | 0.0061 | 4天前 | 0.0034 | **4天前** | **0.0012** | 4天前 | 0.0009 |
| | 4天后 | 0.0838 | 4天后 | 0.0673 | 4天后 | 0.0140 | 4天后 | 0.0026 | **4天后** | **0.0027** | 4天后 | 0.0009 |

| 年份 | 1个月 | | 2个月 | | 3个月 | | 6个月 | | 9个月 | | 12个月 | |
|---|---|---|---|---|---|---|---|---|---|---|---|---|
| 2015 | **2天前** | **0.0007** | 2天前 | 0.0024 | 2天前 | 0.0028 | **2天前** | **0.0017** | 2天前 | 0.0018 | 2天前 | 0.0022 |
| | **2天后** | **0.0018** | 2天后 | 0.0008 | 2天后 | 0.0002 | **2天后** | **0.0040** | 2天后 | 0.0002 | 2天后 | 0.0016 |
| | **3天前** | **0.0007** | 3天前 | 0.0018 | 3天前 | 0.0018 | **3天前** | **0.0020** | 3天前 | 0.0065 | 3天前 | 0.0067 |
| | **3天后** | **0.0012** | 3天后 | 0.0004 | 3天后 | 0.0001 | **3天后** | **0.0032** | 3天后 | 0.0010 | 3天后 | 0.0009 |
| | 4天前 | 0.0066 | 4天前 | 0.0013 | 4天前 | 0.0066 | 4天前 | 0.0082 | 4天前 | 0.0282 | 4天前 | 0.0268 |
| | 4天后 | 0.0009 | 4天后 | 0.0006 | 4天后 | 0.0009 | 4天后 | 0.0067 | 4天后 | 0.0015 | 4天后 | 0.0008 |
| 2016 | 2天前 | 0.0007 | 2天前 | 0.0001 | **2天前** | **0.0000** | 2天前 | 0.0002 | **2天前** | **0.0000** | 2天前 | 0.0000 |
| | 2天后 | 0.0000 | 2天后 | 0.0001 | **2天后** | **0.0001** | 2天后 | 0.0000 | **2天后** | **0.0003** | 2天后 | 0.0000 |
| | 3天前 | 0.0007 | **3天前** | **0.0000** | 3天前 | 0.0002 | 3天前 | 0.0006 | **3天前** | **0.0001** | 3天前 | 0.0000 |
| | 3天后 | 0.0001 | **3天后** | **0.0004** | 3天后 | 0.0001 | 3天后 | 0.0000 | **3天后** | **0.0002** | 3天后 | 0.0000 |
| | 4天前 | 0.0004 | **4天前** | **0.0002** | 4天前 | 0.0001 | 4天前 | 0.0004 | 4天前 | 0.0001 | 4天前 | 0.0000 |
| | 4天后 | 0.0004 | **4天后** | **0.0008** | 4天后 | 0.0001 | 4天后 | 0.0000 | 4天后 | 0.0001 | 4天后 | 0.0000 |

注：加粗标注部分表示符合本章研究结论，即沟通信息发布日后的国债波动率比沟通信息发布日前的国债波动率大。

根据表4-9以及表4-10的计算结果进行汇总，统计结果如表4-11所示。

表4-11　　　　　　　波动率变动方向统计情况

| 紧缩性意图沟通年份 | 波动率降低 | 波动率提高 | 没有明显变化 |
|---|---|---|---|
| 2005 | 13 | 4 | 1 |
| 2006 | 11 | 1 | 6 |
| 2007 | 12 | 2 | 4 |
| 2010 | 7 | 5 | 6 |
| 2011 | 16 | 2 | 0 |
| 总计次数 | 59 | 14 | 17 |
| 出现概率 | 65.56% | 15.55% | 18.89% |
| 扩张性意图沟通年份 | 波动率降低 | 波动率提高 | 没有明显变化 |
| 2012 | 3 | 12 | 3 |
| 2013 | 3 | 14 | 1 |
| 2015 | 14 | 4 | 0 |
| 2016 | 6 | 5 | 7 |
| 总计次数 | 26 | 35 | 11 |
| 出现概率 | 36.10% | 48.60% | 15.30% |

注：没有明显变化则表示沟通信息发布日后的国债波动率与沟通信息发布日前的国债波动率相等。

从表 4-11 可以看出：紧缩性意图沟通发布后，波动率下降的情况比波动率上升以及波动率未明显变化这两种情况都多，该倾向的沟通超过一半的概率能够实现波动率的下降；而宽松性意图的沟通发布后，波动率上升的情况比波动率下降以及波动率未明显变化出现的情况多，该倾向的沟通引起波动率上升的可能性要比实现波动率下降的可能性大。这表明紧缩意图的金融稳定沟通在一定的时间范围内能够引导波动率下降，相反，宽松性意图的金融稳定沟通在一定的时间窗口内加大波动率的变化。

# 第五节　研究结论与政策建议

## 一、研究结论

研究结果显示，中央银行的金融稳定沟通对金融市场的影响存在递减性效应，即中央银行沟通对国债市场的影响力度要大于对股票市场以及外汇市场的影响力度；另外，不同政策意图的金融稳定沟通对金融市场的影响存在着不对称性。

一方面，在不同类型的金融市场上，中央银行金融稳定沟通引导经济主体预期的效果不同，对不同类型的金融市场上收益率的影响力度存在着差异性。这具体表现为：金融稳定沟通能够对国债市场产生影响，引导国债市场收益率朝着中央银行预期的方向发展；而金融稳定沟通对股票市场以及外汇市场的影响并不存在明显效果，金融稳定信息并不足以引起微观经济主体做出反应。这显示了通过沟通渠道传递的信息在国债市场上能够被公众接受，而连接国债市场和股票市场、外汇市场的渠道在传递信息的过程中，其通畅性容易受到现实生活中经济主体预期、金融市场分割性、金融市场自身特征等因素干扰，导致中央银行金融稳定沟通通过国债市场再对股票市场、外汇市场产生影响的效果并不理想。实际上，这直接表明金融稳定沟通对国债市场的影响效果要比金融稳定沟通在股票市场和外汇市场上产生的效果更好，即中央银行金融稳定沟通对金融市场存在着明显的递减效应。

另一方面，中央银行金融稳定沟通透露政策意图的不同，会对国债市场波动性影响存在着方向性的差异。这具体表现为：紧缩性政策意图的金融稳定沟通能够降低国债市场的波动性；而宽松性意图的沟通反而会提高国债市场的波动性，而这主要是受到中央银行发布信息的适时性、预期非对称性的影响。

## 二、政策建议

中央银行在展开信息沟通有效引导经济主体预期形成时，需要提高沟通质量。

第一，中央银行需要根据不同类型金融市场的特点合理运用金融稳定沟通方式，在公信力度高并且其他干扰因素少的货币市场上更多通过发布金融稳定信息方式来指引收益率的变动，而在公信力度低并且受到干扰因素多的非基础金融市场应当灵活配合其他调节工具的使用来改善沟通质量。

第二，中央银行需要根据金融市场发展的不同阶段灵活采取货币政策工具。在金融市场发展的不同阶段，由于参与者对待风险的态度、银行信贷约束效应等存在差异，会影响金融稳定沟通的实施效果。在金融市场繁荣阶段，金融稳定沟通方式的使用会比较有效，中央银行可以通过这一方式实现对金融市场的调节。而在金融市场低迷特别是金融危机期间，中央银行应当通过实际干预来刺激经济发展以及维系金融市场稳定。

第三，中央银行需要不断地完善沟通方式，提高沟通的质量，引导金融市场形成正确的预期。（1）中央银行需要公开适度信息，缓解自身与微观经济主体间信息的不对称性；（2）中央银行在公开信息的过程中，应采用清晰的语言而不是模棱两可的语言，提高信息清晰度和透明度；（3）中央银行在公开信息的过程中，应该反映真实的政策意图，而不是弄虚作假；（4）中央银行作为信息的公布方，经济主体属于信息的接受方，两者在信息的理解上需要保持一致。

第四，微观经济主体需要提高自身的金融知识素养，形成正确的预期，具体包括两个方面：（1）增强对信息的获取能力，掌握较多的信息来源，通过多渠道获取有利于决策的金融信息；（2）提高自身的知识文化水平，增强信息解读能力，能够迅速理解中央银行在沟通中所披露的信息。

# 第五章

# 中央银行沟通对银行风险承担的
# 影响效应研究

  中央银行的信息沟通可以作用于市场主体预期的形成，货币政策当局越来越重视预期的引导和形成在维护金融稳定方面所产生的重要作用。商业银行的风险承担大小影响着我国金融市场的稳定，那么中央银行信息沟通内容是否能够有效引导商业银行形成合理预期，改变商业银行的风险偏好，进而有利于维护我国金融市场的稳定？银行风险承担对中央银行沟通的反应程度是否会因信息沟通内容的不同而有所强弱？

  基于对以上问题的思考，本章首先在理论机制上梳理和分析了货币政策立场沟通和经济发展形势沟通对银行风险承担的影响效应，另外从信息精确度、透明度以及公众认知水平三方面分析比较了货币政策立场信息与经济发展形势信息的差异。其次，将《中国货币政策执行报告》作为文本信息源，分别构建货币政策立场沟通指数和经济发展形势沟通指数来量化中央银行沟通的内容，并利用固定效应模型来实证分析货币政策立场沟通和经济发展形势沟通对银行风险承担的影响效应。最后，进行标准化回归分析，对货币政策立场沟通和经济发展形势沟通对银行风险承担的影响效应进行比较分析。

## 第一节 文献评述

  2008 年金融危机的爆发促使人们意识到低利率和宽松的货币政策与金融

危机有着重大关系，在此背景下，学者们重新思考货币政策与金融稳定的关系，国内外关于银行风险承担的研究文献层出不穷，但主要是研究货币政策实际干预工具对银行风险承担的影响，并由此提出了货币政策的"银行风险承担渠道"（Bori & Zhu，2008），而专门针对中央银行沟通与银行风险承担的研究较少。

中央银行展开的信息沟通能否有效引导市场主体预期？针对这一问题，国内外许多学者考察了中央银行沟通这一工具的有效性，而在考察中央银行沟通有效性的文献上，主要是基于中央银行沟通信息内容的视角探讨货币政策立场沟通、汇率立场沟通和金融稳定沟通对金融市场的影响效应，进而检验中央银行沟通的有效性。因此，本章将从中央银行沟通有效性和银行风险承担两个方面对现有研究文献进行梳理和分析，其中，将货币政策实际干预工具影响银行风险承担的作用机制概括为四方面，分别是风险定价模型效应、追逐收益机制、杠杆机制、"习惯形成"路径。关于中央银行沟通有效性的研究，从中央银行沟通信息内容视角出发，探讨货币政策立场沟通、汇率立场沟通和金融稳定沟通对金融市场的影响效应，进而检验中央银行沟通的有效性。

## 一、货币政策的银行风险承担渠道

货币政策的银行风险承担渠道是指货币政策立场的变化会通过相应的传导机制作用于银行风险偏好的形成。并且，学者们深入分析和探讨了相应的作用机制，本章将货币政策实际干预工具影响银行风险承担的作用机制概括为四个方面，分别是风险定价模型效应、追逐收益机制、杠杆机制、"习惯形成"路径。

### （一）风险定价模型效应

该机制把风险和资产价值相联系，货币政策会通过影响估值、收益和现金流，进而影响资产的价值，促使银行改变对违约概率、违约损失率和波动性的预期，最终将导致银行的风险承担意愿改变（刘晓欣，2013）。

首先，宽松性的货币政策将会使得资产价格上升，资产和抵押物的净值增加，资产价值高估会使得银行对市场产生乐观的预期，促使银行降低违约概率、违约损失率的估计，进而降低其对风险的估计，银行放贷标准的下降会增加信贷投放，从而提高银行的风险承担意愿。

其次，紧缩性的货币政策将会使得资产价格下降，资产和抵押物的净值减少，资产价值减少会使得银行对市场产生悲观的看法，银行会提高对违约概率、违约损失率的估计，提高其对风险的估计，银行放贷标准的上升会减少信贷投放，从而降低银行的风险承担意愿。

从经验证据看，杜贝克等（Dubecq et al.，2009）构建了一个风险转移模型，进而证明了货币政策与银行风险承担的关系。国内学者徐明东、陈学彬（2012）选取了我国 59 家商业银行为数据源，并基于风险定价模型效应考察了货币政策与银行风险承担的负相关关系，同时也证明了这一机制的存在。

### （二）追逐收益机制

追逐收益机制是指由于无风险资产的收益对利率政策变化的敏感性要强于风险资产的收益，因此，无风险资产的收益对货币政策的反应程度要大于风险资产对货币政策的反应程度，同时会导致银行市场竞争环境发生变化，对银行的业绩产生影响，银行在契约制度、激励机制的作用下，风险承担意愿发生改变（张强，2013）。

首先，在契约制度的约束下，银行拥有长期、固定的债务支付承诺，当利率下降时，银行的无风险资产收益率相对风险资产收益下降更多，在银行债务支付承诺的驱动下，银行会偏好于投资风险资产来获得较高收益；同时利率下降会使得银行市场竞争变得更加激烈，银行在激励机制的作用，会主动投资高风险资产而获得高收益率，银行风险承担意愿增加。

其次，当实施利率上升的紧缩性货币政策时，无风险资产的收益对货币政策的敏感性要强于风险资产，因此，无风险资产的收益上升程度要高于风险资产的收益，银行会偏好于投资无风险资产来获得较高的收益进而实现债务支付的承诺，而投资风险资产的动机下降，银行风险承担意愿下降。

从经验证据看，国外学者希门尼斯等（Jimenez et al.，2009）利用 1993 ~ 2006 年西班牙商业银行的风险加权资产和无风险资产数据进行分析，研究发现，紧缩性的货币政策会使得商业银行投资的无风险资产比例上升，风险资产比例下降，即银行风险承担下降；宽松性的货币政策会使得商业银行配置更多的风险资产，而减少无风险资产的投资，此时，银行风险承担意愿上升。

### (三) 杠杆机制

该机制认为在一般情况下，银行等金融机构的杠杆率是固定的或者是顺周期性的，杠杆率公式为：资本/资产。当银行面临货币政策变化带来的冲击时，货币政策的变化会影响银行已经投资的资产价格，进而使得银行的资本水平发生变化，银行为了维持杠杆率的稳定，通常会优先考虑购买或者变卖银行资产来调整资产规模，而不是变动银行的股权来调整银行资本，因此，当货币政策的变化影响到银行的资本时，在保证杠杆率不变的条件下银行会优先调整自己的资产规模，所以银行风险承担意愿也会发生变化（方意、赵胜民，2012）。

首先，宽松性的货币政策会通过刺激银行投资的资产价格上升来使得银行资本水平提高，银行在保持杠杆率不变的前提下，会优先考虑通过购买或者投资资产来扩大资产规模，这就使得银行对风险较高的资产的需求增加，银行风险承担意愿上升。

其次，当面临紧缩性的货币政策，银行的资产价格下降，资本也会随之下降，银行为了保持杠杆率不变，会通过变卖银行风险资产缩小资产规模，对风险资产的需求下降，银行的风险承担意愿下降。

从经验证据来看，戴尔阿里西亚等（Dell'Ariccia et al.，2010）和瓦伦西亚（Valencia，2011）分别构建了静态模型和动态模型证明了杠杆机制，结果显示：宽松性的货币政策会使银行的资本水平上升，并通过杠杆机制使银行的风险承担上升，紧缩性的货币政策会通过降低银行的资本进而减少对风险资产的需求，银行风险承担下降。

### (四) "习惯形成" 路径

该机制把消费、投资习惯和风险联系在一起，认为货币政策的变化会通过影响资产的价格和收益来对投资者的消费、投资习惯的形成产生影响，而已经形成的消费、投资习惯会通过影响银行风险承担惯性作用于下一期的投资，即投资者在消费、投资习惯的惯性下有保持原有风险偏好的倾向（张雪兰、何德旭，2012）。

首先，当实施宽松性的货币政策时，资产价格和收益上升，银行的消费和投资都要比常态时的水平高，银行在做下一期的投资时会受到已形成的高消费、高投资习惯的影响，惯性地保持原有较高的风险偏好倾向，进而配置风险较高的资产，银行风险承担意愿上升。

其次，当面临紧缩性的货币政策时，资产价格和收益的下降会使得银行的消费和投资要比常态时的水平低，银行由于受到已形成的低消费、低投资习惯的影响，会惯性地保持原有较低的风险偏好倾向，因此会规避风险，投资风险资产的动机下降，进而使银行的风险承担意愿下降。

从经验证据来看，坎贝尔和科克伦（Campbell & Cochrane，1999）基于消费、投资习惯理论对股票市场行为进行了解释，在货币政策宽松时，股票的价格和收益上涨会使投资者形成高消费、高投资的习惯，投资者在做股票投资组合决策时，在已形成的高消费、高投资习惯的惯性下会保持原有较高的风险偏好的倾向，会更多地配置风险较高的股票资产，因此，银行风险承担意愿上升。

## 二、中央银行沟通有效性的研究

具体而言，我们可以将关于中央银行沟通有效性的研究文献从中央银行沟通信息内容的视角分为三类：第一类，中央银行对货币政策立场沟通的有效性；第二类，中央银行对人民币汇率立场沟通性的有效；第三类，中央银行对金融稳定沟通的有效性。

### （一）中央银行对货币政策立场沟通的有效性

随着金融危机的爆发，国内外越来越多的学者开始关注中央银行沟通与金融市场的关系，中央银行沟通作为一种新型的货币政策工具，具有前瞻引导功能，可以引导市场主体预期形成，降低预期的异质性，进而降低金融市场的波动，促进金融稳定，使金融市场朝着与中央银行政策意图相符的方向变动（Born et al.，2014；潘再见，2013）。学者们首先对中央银行沟通信息文本中有关货币政策立场信息进行量化，进而考察这一货币政策立场沟通在金融市场的有效性（张强、胡荣尚，2013；吴国培、潘再见，2014）。由于金融市场包含货币市场、股票市场、汇率市场三个子市场，因此，现有文献普遍基于EGARCH模型分别对中央银行沟通的货币市场效应、中央银行沟通的股票市场效应以及中央银行沟通的汇率市场效应进行了研究。

首先，对于中央银行沟通的货币市场效应研究来看，学者们普遍认为中央银行展开的货币政策立场沟通会对货币市场产生显著的影响，并且中央银行沟通会使得货币市场的短期利率在水平上朝着中央银行预期的方向变动，另外在方差方程上，沟通的系数显著为负，说明中央银行沟通行为能有效地降低货币市场利率的波动，对货币市场的稳定有一定的积极作用（马理，2013；冀志斌，2012；Ehrmann & Fratzscher，2007；史焕平，2015）。

其次，对于中央银行沟通的股票市场效应研究来看，学者们对中央银行货币政策立场沟通与股票市场关系的研究结论并不一致，有些学者认为中央银行对货币政策立场紧缩的信息沟通会显著地提高股票市场收益率（冀志斌，2011；吴国培、潘再见，2014），但是，另外有些学者实证发现中央银行展开的货币政策立场沟通对股票市场收益率水平变动上和波动性上都没有显著的影响，也就是说中央银行沟通效果很弱甚至是无效的（张强、胡荣尚，2013）。

最后，对于中央银行沟通的汇率市场效应研究来看，学者们发现中央银行展开的货币政策立场沟通在水平上对汇率市场的影响是不明显的，但是对汇率市场波动性有显著的影响，并且能够有效降低汇率市场的波动，从而促进汇率市场的稳定（王博，2015）。

**（二）中央银行对汇率立场沟通的有效性**

关于人民币汇率立场沟通的度量，学者们对中央银行行长发布的新闻讲话、货币政策执行报告以及货币政策委员会报告有关汇率走势看法的信息进行量化，并考察这一沟通对汇率市场的影响。其中一部分学者发现中央银行展开的汇率立场沟通对汇率的水平变动产生了符合预期的显著影响，并且在方差方程中，沟通系数显著为负，能够有效地降低汇率市场的波动，从而验证了汇率立场沟通的有效性（李云峰、李仲飞，2011；Galati et al.，2005）。另外一部分学者发现中央银行展开的汇率立场沟通对汇率走势并没有产生显著的影响，并且会增加汇率市场的波动性（王自锋，2015；谷宇，2016），也就是说这一沟通不能有效地引导市场主体对汇率走势预期的形成，这说明学术界在汇率立场沟通的有效性上存在争议。

**（三）中央银行对金融稳定沟通的有效性**

目前关于金融稳定沟通的研究文献较少，在金融稳定沟通的量化上，部分学者将《中国金融稳定报告》作为文本信息源，对《中国金融稳定报告》有关金融市场稳定信息进行量化，构建了金融稳定沟通指数，并研究金融稳定沟通对金融市场的影响，进而考察这一信息沟通引导市场主体对金融稳定预期形成的有效性，研究发现，中央银行对金融环境改善的乐观信息沟通会显著地提高股票收益率，但是会同时加大股票市场的波动（李云峰，2014），这也难以判断央行对金融稳定沟通的有效性。

## 三、文献评述

### （一）缺乏中央银行沟通与银行风险承担关系的研究

现有文献主要是基于货币政策实际干预工具视角来分析与银行风险承担行为的关系，而把中央银行沟通与银行风险承担行为联系起来分析的研究则比较缺乏。

中央银行可以通过信息沟通作用于市场主体预期的形成，并且不同内容的信息沟通会引导市场主体形成不同的预期，其中，货币政策立场这一信息沟通会影响市场主体对利率风险预期的形成，而经济发展形势这一信息沟通会影响市场主体对经济发展形势风险预期的形成。因此，与现有研究不同，我们把中央银行沟通与银行风险承担联系起来，并借鉴莫里斯和希恩（Morris & Shin，2002）的 M-S 模型，把中央银行沟通的公共信息分为货币政策立场和经济发展形势两方面，分别研究货币政策立场沟通和经济发展形势沟通对银行风险承担的理论机制和影响效应。

### （二）缺乏比较不同内容沟通的影响效应

从目前国内有关中央银行沟通有效性研究的文献来看，在考察中央银行沟通的信息内容上，主要是考察和刻画货币政策立场信息、汇率立场信息以及金融稳定信息，通过研究中央银行单一内容的沟通对金融市场的影响效应来检验某一信息沟通的有效性，缺乏比较分析不同内容沟通对金融市场的影响效应。本章认为中央银行沟通引起市场主体预期变动的程度会受到中央银行沟通信息的精确度、透明度以及公众认知水平三个方面的影响，不同沟通的信息在这三方面都存在差异，因此，不同内容的沟通会引起市场主体不同程度的预期变动。针对此情况，本章将中央银行沟通内容分为货币政策立场与经济发展形势，从信息精确度、透明度以及公众认知水平分析货币政策立场信息与经济发展形势信息的差异，并由此比较货币政策立场沟通和经济发展形势沟通对银行风险承担的影响效应大小。

## 第二节　中央银行沟通影响银行风险承担的理论机制分析

首先，我们在理论机制上梳理和分析中央银行沟通引导商业银行这一市场主体预期形成，进而作用于银行风险承担的逻辑思路，发现中央银行展开的货币政策立场沟通会引导商业银行对利率风险预期的形成来使银行的风险态度发生改变，中央银行展开的经济发展形势沟通，通过引导商业银行对经济发展形势风险预期的形成，进而对银行风险承担产生影响。然后基于中央银行信息沟通内容这一视角，借鉴莫里斯和希恩（2002）的 M-S 模型，将中央银行沟通的公共信息分为货币政策立场信息和经济发展形势信息，构建理论模型进一步证明货币政策立场沟通和经济发展形势沟通与银行风险承担的关系，货币政策立场沟通的正向信息和经济发展形势沟通的正向信息均与银行风险承担成正相关关系，即宽松的货币政策立场信息和乐观的经济发展形势信息均会提高银行风险承担，紧缩的货币政策立场信息和悲观的经济发展形势信息均会降低银行风险承担。

其次，中央银行沟通引起市场主体预期变动的程度会受到中央银行沟通信息的精确度、透明度以及公众认知水平三个方面的影响，经济发展形势信息和货币政策立场信息在这三方面都存在差异。其中，经济发展形势信息的精确度和透明度都要高于货币政策立场信息。另外，对于认知水平和金融知识水平有限的公众来说，更容易理解专业性较低、更大众化的经济发展形势信息，因此，经济发展形势沟通引导商业银行形成的经济发展形势风险预期的变动程度要大于货币政策立场沟通引导商业银行形成的利率风险预期的变动程度，从而也说明经济发展形势对银行风险承担的影响效应要强于货币政策立场沟通对银行风险承担的影响效应。

## 一、货币政策立场沟通与经济发展形势沟通对银行风险承担的影响效应分析

### （一）货币政策立场沟通与经济发展形势沟通影响银行风险承担的理论机制

银行风险承担刻画了银行对风险的偏好程度和厌恶程度，本质体现了银行这一市场主体的风险预期，中央银行信息沟通内容是影响市场主体预期形成的重要因素，不同内容的沟通会引导市场主体形成不同的预期。因此，本章提出初步思路，中央银行信息沟通内容会通过引导商业银行这一市场主体对不同风险预期的形成，进而对商业银行风险承担产生影响。

目前少量文献基于"中央银行透明度效应"把中央银行沟通与银行风险承担行为结合起来分析，该效应指出中央银行通过信息沟通及时传递货币政策立场和经济发展形势信息及相关的政策意图、行动措施，并保证信息披露的质量，货币政策透明度和可信性提高，可以减少经济的不确定性，降低预期的波动性，进而提高银行风险容忍度（Borio & Zhu，2012）。另外有学者发现，基于"中央银行透明度效应"，中央银行展开货币政策立场和金融稳定的沟通，会降低通货膨胀预期的波动，通货膨胀预期波动的变化进而会影响银行风险承担，也就是说中央银行沟通会通过降低通货膨胀预期的波动进而作用于银行风险承担行为（汪莉，2015）。通货膨胀预期波动的变化本质上体现了通货膨胀风险预期，而通货膨胀风险预期会受到利率风险预期和经济发展形势风险预期的影响，因此可以看出，中央银行展开货币政策立场沟通和经济发展形势沟通可能通过引导银行对利率风险预期和经济发展形势风险预期的形成，进而对银行风险承担产生影响。综上分析，我们分别提出货币政策立场沟通和经济发展形势沟通影响银行风险承担的理论机制。

在信息不对称的环境下，如果中央银行展开了较为有效的货币政策立场沟通，那么中央银行传递货币政策立场宽松的信息，会引导商业银行的利率风险预期下降，进而导致商业银行风险承担上升，而紧缩的货币政策立场沟通会通过引导商业银行的利率风险预期上升进而降低商业银行风险承担。

在信息不对称的环境下，如果中央银行展开了较为有效的经济发展形势沟

通，中央银行传递经济发展形势乐观信息，会引导商业银行对经济发展形势风险形成乐观的预期，使得银行风险承担上升；而悲观的经济发展形势信息会引导商业银行对经济发展形势风险形成悲观的预期，进而使得商业银行的风险承担下降。

### （二）货币政策立场沟通与经济发展形势沟通影响银行风险承担的理论模型

本章将遵循莫里斯和希恩（2002）构建的 M-S 模型的思路，将中央银行沟通的公共信息分为货币政策立场信息和经济发展形势信息，构建中央银行信息沟通内容影响商业银行风险偏好的理论模型，进而分别证明中央银行货币政策立场沟通与银行风险承担的关系以及经济发展形势沟通与银行风险承担的关系。

本章假定商业银行的风险偏好 $[0，1]$ 之间均匀分布，用 $P$ 表示商业银行的风险偏好，则商业银行 $i$ 的效用函数为（李成、高智贤，2014）：

$$u_i(p,q) = -(1-w)(p_i-q)^2 - w(M_i-\bar{M}) \tag{5.1}$$

式中，$q$ 表示经济基本状态，$w$ 连续且 $0 \leq w \leq 1$，$M_i = \int_0^1 (p_j-p_i)^2 \mathrm{d}j$，$\bar{M} = \int_0^1 M_j \mathrm{d}j$。

式（5.1）由两部分构成：第一部分福利损失 $(p_i-q)^2$ 是商业银行的风险偏好 $p$ 与经济基本状态 $q$ 的差异所造成；第二部分福利损失 $(M_i-\bar{M})$ 是商业银行行为差异 $M_i$ 与所有商业银行平均行为差异 $\bar{M}$ 所造成。其中第一部分福利损失占的权重是 $(1-w)$，第二部分福利损失占的权重为 $w$。

为了求得效用函数的最大值，在式（5.1）中应该求效用 $u$ 对商业银行风险偏好 $p$ 的一阶偏导，求得的最优风险偏好为：

$$P_i^* = (1-w)\mathrm{E}_i(q) + w\mathrm{E}_j(\bar{p}) \tag{5.2}$$

式中，$\bar{p} = \int_0^1 p_j \mathrm{d}j$，它代表的是所有银行的平均风险偏好，$\mathrm{E}_i(\bar{p})$ 为央行沟通对商业银行产生的预期值。一般而言，中央银行通过沟通会向商业银行传递公共信息 $y$ 和个人信息 $x_i$，公共信息沟通的内容包括货币政策立场（$mon$）和经济发展形势（$eco$），其中，货币政策立场信息所占权重为 $\beta_1$，经济发展形

势信息所占权重为 $\beta_2$，则 $y = \beta_1 mon + \beta_2 eco + q + \varepsilon$，其中 $\beta_1 + \beta_2 = 1$，$\varepsilon$ 服从期望为 0 的正态分布；个人信息 $x = q + \eta$，$\eta$ 服从期望为 0 的正态分布，私人信息的准确度为 $b$。

公共信息和私人信息对商业银行的影响预期值为：

$$\mathrm{E}(q/x_i, y) = \mathrm{E}(x_j/x_i, y) = \frac{bxi + ay}{a + b} \tag{5.3}$$

假设中央银行沟通的公共信息 $y$ 和私人信息 $x_i$ 的线性组合是最优解，故商业银行 $i$ 的最优解为：

$$p_i^* = kx_i + (1 - k)y \tag{5.4}$$

把式（5.3）代入式（5.4），可得商业银行 $i$ 对其他银行的平均最优解为：

$$\mathrm{E}_i(\bar{p}^*) = k\frac{bx_i + ay}{a + b} + (1 - k)y \tag{5.5}$$

把式（5.3）和式（5.5）代入式（5.2）中可得：

$$p_i^* = \frac{b(1 - w + wk)}{a + b}x_i + \frac{a + wb - wbk}{a + b}y \tag{5.6}$$

比较式（5.4）和式（5.6）的系数可知：

$$k = \frac{b(1 - w)}{a + b(1 - w)} \tag{5.7}$$

再把式（5.7）$k$ 值代入式（5.6）中可求得银行最优风险偏好 $P$：

$$P_i^* = x_i \frac{b(1 - w)}{a + b(1 - w)} + y\frac{a}{a + b(1 - w)}, \quad y = \beta_1 mon + \beta_2 eco + q + \varepsilon$$

$$\frac{\partial P_i}{\partial mon} = \frac{a}{a + b(1 - w)}\beta_1 > 0, \frac{\partial P_i}{\partial eco} = \frac{a}{a + b(1 - w)}\beta_2 > 0, \tag{5.8}$$

由式（5.8）可知，银行风险偏好对货币政策立场信息和经济发展形势信息的一阶导数都大于 0，即货币政策立场信息（$mon$）和经济发展形势信息（$eco$）与商业银行风险偏好 $P_i^*$ 都成正比。由此可得：如果中央银行展开了较为有效的沟通，那么中央银行货币政策立场沟通传递的正向信息越多，银行风险承担会上升，正向信息的减少会降低银行风险承担，这意味着宽松的货币政策立场沟通会提高银行风险承担，紧缩的货币政策立场沟通会降低银行风险承担。另外，经济发展形势沟通传递的正向信息的增多会提高银行风险承担，正向信息的减少会降低银行风险承担，这意味着乐观的经济发展形势沟通会提高银行风险承担，悲观的经济发展形势沟通会降低银行风险承担。

基于以上理论机制和理论模型分析，本章提出以下两个假设。

**假设 5.1**：如果中央银行展开了较为有效的货币政策立场沟通，那么，中央银行沟通传递宽松的货币政策立场信息，会提高银行风险承担；紧缩的货币政策立场信息会降低银行风险承担。

**假设 5.2**：如果中央银行展开了较为有效的经济发展形势沟通，那么，中央银行沟通传递的经济发展形势信息越乐观，银行风险承担越大，反之，经济发展形势信息越悲观，银行风险承担越小。

## 二、货币政策立场沟通与经济发展形势沟通对银行风险承担影响效应的比较分析

由于信息沟通内容是影响市场主体预期的重要因素，中央银行沟通引导预期的有效性会受到市场主体对信息沟通内容的理解程度的影响，市场主体的认知水平和金融素养有限，对不同内容的沟通理解程度不完全相同，反应程度也不一样，因此，不同内容的沟通可能引起市场主体不同程度的市场预期变动，中央银行沟通的效果也会因为沟通内容的不同而有所差异（马理，2013）。

中央银行沟通的效果以及引起市场主体预期的变动程度会受到中央银行沟通信息的精确度、透明度以及公众的认知水平三个方面的影响，货币政策立场信息和经济发展形势信息在这三方面都存在着差异。

### （一）基于信息精确度的比较分析

中央银行沟通的效果会受到信息精确度的影响，中央银行通过增加信息的精确度和质量，可以有利于市场主体对信息的"聚焦"，加速市场主体预期均衡收敛于理性预期。当信息精确度较高时，中央银行沟通会提高社会总福利，当信息精确度较低时，中央银行沟通会造成信息困扰进而降低社会总福利（Morris & Shin，2002；Dale et al.，2011）。因此，中央银行与市场主体以及公众进行沟通时，应当提供精确度较高的信息，尽量少提供和避免不确定性信息的沟通。由于本章在对货币政策立场信息进行量化时，是对《中国货币政策执行报告》的"货币政策操作"部分所传递的货币政策立场进行定性的分析，

再赋值 −1、0、1，这样并不能精确反映货币政策立场宽松与紧缩的程度，而量化经济发展形势信息时是基于定量的分析，能比较精确地反映经济发展形势的乐观与悲观程度，因此，货币政策立场信息在精确度上不如经济发展形势信息。

### （二）基于透明度的比较分析

增加透明度有助于沟通降低信息不对称，驱使公众信息同质化和预期同质化，进而提升中央银行沟通的效果。透明度的高低主要由中央银行对信息的披露程度以及公众对信息的理解程度两方面来决定。因此，应把中央银行对信息的披露程度作为衡量透明度的标准之一，其中，中央银行沟通的信息内容维度可用于度量透明度的高低，中央银行沟通所传递的信息内容越全面，则透明度越高（Eijffinger & Geraats，2006；Dincer & Eichengreen，2007）。《中国货币政策执行报告》的"宏观经济分析"部分中披露的经济发展形势信息包含了各个方面的内容，如消费、投资、财政支出、进出口、农业、工业、价格水平、国际收支等，涉及的内容更加全面，而报告中"货币政策操作"部分披露的货币政策立场信息更多是反映利率的调整以及公开市场操作情况，涉及的方面较少，内容较片面，因此，经济发展形势信息与货币政策立场信息相比，其内容更加全面，经济发展形势信息的透明度要高于货币政策立场信息的透明度。

### （三）基于公众认知水平的比较分析

中央银行凭借其特殊的作用与地位，拥有众多的专家和学者，公众与中央银行相比，其认知水平和金融知识水平都有限，因此，公众需要通过一段时间的学习才能理解中央银行的沟通信息（Schmidt & Nautz，2012）。《中国货币政策执行报告》中关于货币政策立场信息的专业性措辞较多，需要具备较高的金融素养才能理解，而关于经济发展形势信息的专业性措辞较少，其内容表述更大众化、通俗易懂，因此，货币政策立场信息的专业性要强于经济发展形势信息，经济发展形势信息更容易被公众所理解，并且公众只需要更短的时间就能理解中央银行的经济发展形势沟通信息。因此，对于认知水平和金融知识水平都有限的公众来说，更容易理解专业性较低的、更大众化、通俗易懂的经济发展形势信息。

综上分析，中央银行沟通所传递的经济发展形势信息与货币政策立场信息相比，其精确度和透明度都较高，另外对于认知水平和金融知识水平都有限的公众和市场主体来说，更容易理解专业性较低的、更大众化、通俗易懂的经济发展形势信息。在清晰性和可信性上，货币政策立场信息都不如经济发展形势信息，因此，经济发展形势沟通引导商业银行形成的经济发展形势风险预期的变动程度要大于货币政策立场沟通引导商业银行形成的利率风险预期的变动程度，从而也说明了经济发展形势对银行风险承担的影响效应要强于货币政策立场沟通对银行风险承担的影响效应。

依据上述的影响效应比较分析，本章提出以下假设。

**假设 5.3**：经济发展形势沟通对银行风险承担的影响效应要大于货币政策立场沟通对银行风险承担的影响效应。

# 第三节　中央银行沟通指数的构建以及模型设定

## 一、中央银行沟通指数的构建

中央银行沟通指数的构建是本章研究的关键所在，目前国内外研究文献关于量化央行沟通信息的方法主要有两大类。第一类是利用文本分析法，提取相关措辞构建央行沟通指数。第二类是采用变量赋值法，具体分为 $-1$、$0$、$+1$ 赋值法和 $-2$、$-1$、$0$、$+1$、$+2$ 赋值法。

为了将中央银行沟通的信息进行量化，本章将采用上述两类方法，并选取了《中国货币政策执行报告》作为文本信息源，因为该报告内容主要有货币信贷概况、货币政策操作、金融市场分析、宏观经济分析、货币政策趋势五个方面，涉及了货币政策立场信息和经济发展形势信息，因此，中央银行通过发布《中国货币政策执行报告》这一书面沟通方式有利于降低中央银行与市场主体之间存在的信息不对称问题。其中，对报告当中涉及的货币政策立场信息的量化将选取《中国货币政策执行报告》当中的"货币政策操作"部分为文本信息源，并采用变量赋值法，构建货币政策立场沟通指数；对经济发展形势信息的量化本章将选取报告当中的"宏观经济分析"部分为文本信息源，采用文本分析法，构建经济发展形势沟通指数，进而将货币政策立场信息和经济发展形势信息转化为了数字信息，为后面的实证分析提供了可行性。

**（一）货币政策立场沟通指数的构建**

对中央银行沟通信息进行量化是本章模型实证分析的关键，国内学术界多位学者通过对中央银行信息沟通书面文本《中国货币政策执行报告》中的内容进行解读从而量化了中央银行沟通信息。《中国货币政策执行报告》详细阐述了五个部分的内容，分别是货币信贷概况、货币政策操作、金融市场分析、宏观经济分析、货币政策趋势，其中，"货币政策操作"和"货币政策趋势"都包含了中央银行货币政策立场沟通的信息。但是有研究表明，将"货币政策趋势"部分作为文本信息源构建的货币政策立场沟通指数对金融市场的影响不明显，并且会提高利率的波动程度，相比未来货币政策立场趋势，市场主体更关注货币政策真正实施后的效果（马理，2013）。因此，本章将以2005年第1季度至2014年第4季度《中国货币政策执行报告》中的"货币政策操作"部分作为文本信息源，该部分包含了中央银行正逆回购、公开市场操作、存款准备金率以及存贷款基准利率的调整等内容，真实反映了货币政策的宽松与紧缩，并采用变量赋值法来构建中央银行货币政策立场沟通指数，使指数构建更加科学、合理。

首先阅读每期《中国货币政策执行报告》中的"货币政策操作"部分，整理筛选出能反映中央银行对货币政策立场传达的关键词，其中典型关键词包括：正逆回购、存款准备金率、存贷款基准利率、市场利率等，这些关键词都能反映出中央银行沟通传达的货币政策立场的宽松与紧缩。然后根据这些关键词对每季度《中国货币政策执行报告》中货币政策立场沟通所传达出的货币政策立场我们给予三个赋值，分别为 -1（代表宽松）、0（中性）、+1（紧缩），然后对一年四个季度的货币政策立场沟通值求平均值，得到一年的货币政策立场沟通值（$MON$），$MON$ 值在 [-1,1] 范围内，负数代表货币政策立场宽松，正数代表货币政策立场紧缩，0 代表货币政策立场中性，绝对值的大小反映货币政策立场的宽松与紧缩程度，即货币政策立场沟通指数越接近1，货币政策立场是越紧缩的，反之，指数越接近 -1，货币政策立场是越宽松的。最终构建的中央银行货币政策立场沟通指数如图 5-1 所示。

从图 5-1 可以看出，2005 年、2006 年、2007 年、2010 年、2011 年这几年的货币政策立场沟通指数为正数，即货币政策立场是紧缩的；2008 年、2009 年、2013 年的指数为 0，即货币政策立场是中性的；2012 年、2014 年的指数为负值，即货币政策立场是宽松的。

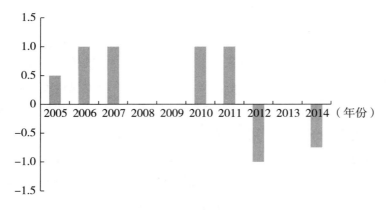

**图 5 - 1　货币政策立场沟通指数**

**（二）货币政策立场沟通指数与人民币贷款基准利率比较**

中央银行可以通过实际的货币政策操作对人民币贷款基准利率进行调整，因此，人民币贷款基准利率可以真实地反映货币政策立场的宽松与紧缩，人民币贷款基准利率的上升意味着紧缩的货币政策，当人民币贷款基准利率下降时，货币政策立场是宽松的。

因此，为了检验中央银行展开的货币政策立场沟通所传递的货币政策立场与中央银行实施的货币政策的吻合度，本章将货币政策立场沟通指数与人民币贷款基准利率（一年期）进行比较分析，结果如图 5 - 2 所示。

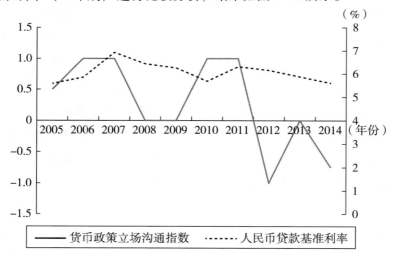

**图 5 - 2　货币政策立场沟通指数与人民币贷款基准利率**

根据图 5 - 2 可知，在 2005 ~ 2007 年，我国经济高速发展，经济趋于繁荣，在逆周期调控框架下，我国实施了紧缩的货币政策，一年期人民币贷款基准利率上升，货币政策立场沟通指数由 0.5 升至 1，也说明中央银行展开的货币政策立场沟通所传递的货币政策立场是趋于紧缩的；2008 年的全球金融危机爆发以来，我国的经济也受到了一定的影响，我国经济发展增速趋缓，大量企业倒闭，失业人数增加，为了拉动需求，刺激经济，中央银行实施了宽松的货币政策，一年期人民币贷款基准利率不断下降，货币政策立场沟通指数在 2008 年和 2009 年虽然值为 0，货币政策立场显示中性，但是与前几年显示为正数的货币政策立场指数相比，2008 ~ 2009 年货币政策立场沟通传递的货币政策立场相对来说是紧缩的；2010 ~ 2011 年伴随着中央银行实施的紧缩的货币政策，人民币贷款基准利率上升，货币政策立场沟通指数均为 1，中央银行沟通的货币政策立场信息是紧缩的；在随后的几年里，人民币贷款基准利率不断下降，说明货币政策由紧缩转向了宽松，货币政策立场沟通指数也由正值变为了负值，即货币政策立场信息也由紧缩转变成了宽松。

因此，根据货币政策立场沟通指数与人民币贷款基准利率的关系图，可以看出，货币政策立场沟通指数走势与人民币贷款基准利率走势基本保持一致，中央银行展开的货币政策立场沟通所传递的货币政策立场信息与中央银行实施的货币政策是比较吻合的。

### （三）经济发展形势沟通指数的构建

对于经济发展形势沟通信息的量化，本章以 2005 年第 1 季度至 2014 年第 4 季度《中国货币政策执行报告》中的"宏观经济分析"部分作为文本信息源，通过解读其中的每个段落的内容来构建经济发展形势沟通指数。

国内学者对关于量化经济发展形势沟通信息的研究较少，本章采用国外学者蒙特斯和斯卡帕里（Montes & Scarpari，2016）的做法。首先阅读和分析"宏观经济分析"部分中的"我国宏观经济运行分析"的内容，整理刷选出能反映中央银行对经济发展形势判断的措辞，如通货膨胀、通货紧缩、增速回落和放缓、涨幅扩大与收窄等措辞，然后根据每个段落内容和相关措辞，分析每个段落所表达出的我国经济发展形势信息是悲观还是乐观的，然后统计累加经济发展形势是悲观的段数，一个季度的经济发展形势沟通值＝经济发展形势悲观的总段数/描述经济发展形势的总段数，再对四个季度的经济发展形势沟通值求平均得到年度经济发展形势沟通值（*ECO*），$0 < ECO < 1$，最终构建的中央银行经济发展形势沟通指数如图5-3所示。

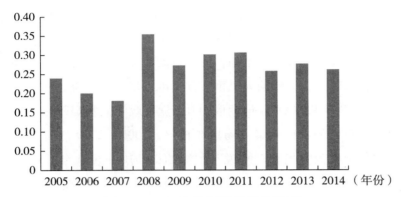

图5-3 经济发展形势沟通指数

从图5-3可以看出，中央银行展开的经济发展形势沟通的正向信息越多，即中央银行经济发展形势沟通所传达的经济发展形势信息是越乐观的，悲观程度越低，中央银行经济发展形势沟通指数越小；反之，中央银行展开的经济发展形势沟通的正向信息越少，即所传递的经济发展形势信息是越悲观的，中央银行经济发展形势沟通指数越大，悲观程度越大，因此，该指数实际反映了中央银行沟通传递的经济发展形势信息的乐观和悲观程度。其中2008年时，经济发展形势沟通指数最大，即经济发展形势信息的悲观程度最大，这是因为2008年爆发全球金融危机，我国经济受到了一定的冲击，因此，中央银行增加了悲观的经济发展形势沟通。

综上所述，经济发展形势沟通指数与经济发展形势信息的悲观程度呈正相关关系，而与经济发展形势信息的乐观程度呈负相关关系，即指数越大，经济发展形势信息的悲观程度越大，而乐观程度越低；指数越小，经济发展形势信息的悲观程度越小，即乐观程度越大。

## 二、模型的设定

根据前文的分析，为了检验研究本章提出的三个假设，本章建立了如下静态面板模型，其中模型（5.9）用来验证假设5.1，即货币政策立场沟通对银行风险承担的影响效应。模型（5.10）用来验证假设 5.2，即经济发展形势沟通对银行风险承担的影响效应。为了验证假设 5.3，即比较货币政策立场沟通与经济发展形势沟通对银行风险承担的影响效应大小，本章将分别对模型（5.9）和模型（5.10）进行标准化回归，比较货币政策立场沟通和经济发展形势沟通的回归系数的绝对值即可。

$$Risk_{i,t} = \beta_1 MON_{i,t} + \beta_2 LTD_{i,t} + \beta_3 CAR_{i,t} + \beta_4 CR4_{i,t} + \beta_5 \ln SIZE_{i,t}$$
$$+ \beta_6 STOCK_{i,t} + \beta_7 GDP_{i,t} + \beta_8 ROA_{i,t} + \mu_{i,t} \qquad (5.9)$$

$$Risk_{i,t} = \beta_1 ECO_{i,t} + \beta_2 LTD_{i,t} + \beta_3 CAR_{i,t} + \beta_4 CR4_{i,t} + \beta_5 \ln SIZE_{i,t}$$
$$+ \beta_6 STOCK_{i,t} + \beta_7 GDP_{i,t} + \beta_8 ROA_{i,t} + \mu_{i,t} \qquad (5.10)$$

模型中，被解释变量 $Risk$ 代表银行风险承担，$MON$ 代表货币政策立场沟通，$ECO$ 代表经济发展形势沟通。银行特征控制变量主要有：资本充足率（$CAR$）、资产收益率（$ROA$）、存贷比率（$LTD$）、银行资产规模（$\ln SIZE$）、银行业市场结构（$CR4$），宏观经济控制变量采用资本市场状况（$STOCK$）和宏观经济状况（$GDP$）。

### （一）银行风险承担变量选取

本章模型的被解释变量为银行风险承担，其中衡量银行风险承担的代理变量有很多，比如预期违约率（Altunbas et al.，2009）、不良贷款率（Kouretas et al.，2011）、贷款损失准备金占贷款的比重（张雪兰，2010）、Z 值（Z =（ROA + CAR）/σ（ROA））（Houston et al.，2010）等，其中国外大多采用预期违约率、不良贷款率代表的是信贷风险，Z 值衡量的是破产风险。近年来，将不良贷款率作为衡量银行风险承担的变量受到了越来越多的学者的关注（G. C. Montes et al.，2016），另外从我国商业银行的现有情况来看，由于贷款是商业银行利润来源的重要资产，因此，不良贷款是银行利润损失的主要来源，控制不良贷款率，保证银行利润稳定增长是银行的经营目标，信贷风险是银行需要重点关注的风险，2003 年我国银监会成立以来，就一直倡导要减少不良贷款率，控制银行贷款风险，从而使得我国商业银行对不良贷款率越来越重视。因此，本章认为不良贷款率是比较能反映出银行风险承担意愿的，再加上不良贷款率数据收集的方便性和完整性，本章将采用不良贷款率来衡量银行风险承担，再以贷款损失准备占比代替不良贷款率指标来进行模型稳健性检验，由于国泰安数据库中我国银行业的贷款损失准备占比数据存在比较严重缺失的情况，本章将采用间接法得到贷款损失准备占比数据。

### （二）控制变量选取

控制变量分为两种：银行微观特征相关变量和宏观经济变量

银行的微观特征变量和宏观经济控制变量也会影响到银行风险承担，应作为控制变量加入模型当中，这样也能更有效地分析出中央银行沟通对银行风险承担的影响。本章选择银行特征变量的有资本充足率、资产收益率、存贷比、资产规模、盈利水平以及银行业市场结构，宏观经济控制变量有资本市场状况和宏观经济状况。

（1）银行资本水平。本章将选用资本充足率（CAR）衡量银行的资本水平的高低，目前，学者们关于对银行资本水平与银行风险承担关系的研究结论不一致。一部分学者（Jacques & Nigro，1997；张强，2013）认为，银行的资本水平与银行风险承担呈负相关关系，即银行资本水平越高，越有利于银行进行风险调控，相反，资本水平越低的银行为了达到银监会规定的资本充足率水平，愿意从事较高风险的投资和经营活动来提高自己的资本水平，因此，资本充足率越低的银行，其银行风险承担意愿越大。另一部分学者（Bichse & Blum，2007）认为，银行资本水平与银行风险承担呈正相关关系，更高的资本水平会导致银行风险承担意愿增加。

（2）盈利水平。本章将选用资产收益率（ROA）来衡量银行盈利水平的高低。如果银行的盈利水平较高，银行为了获得利润和收益而从事高风险的投资活动的动机就较低，因此，银行承担风险的意愿就减弱；反之，银行的盈利水平低，在银行业竞争日趋激烈的环境下，银行为了追逐收益就会愿意承担更高的风险。

（3）存贷比。存贷比（LTD）＝贷款总额/存款总额。存贷比率可以反映银行的业务经营风险特征，并在一定程度上影响银行风险承担。

（4）银行规模。为了考察银行规模与银行风险承担的关系，本章将对银行资产进行自然对数处理（lnSIZE）来衡量银行规模。学者们对银行规模和银行风险承担行为关系的研究结论是不确定的。一部分学者（Haldane，2009）认为，资产规模越大的银行，其银行风险承担更高。大银行在"大而不倒"态势的隐性保护下，银行管理者为了追逐更高的收益可能会进行较高风险的投资和经营活动，因此，大银行相比小银行，其银行风险承担会更高。另一部分学者（方意、徐明东，2012；Delis & Kouretas，2011）的研究结果显示：大银行的风险承担要低于小银行的风险承担，认为大银行业务范围广，投资分散程度较高，再加上较为成熟完善的风险控制体系，因此，大银行进行高风险投资活动获得利润的动机较小，银行风险承担意愿下降。

（5）银行业市场结构。学者对银行业市场结构与银行风险承担关系的研究结论并不一致。有些学者（Maddalon & Pedyro，2011；李成，2014）认为，银行业越不集中，竞争越激烈，会使得银行为了追逐收益而降低信贷标准，从而提高银行风险承担。另外有些学者（Berger et al.，2009；汪莉，2015）则持有相反观点，认为银行业竞争程度的提高会降低银行风险承担。

目前，国内外大部分学者是采用行业集中率（CR4）来作为银行业市场结构的代理变量，银行业集中率指标具有简单易行、应用广泛的特点，因此，本章也采用此指标来衡量银行业市场结构。该指标反映了银行业的行业集中度和竞争程度，该指标值越大说明银行业竞争程度越小，值越小说明银行业竞争程度越大，由于我国四大国有商业银行在银行业中长期占据着重要的领导地位，故银行业市场结构＝四大国有商业银行的资产总额/银行业资产总额。

（6）资本市场状况。作为本章的宏观经济控制变量之一，资本市场的状况会通过影响银行投资的资产价格和收益作用于银行风险承担。当资本市场繁荣时，将会促使银行投资的资产价格和资产收益提高，因此，银行的资产面临的风险将下降；当资本市场比较疲弱和萧条时，银行资产价格和收益率下降，银行资产风险上升，在"追逐收益机制"的作用下，银行会倾向通过进行高风险投资交易活动来保证自己的收益水平，进而导致银行的风险承担意愿上升。所以本章将上证综指的年收益率（STOCK）作为资本市场状况的代理变量，将其作为控制变量纳入模型当中。

（7）宏观经济状况。为了考察宏观经济状况与银行风险承担之间的关系，本章将采用年GDP增长率来衡量宏观经济状况。目前学者对宏观经济状况与银行风险承担关系的研究结论并不相同。一部分学者（Delis & Kouretas，2011；张雪兰，2012）认为，在经济向好的时期，银行对未来的经济发展形势保持乐观的态度，会放松信贷标准，继而使得银行风险承担和风险容忍度上升，即GDP增长率与银行风险承担呈正相关关系。另外有些学者（张强，2013；方意，2012）认为，在经济比较疲软的时期，银行投资的资产价格和收益的下降将会使银行资产面临较大的风险，从而使得银行风险承担上升，即宏观经济状况对银行风险承担具有负影响。

本章研究的样本是15家上市银行的数据，基于银行成立及上市的时间不一致，部分银行的年度数据缺失，所以本章数据为非平衡面板数据，15家上市银行中不仅包括了大型国有商业银行，而且还包括上市股份制商业银行以及城市商业银行，研究的样本期是2005～2014年，数据均为年度数据，中央银行沟通变量数据来源于《中国货币政策执行报告》，银行的相关变量数据来源于国泰安数据库和中国金融统计年鉴，宏观经济变量数据来源于中国人民银行网站，所有变量定义与名称如表5-1所示。

表5-1　　　　　　　　　变量的定义与名称

| 变量类型 | 变量符号 | 变量名称 | 变量定义 |
|---|---|---|---|
| 被解释变量 | NPL | 不良贷款率 | 不良贷款占总贷款比重 |
| 解释变量 | LRL | 贷款损失准备占比 | 贷款损失准备占总贷款比重 |
|  | MON | 货币政策立场沟通指数 | 货币政策立场宽松或紧缩程度 |
|  | ECO | 经济发展形势沟通指数 | 经济发展形势乐观或悲观程度 |
| 银行特征控制变量 | CAR | 资本充足率 | 资本总额/风险加权资产 |
|  | ROA | 资产收益率 | 净利润/平均资产总额 |
|  | LTD | 存贷比 | 贷款总额/存款总额 |
|  | lnSIZE | 银行资产规模 | 资产规模的自然对数 |
|  | CR4 | 市场结构 | 四大国有银行资产总和/银行业总资产 |
| 宏观经济控制变量 | STOCK | 资本市场状况 | 上证综指年收益率 |
|  | GDP | 宏观经济状况 | 国内生产总值年增长率 |

# 第四节　中央银行沟通影响银行风险承担行为的实证分析

## 一、描述性统计与相关性分析

为了能够更准确地反映中央银行沟通对银行风险承担行为的影响，在进行回归分析前，先进行描述性统计及相关性分析以了解数据分布情况及变量相关关系。

## （一）描述性统计

表 5 - 2 报告了各主要变量的描述性统计特征，从表中可以看出银行不良贷款率（NPL）均值为 0.0211，其均值超过了 2% 的风险警戒水平，说明我国银行业不良贷款率平均水平较高，最大值超过了最小值的 65 倍，说明了我国银行业不同银行的不良贷款率差异比较大，其银行的资产质量参差不齐；货币政策立场沟通（MON）平均值为 0.2640，说明中央银行沟通释放的货币政策立场平均来看是紧缩的；经济发展形势沟通（ECO），平均值为 0.2660，说明经济发展形势信息的平均悲观程度为 0.2660；资本充足率（CAR）的最小值为 - 0.0039，最大值为 0.2410，说明不同银行的资本充足率差别比较大，甚至有些银行的资本充足率严重不足；资产收益率（ROA）的均值为 0.0105，说明银行平均来说是盈利的；银行业市场集中度（CR4）均值为 0.5270，说明我国四大国有银行的总资产在整个银行业的总资产占的比重超过了 50%，即占据了主导地位；存贷比率（LTD）均值为 0.6910，且最小值和最大值都小于 1，说明银行的贷款平均来说是高于存款的；银行资产规模（lnSIZE）最小值为 24.7600，最大值为 30.5700，说明我国小银行在资产规模上与大银行的差距比较大；资本市场状况（STOCK）均值为 0.2260，说明我国上证综指平均来看是上涨的，上证指数是赚钱的，最小值为 - 0.6540，最大值为 1.2990，不同年份的收益率差异比较大，且标准差比较大，说明了我国股票市场的波动程度较大；宏观经济状况（GDP）均值高达 0.0990，说明我国经济高速发展，发展一直保持良好的态势。

表 5 - 2　　　　　　　　　　变量描述性统计

| 变量 | 样本数 | 均值 | 标准差 | 最小值 | 最大值 |
| --- | --- | --- | --- | --- | --- |
| NPL | 147 | 0.0211 | 0.0347 | 0.0036 | 0.2360 |
| LRL | 143 | 0.0244 | 0.0074 | 0.0110 | 0.0508 |
| MON | 147 | 0.2640 | 0.7150 | - 1 | 1 |
| ECO | 147 | 0.2660 | 0.0481 | 0.1810 | 0.3540 |
| CAR | 144 | 0.1180 | 0.03160 | - 0.0039 | 0.2410 |

续表

| 变量 | 样本数 | 均值 | 标准差 | 最小值 | 最大值 |
|------|--------|------|--------|--------|--------|
| *ROA* | 147 | 0.0105 | 0.00290 | 0.0016 | 0.0155 |
| *CR*4 | 147 | 0.5270 | 0.0643 | 0.4120 | 0.6270 |
| *LTD* | 147 | 0.6910 | 0.0735 | 0.5080 | 0.8380 |
| ln*SIZE* | 145 | 28.2600 | 1.3920 | 24.7600 | 30.5700 |
| *STOCK* | 147 | 0.2260 | 0.5750 | -0.6540 | 1.2990 |
| *GDP* | 147 | 0.0990 | 0.0213 | 0.0740 | 0.1420 |

### （二）相关性分析

表 5 - 3 报告了模型中各变量的 Pearson 相关系数矩阵，从表可以看出，自变量 *MON*、*ECO* 与 *NPL* 因变量均呈现显著的负相关关系，说明紧缩的货币政策立场沟通和悲观的经济发展形势沟通会降低银行不良贷款率，即降低银行风险承担；银行特征控制变量 *CAR*、*ROA* 与 *NPL* 也呈现显著的负相关关系，说明资本充足率和资产收益率较高的银行，其银行不良贷款率和银行风险承担越低；存贷比率（*LTD*）与 *NPL* 的相关关系并不显著，说明需要加入其他控制变量进一步分析；银行业市场结构 *CR*4 与 *NPL* 相关系数为 -0.411，且在 1% 水平下显著，说明银行业竞争程度的增加会提高银行的不良贷款率进而提高银行风险承担；宏观经济控制变量 *STOCK* 与 *NPL* 因变量呈显著的负相关关系，说明资本市场的繁荣会降低银行不良贷款率；而 *GDP* 与 *NPL* 的正相关关系显著，说明 GDP 增长率的提高会对银行不良贷款率产生促进作用进而提升银行风险承担。

## 二、货币政策立场沟通对银行风险承担的影响

为了研究中央银行展开的货币政策立场沟通是否显著地影响银行风险承担，参考方意、赵胜民（2012）设定的基准模型，本章构建了如下静态面板模型（5.11）进行固定效应分析。

$$Risk_{i,t} = \beta_1 MON_{i,t} + \beta_2 LTD_{i,t} + \beta_3 CAR_{i,t} + \beta_4 CR4_{i,t} + \beta_5 \ln SIZE_{i,t}$$
$$+ \beta_6 STOCK_{i,t} + \beta_7 GDP_{i,t} + \beta_8 ROA_{i,t} + \mu_{i,t} \qquad (5.11)$$

表 5 – 3

相关系数矩阵

| 变量 | NPL | ECO | MON | CAR | ROA | CR₄ | lnSIZE | LTD | STOCK | GDP |
|---|---|---|---|---|---|---|---|---|---|---|
| NPL | 1 | | | | | | | | | |
| ECO | -0.313*** | 1 | | | | | | | | |
| MON | -0.211** | -0.204* | 1 | | | | | | | |
| CAR | -0.511** | 0.134 | -0.106 | 1 | | | | | | |
| ROA | -0.184* | 0.259** | -0.243* | 0.630** | 1 | | | | | |
| CR4 | -0.411*** | -0.379*** | 0.589*** | -0.234** | -0.526 | 1 | | | | |
| lnSIZE | 0.049 | 0.113 | -0.21* | 0.004 | 0.306*** | -0.352*** | 1 | | | |
| LTD | -0.110 | 0.024 | -0.102 | -0.289*** | -0.165* | -0.151 | -0.087 | 1 | | |
| STOCK | -0.198* | -0.522*** | 0.160 | -0.112 | -0.191* | 0.260** | -0.081 | 0.028 | 1 | |
| GDP | 0.374*** | -0.585*** | 0.369*** | -0.092 | -0.376*** | 0.518*** | -0.312*** | -0.119 | 0.458*** | 1 |

注：*、**、***分别表示在10%、5%、1%的水平上显著。

从表 5 - 4 的货币政策立场沟通模型估计结果可以看出，中央银行展开的货币政策立场沟通（MON）与银行不良贷款率呈现显著的负相关关系（β = - 0.00595），即货币政策立场沟通值的提高会降低银行不良贷款率，也就是说紧缩的货币政策立场沟通会降低银行风险承担；货币政策立场沟通值（MON）的降低会提高银行不良贷款率，意味着宽松的货币政策立场沟通会提高银行风险承担。这是因为中央银行展开的货币政策立场沟通会通过作用于商业银行利率风险预期的形成对银行风险承担产生影响，那么中央银行传递货币政策立场宽松的信息会通过引导商业银行的利率风险预期下降进而提高商业银行风险承担；而紧缩的货币政策立场沟通会通过引导商业银行的利率风险预期上升进而降低商业银行风险承担，这与本章提出的假设 5.1 一致。

**表 5 - 4**　　　　　　　　　　　**模型估计结果**

| 变量 | 货币政策立场沟通模型 | 经济发展形势沟通模型 |
|---|---|---|
| MON | - 0.00595 *** <br> (0.00129) | |
| ECO | | - 0.101 ** <br> (0.0431) |
| CAR | - 0.279 <br> (0.133) | - 0.246 <br> (0.126) |
| ROA | - 0.686 <br> (0.982) | - 0.683 <br> (1.010) |
| CR4 | - 0.0781 ** <br> (0.0415) | - 0.0886 ** <br> (0.0443) |
| lnSIZE | - 0.0134 *** <br> (0.00793) | - 0.0185 *** <br> (0.00846) |
| LTD | - 0.0501 ** <br> (0.0318) | - 0.0562 ** <br> (0.0318) |
| STOCK | - 0.00173 *** <br> (0.00204) | - 0.00508 *** <br> (0.00256) |
| GDP | 0.311 <br> (0.107) | 0.0229 * <br> (0.0545) |

续表

| 变量 | 货币政策立场沟通模型 | 经济发展形势沟通模型 |
|------|------|------|
| 常数 | 0.481<br>(0.256) | 0.690<br>(0.279) |
| N | 142 | 142 |
| R² | 0.626 | 0.628 |

注：（1）括号内数字表示 P 值；（2）＊、＊＊、＊＊＊分别表示在 10%、5%、1% 的水平上显著。

资本充足率（$CAR$）对银行不良贷款率产生了显著的负影响（$\beta = -0.279$）。这一结论与雅克和尼格罗（Jacques & Nigro，1997）、布奇等（Buch et al.，2013）等国外学者的实证研究结论相同。换言之，资本充足率越低的银行，其银行的风险承担意愿越大，这可能是因为银监会对我国银行有一系列的监管和管制，其中，银监会对银行的资本充足率有一定的下限要求，银监会对资本充足率不足和过低的银行将采取惩罚措施，那么资本充足率不足的银行在惩罚机制作用下，为了达到银监会规定的资本充足率水平，愿意从事较高风险的投资和经营活动来提高自己的资本水平，因此，资本充足率越低的银行，其银行风险承担意愿越大。而资本充足率高的银行为了避免自己的资本充足率水平下降到银监会规定之下而受到惩罚，银行在做投资和经营决策时会更加小心和保守，其银行风险承担意愿将下降，因此，资本充足率越高的银行，其银行风险承担越低。

银行业市场结构（$CR4$）与银行不良贷款率负相关（$\beta = -0.0781$）。$CR4$越小，银行业越不集中，竞争越激烈，在竞争机制作用下，会使得银行为了追逐利润率而降低信贷标准，从而使银行风险承担增加；$CR4$越大，银行业越集中，竞争程度越低，而竞争压力的减少会使得银行追逐利润率的动力下降，从而对银行风险承担会产生抑制作用。

宏观经济状况（$GDP$）与银行不良贷款率呈现显著的正相关关系（$\beta = 0.311$）。这一结论与德利斯和库雷塔斯（Delis & Kouretas，2011）、张雪兰（2012）等学者的实证研究结论一致，当 GDP 增长率较高时，经济快速发展的时期，银行对未来的经济发展形势保持乐观的态度，银行会放松信贷标准，继而使得银行风险承担和风险容忍度上升；当 GDP 增长率较低，经济比较疲软时，银行对未来的经济发展形势保持悲观的态度，而悲观的态度会使银行在经营业务和投资决策时趋向保守，并收紧信贷标准，其银行风险承担意愿下降。

### 三、经济发展形势沟通对银行风险承担的影响

为了研究中央银行展开的经济发展形势沟通是否显著地影响银行风险承担，本章构建了如下静态面板模型进行实证分析：

$$Risk_{i,t} = \beta_1 ECO_{i,t} + \beta_2 LTD_{i,t} + \beta_3 CAR_{i,t} + \beta_4 CR4_{i,t} + \beta_5 \ln SIZE_{i,t}$$
$$+ \beta_6 STOCK_{i,t} + \beta_7 GDP_{i,t} + \beta_8 ROA_{i,t} + \mu_{i,t} \tag{5.12}$$

式中，$ECO$ 代表经济发展形势沟通。

为了确定在混合回归模型、随机效应模型、固定效应模型中选择哪种模型进行实证分析，本章同样做了 F 检验和 LM 检验，检验结果显示应该选择固定效应模型。固定效应回归结果如表 5-4 所示。

从表 5-4 经济发展形势沟通模型估计结果显示，中央银行展开的经济发展形势沟通（$ECO$）与银行不良贷款率呈现显著的负相关关系（$\beta = -0.101$），这也就说明了中央银行展开的经济发展形势沟通显著地影响了银行风险承担。当 $ECO$ 值越大，中央银行经济发展形势沟通传递的经济发展形势信息越悲观，银行风险承担下降，当 $ECO$ 值越小，中央银行经济发展形势沟通传递的经济发展形势信息越乐观，会提高银行风险承担。这是因为中央银行展开的经济发展形势沟通会通过引导商业银行经济发展形势风险预期的形成作用于银行风险承担，那么，中央银行传递经济发展形势乐观信息，会引导商业银行对经济发展形势风险形成乐观的预期，使银行风险承担上升；而悲观的经济发展形势信息会引导商业银行对经济发展形势风险形成悲观的预期，进而使得商业银行的风险承担下降，进而验证了假设 5.2。

银行资产规模（$\ln SIZE$）与银行不良贷款率呈现显著的负相关关系（$\beta = -0.0185$）。这意味着规模较大的大银行相比小银行，其银行的风险承担会更低。这一结论与我国学者方意（2012）、徐明东（2012）及国外学者德利斯和库雷塔斯（2011）的实证研究结论一致。这是因为大银行业务范围广，投资分散程度较高，再加上较为成熟完善的风险控制体系，因此，大银行进行高风险投资活动获得利润的动机较小，银行风险承担意愿下降。

银行存贷比率（$LTD$）与银行不良贷款率呈现负相关关系（$\beta = -0.0562$）。这是因为 $LTD$ 会通过反映银行的业务经营风险特征进而作用于银行风险承担。

$LTD$ 值的提高，即银行存款减少，贷款增多，说明银行盈利能力较强，银行为了防止贷款过多地增加，对业务经营的风险态度上是趋向保守的，放贷标准也在一定程度上提高，故银行的风险承担意愿降低；反之，$LTD$ 值的降低，即贷款减少，存款提高，说明银行盈利能力下降，银行为了追逐更多收益在经营贷款业务上是扩张化的，并在一定程度上降低放贷标准，其银行风险承担提高。

资本市场状况（$STOCK$）与银行不良贷款率呈现较为显著的负相关关系（$\beta = -0.00508$）。当上证综指年收益率值越大时，即资本市场越繁荣时，银行投资的资产价格上升，银行资产收益率提高，银行业绩效较好，资产风险下降，这将导致银行的风险态度偏向保守，银行的风险承担意愿下降；当上证综指年收益率值越小时，即资本市场比较疲弱和萧条时，银行资产价格和收益率下降，银行投资的资产面临损失的风险，在稳定收益从而实现债务支付承诺的驱动下，银行愿意从事较高风险的投资活动来获得收益进而弥补损失，此时银行风险承担上升。

银行的资产收益率（$ROA$）与银行的不良贷款率并无显著的关系，这与现有研究文献得出来的结论不一致。

## 四、比较不同内容沟通对银行风险承担的影响效应大小

根据前文的实证分析可以看出，中央银行展开的货币政策立场沟通和经济发展形势沟通对银行风险承担都会产生显著的影响，为了比较货币政策立场沟通与经济发展形势沟通对银行风险承担的影响效应大小，因此，需要把货币政策立场沟通指数（$MON$）、经济发展形势沟通指数（$ECO$）以及银行不良贷款率（$NPL$）进行标准化处理，再把标准化后得到的货币政策立场沟通指数（$MONSTD$）和经济发展形势沟通指数（$ECOSTD$）分别放入模型当中进行实证分析，比较标准化回归系数，回归结果如表 5 - 5 所示。

表 5 - 5　　　　　　　　　　标准化回归结果

| 变量 | 货币政策立场沟通模型 | 经济发展形势沟通模型 |
|---|---|---|
| $MONSTD$ | - 0. 123 **<br>（0. 0267） | |

续表

| 变量 | 货币政策立场沟通模型 | 经济发展形势沟通模型 |
|---|---|---|
| ECOSTD | | −0.141*<br>(0.0598) |
| CR4STD | −0.145*<br>(0.0769) | −0.164*<br>(0.0822) |
| ROASTD | −0.0574*<br>(0.0820) | −0.0571*<br>(0.0844) |
| CARSTD | −0.254<br>(0.121) | −0.224<br>(0.115) |
| LTDSTD | −0.106*<br>(0.0674) | −0.119*<br>(0.0674) |
| lnSIZESTD | −0.537<br>(0.319) | −0.741<br>(0.339) |
| GDPSTD | 0.191*<br>(0.0658) | 0.0141**<br>(0.0335) |
| STOCKSTD | −0.0287**<br>(0.0337) | −0.0843**<br>(0.0425) |
| 常数 | −0.143***<br>(0.00787) | −0.149***<br>(0.00799) |
| N | 142 | 142 |
| R² | 0.626 | 0.628 |

注：（1）括号内数字表示 P 值；（2）*、**、*** 分别表示在 10%、5%、1% 的水平上显著。

从标准化回归结果来看，标准化后的货币政策立场沟通指数（MONSTD）的回归系数 $\beta = -0.123$，标准化后的经济发展形势沟通指数（ECOSTD）的回归系数 $\beta = -0.141$，由于经济发展形势沟通的标准化回归系数的绝对值（0.141）大于货币政策立场沟通的标准化回归系数的绝对值（0.123），所以，央行展开的经济发展形势沟通对银行风险承担的影响效应要大于货币政策立场沟通对银行风险承担的影响效应，从而验证了假设 5.3。这是因为，央行沟通所传递的经济发展形势信息与货币政策立场信息相比，其精度和透明度都较高，另外，对于认知水平和金融知识水平都有限的公众和市场主体来说，更容易理解专业性较低的、更大众化、通俗易懂的经济发展形势信息，在清晰性和可信性上，货币政策立场信息都不如经济发展形势信息，商业银行的风险偏好和风险承担是较为主观和感性的，因此，经济发展形势沟通引导商业银行形成的经济发展形势风险预期的变动程度要大于货币政策立场沟通引导商业银行形成的利率风险预期的变动程度。

## 五、稳健性检验

考虑到衡量商业银行风险承担的代理变量有很多，不同的度量指标对实证结果有较大的影响。为了使研究结论更加稳健，本节将选取贷款损失准备占比（LRL）代替不良贷款率（NPL）作为衡量银行风险承担的指标进行模型稳健性检验。

从表 5 - 6 可以看出，货币政策立场沟通指数（MON）与贷款损失准备占比（LRL）呈现显著的负相关关系（$\beta = -0.00295$），经济发展形势沟通指数（ECO）与贷款损失准备占比（LRL）也呈现较为显著的负相关关系（$\beta = -0.0493$）。中央银行展开的货币政策立场沟通和经济发展形势沟通对银行风险承担的影响符号和显著性与不良贷款率的回归结果基本保持一致，另外，主要控制变量的显著性和符号与不良贷款率的回归结果也基本相同。

表 5 - 6　　　　　　　　　　稳健性检验

| 变量 | 货币政策立场沟通模型 | 经济发展形势沟通模型 |
|---|---|---|
| MON | -0.00295 *** <br> (0.000837) | |
| ECO | | -0.0493 ** <br> (0.0253) |
| CAR | -0.0972 * <br> (0.0541) | -0.0828 * <br> (0.0514) |
| ROA | 0.118 <br> (0.445) | 0.120 <br> (0.445) |
| CR4 | -0.0549 ** <br> (0.0208) | -0.0614 ** <br> (0.0210) |
| lnSIZE | -0.00337 *** <br> (0.00391) | -0.00611 *** <br> (0.00412) |

续表

| 变量 | 货币政策立场沟通模型 | 经济发展形势沟通模型 |
|---|---|---|
| LTD | −0.0315 ** <br> (0.0188) | −0.0352 ** <br> (0.0180) |
| STOCK | −0.000826 *** <br> (0.000907) | −0.00246 *** <br> (0.00135) |
| GDP | 0.158 * <br> (0.0655) | 0.00847 ** <br> (0.0462) |
| 常数 | 0.166 <br> (0.127) | 0.277 <br> (0.135) |
| N | 140 | 140 |
| R² | 0.219 | 0.220 |

注：（1）括号内数字表示 P 值；（2）*、**、*** 分别表示在 10%、5%、1% 的水平上显著。

# 第五节　研究结论与政策建议

## 一、研究结论

本章是按照中央银行货币政策立场沟通和经济发展形势沟通引导市场主体预期，进而作用于银行风险承担的逻辑链条，将货币政策立场沟通和经济发展形势沟通引入银行风险承担的影响因素之中，发现中央银行展开的货币政策立场沟通会引导商业银行对利率风险预期的形成来使银行的风险态度发生改变，中央银行展开的经济发展形势沟通，会影响到商业银行对经济发展形势风险预期的形成，进一步作用于银行风险承担，同时基于中央银行信息沟通内容这一视角，借鉴莫里斯和希恩（2002）的 M-S 模型，将中央银行沟通的公共信息分为货币政策立场信息和经济发展形势信息，构建理论模型进一步分析了货币政策立场沟通和经济发展形势沟通与银行风险承担的关系，从而检验了货币政策立场沟通引导市场主体对利率风险预期形成和经济发展形势沟通引导市场主体对经济发展形势风险预期形成的有效性。另外，从信息精确度、透明度以及公众认知水平三方面分析比较了货币政策立场信息与经济发展形势信息的差异，并基于对银行风险承担的影响这一微观视角，进而比较货币政策立场沟通和经济发展形势沟通对银行风险承担的影响效力大小。本章主要得到以下结论。

（1）如果中央银行展开了较为有效的货币政策立场沟通，中央银行传递货币政策立场宽松的信息，会引导银行的利率风险预期下降，进而导致银行的风险承担上升；中央银行传递货币政策立场紧缩的信息，会引导银行的利率风险预期上升，此时，银行的风险承担下降。

（2）如果中央银行展开了较为有效的经济发展形势沟通，中央银行传递经济发展形势向好或者乐观的信息，会引导银行对经济发展形势风险形成乐观预期，由此导致银行风险承担上升；中央银行传递经济发展形势走弱或者悲观的信息，会引导银行对经济发展形势风险形成悲观的预期，进而导致银行风险承担下降。

（3）中央银行展开的经济发展形势沟通对银行风险承担的影响效应要大于货币政策沟通对银行风险承担的影响效应。这是因为经济发展形势沟通所暗含的经济发展形势信息与货币政策立场沟通所暗含的货币政策立场信息相比，其精确度和透明度都较高，另外，对于认知水平和金融知识水平都有限的公众和市场主体来说，更容易理解专业性较低的、更大众化、通俗易懂的经济发展形势信息，在清晰性和可信性上，货币政策立场信息都不如经济发展形势信息，因此，经济发展形势沟通引导商业银行形成的经济发展形势风险预期的变动程度要大于货币政策立场沟通引导商业银行形成的利率风险预期的变动程度，即银行风险承担对经济发展形势信息的反应程度要强于对货币政策立场信息的反应程度。

## 二、政策建议

近年来，我国的金融业快速发展，金融风险出现上升趋势，防范金融风险、保障金融安全引起了货币政策当局的高度重视。在《中华人民共和国国民经济和社会发展第十三个五年规划纲要》里提出，"健全宏观调控体系，创新宏观调控方式""更加注重引导市场行为和社会预期，为结构性改革营造稳定的宏观经济环境。"由此可见，货币政策当局越来越重视预期的引导和形成在维护金融稳定方面所产生的重要作用，在此情况下，如何完善中央银行沟通引导市场主体预期形成机制，降低市场主体预期异质性，提升预期管理有效性，维护金融稳定就成为货币政策当局迫切要解决的问题。那么，从本章的研究结论出发，中央银行信息沟通内容是影响市场主体预期形成的重要因素，通过中央银行沟通的信息内容来引导银行风险预期的形成，转变银行风险偏好，进而促进金融稳定应当是可行途径，为此，本章提出以下四点建议。

第一，货币政策当局要发挥中央银行沟通在维护金融稳定产生的作用。中央银行通过信息沟通作用与市场主体预期的形成，不同内容的沟通会引导市场主体形成不同的预期。因此，中央银行展开沟通时应考虑信息沟通内容的多样性，让公众和市场主体更好地从多方面理解中央银行的政策意图，其中，要着重展开对货币政策立场信息和经济发展形势信息的沟通，利用货币政策立场沟通和经济发展形势沟通来影响银行风险承担，降低风险，进而维护金融稳定。当经济过热，金融系统风险过高时，中央银行应该展开紧缩的货币政策立场沟通和悲观的经济发展形势沟通，进而降低商业银行的风险偏好，促进金融稳定。

第二，加强中央银行对经济发展形势信息的沟通。经济发展形势信息会影响到市场主体对经济发展形势风险预期的形成，进而影响到金融稳定，并且经济发展形势信息在维护金融稳定产生的作用要大于货币政策立场信息的作用，因此，中央银行要利用自己天然的信息优势和人才优势对经济发展形势做出分析，提升经济发展前景的预测能力，以避免因本身认知不足而造成对经济发展形势的理解偏差，进而使得中央银行所沟通的信息内容更加准确，这样才能有效引导市场主体形成与政策意图相符的预期，降低预期的异质性，从而提升中央银行经济发展形势沟通在维护金融稳定所产生的效果。

第三，提高公众的认知水平和金融素养。公众与中央银行相比，其认知水平和金融素养有限，公众需要通过一段时间的学习才能理解中央银行沟通所传递的意图，公众的认知水平和金融素养对中央银行沟通效果会产生直接的影响。对于专业性较强的货币政策立场信息，公众只有正确地理解中央银行沟通所传递的货币政策意图，才能提高中央银行展开的货币政策立场沟通的效果。

第四，提高中央银行信息沟通的透明度。信息内容的全面性是衡量透明度的一个维度，信息沟通内容越全面，信息透明度越高，信息透明度的提高有利于增加市场主体和公众对信息的理解程度。因此，中央银行除了沟通货币政策立场信息和经济发展形势信息本身之外，还要及时沟通与之相关的信息，增加内容的全面性，进而降低中央银行与市场主体之间的信息不对称性，使得市场主体更为全面和准确地理解信息内容，从而提高中央银行沟通的效果。

# 第六章

# 货币政策、时变预期与融资成本

本章在货币当局与市场主体存在不对称信息条件下，探讨了货币当局实施未预期的宽松性政策时，市场主体预期时变性在这一政策行动影响信贷市场融资成本过程中的机制。首先，采用外部融资溢价度量融资成本，提出在经济周期的不同阶段，未预期的宽松性政策通过作用于市场主体预期的时变性特征，进而影响外部融资溢价的非线性效应假说，然后，建立包含货币政策变量的马尔科夫区制转换信贷利差模型和市场主体预期形成模型展开检验。

## 第一节　引言

自从国际金融危机爆发以来，随着我国宏观经济运行出现阶段性放缓趋势，中国人民银行长期实施了极度宽松性货币政策，频繁运用降准、降息和逆回购等政策工具释放流动性，试图改善信贷市场融资环境以满足实体经济发展的融资需求。然而，尽管在宽松性货币政策效应下，M2 总量从 2008 年的 47.51 万亿元扩张至 2013 年的 110.65 万亿元①，但是，信贷市场的融资环境并未得到切实改善，甚至在银行间同业拆借市场上爆发了"钱荒"事件，这实际上也就表现出全社会货币流通量快速增长与信贷市场"融资难""融资贵"并存的独特现象。那么，货币当局所实施的宽松性货币政策能否有效降

---

① 资料来源：各期《中国经济景气月报》。

低信贷市场融资成本，成为学术界争论的热点话题。

从现有文献来看，伯南克和格特勒（1995）以及伯南克、格特勒和吉尔克里斯特（Bernanke，Gertler & Gilchrist，1999）最先从融资约束理论出发，通过探讨货币政策影响外部融资溢价（external finance premium）的角度，展开对信贷市场融资成本机制的考察。根据融资约束理论（Gertler，1988；Bernanke & Gertler，1989），在不完备的信贷市场上，借款人的融资存在约束机制，这意味着借款人从信贷市场获得融资的成本除了内部资金成本之外，还包括外部融资溢价，而外部融资溢价实际上就是指市场主体在对借款人违约概率预期的基础上，评估借款人信用度、监督合约执行和清收贷款所承担的费用，并转嫁到借款人融资成本之中。而且，在融资约束机制中，外部融资溢价又取决于借款人违约概率的高低，并最终受到借款人资产净值的约束，那么，货币政策将通过作用于借款人资产净值，促使其违约概率发生变化，进而影响到外部融资溢价。这就不难推论，宽松性货币政策将会改善借款人资产净值，促使其违约概率下降，从而降低外部融资溢价，并会引致借款人从信贷市场获得融资的成本下降[1]（Avramov et al.，2007；Beckworth et al.，2010）。

然而，在后续的研究进展中，研究者对上述机制产生了质疑：如果考虑经济周期因素，货币政策在经济周期的不同阶段都能够有效影响到外部融资溢价吗？[2] 这主要是因为，在经济周期的不同阶段，借款人融资约束机制的资产净值对其获得外部融资的约束程度将会有所差异，也就是说，在上述"借款人资产净值→违约概率→外部融资溢价"机制中，借款人资产净值对其违约概率产生影响这一环节会随着经济周期阶段的转换而发生变化，这就进一步使得货币政策影响外部融资溢价的机制，即"货币政策→借款人资产净值→违约概率→外部融资溢价"表现为非线性效应（Bernanke & Gertler，1989；Hendricks & Kempa，2011；Balke，2000）。这也不难认为，宽松性货币政策引致信贷市场融资成本下降的力度，将会受到经济周期阶段转换的影响。

---

① 根据金融加速器理论，外部融资溢价的变动会放大货币政策对信贷市场融资成本的影响（Bernanke & Gertler，1989；Bernanke & Gertler，1995），这实际上是学术界从外部融资溢价角度展开探讨的主要原因。

② 另外两个文献分别从货币政策方向差异的角度（Oliner & Rudebusch，1996；kim et al.，1998），以及借款人资产负债表质量差异的角度（Bernanke，Gertler & Gilchrist，1996；Kashyap & Stein，1995、2000）对货币政策影响外部融资溢价机制进行了拓展。

　　不仅如此，近年来，随着货币当局与市场主体存在不对称信息的典型事实开始被实证文献所证实（Romer Christina D. & Romer David H.，2000），研究者发现，货币当局所实施的政策又往往是未被市场主体所预期到的，那么，他们进一步关注于考察经济周期的不同阶段，未预期的货币政策影响外部融资溢价的非线性效应，并将市场主体预期时变性（time-varying effect）引入借款人融资约束机制而展开分析。塞内索格鲁和埃西德（Cenesizoglu & Essid，2010）由此指出，未预期到的政策行动可能会暴露货币当局的私有信息，进而引致市场主体对信息做出反应，并相应调整其经济前景预期，而且，随着经济周期阶段的转换，这一政策行动对市场主体预期的影响效应还具有时变性，并导致借款人融资约束机制的资产净值对其获得外部融资的约束程度发生变化，从而使得未预期的货币政策影响外部融资溢价的机制表现为非线性效应。不难看出，与前述在信息充分条件下未区分预期与未预期到的政策情形相比，这一非线性机制考虑到不对称信息条件下未预期货币政策的影响效应，可能更符合货币政策操作的实际情况。

　　上述文献的研究成果为我们解答当前我国货币当局实施宽松性货币政策能否有效降低信贷市场融资成本提供了很好的借鉴。事实上，自从国际金融危机爆发以来，我国宏观经济运行经历了衰退、扩张，然后再次衰退等多次周期阶段的转换，而且，中国人民银行与市场主体同样存在严重的不对称信息（陈学彬，1997；李云峰、李仲飞，2010；卞志村、张义，2012），那么，中国人民银行所实施的政策行动也通常是未被预期到的[①]，这就不难推论，在这一未预期的政策行动影响下，市场主体预期形成方式可能具有时变性特征，并构成了货币政策影响信贷市场融资成本过程中的扰动因素。在此情况下，就有必要从不对称信息条件出发，对未预期政策行动作用于市场主体预期时变性的机制加以关注。

　　基于上述考虑，我们采用外部融资溢价度量融资成本，在中国人民银行与市场主体存在不对称信息条件下，提出经济周期不同阶段未预期的宽松性政策作用市场主体预期，进而影响外部融资溢价的非线性效应假说，并进一步建立包含货币政策变量的马尔科夫区制转换信贷利差模型和市场主体预期形成模型

----

　　① 例如2014年11月21日中国人民银行所采取的下调存贷款基准利率政策，在其长期实施"保持定力，精准发力""不放松也不收紧银根"的政策取向下，就可以视为未预期到的政策行动（姜超，2014）。

展开检验。研究表明，随着经济周期阶段的转换，未预期的宽松性货币政策对市场主体预期的影响效应同样具有时变性，并进一步使得其引致外部融资溢价下降的力度存在非线性效应。这意味着，市场主体预期形成方式的时变性，影响到未预期宽松性货币政策降低信贷市场融资成本的力度。

　　本章主要的贡献体现在两个方面。第一，在分析货币政策与信贷市场融资成本的关系上，与以往文献局限于货币政策传导信贷渠道不同，我们试图从货币政策的预期引导功能为切入点展开，并基于不对称信息条件，在经典的信贷渠道中引入未预期政策行动作用于市场主体预期时变性的机制，从而融合了货币政策传导信贷渠道和预期渠道的相关理论，深化了学术界对货币政策传导机制的理论考察。第二，在探讨金融服务实体经济问题上做出边际贡献，从预期管理的角度探讨了未预期宽松性政策的影响效应，为解决信贷市场"融资难""融资贵"提供新的思路。

# 第二节　文献评述与理论分析

　　我们首先对经济周期的不同阶段货币政策影响外部融资溢价机制非线性效应相关文献进行梳理，提炼出反映各个变量因果关系的逻辑链条，进而提出本章的研究假设。

## 一、文献评述与理论分析

### （一）经济周期不同阶段货币政策影响外部融资溢价的非线性效应

　　如前所述，学术界最先从借款人融资约束机制出发，阐释了货币政策影响外部融资溢价的机制。也就是说，在融资约束机制中，外部融资溢价取决于借款人违约概率的高低，并最终受到借款人资产净值的约束，即存在"借款人资产净值→违约概率→外部融资溢价"的影响过程。那么，货币政策将通过改变借款人现金流和抵押品价值的方式，作用于借款人资产净值，促使其违约概率发生变化，进而影响到外部融资溢价（Bernanke & Gertler，1995），表现为"货币政策→借款人资产净值→违约概率→外部融资溢价"的机制，我们可以用图 6 – 1 描述这一机制。

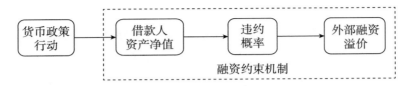

**图 6 – 1　货币政策影响外部融资溢价的机制**

然而，在后续研究的一个重要进展中，相关文献进一步发现，在经济周期的不同阶段，由于借款人融资约束机制的资产净值对其获得外部融资的约束程度有所差异，即借款人资产净值对其违约概率产生影响这一环节会随着经济周期阶段的转换而发生变化，这进一步使得货币政策影响外部融资溢价的机制表现为非线性效应。

伯南克和格特勒（1989）对此最早做出如下解释：在经济衰退阶段，由于借款人投资收益低，其融资来源难以依靠留存利润等内部资金，从而依靠外部融资比重相对较高，使得借款人资产净值对其获得外部融资的约束较强。这意味着，当货币政策导致资产净值变化时，资产净值促使其违约概率的变化较大，从而对外部融资溢价的影响力度较强。反之，在经济扩张阶段，由于借款人投资收益高，其融资来源主要依靠留存利润等内部资金，从而依靠外部融资比重相对较低，这使得借款人资产净值对其获得外部融资的约束较弱。这意味着，当货币政策导致资产净值变化时，资产净值促使其违约概率的变化较小，从而对外部融资溢价的影响力度较弱，其机制如图 6 – 2 所示。[①]

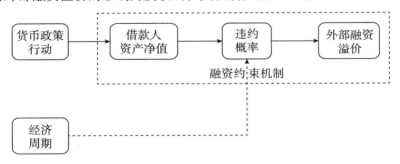

**图 6 – 2　经济周期不同阶段货币政策影响外部融资溢价的机制**

---

① 从经验证据来看，学术界发现，无论货币当局实施的是宽松性还是紧缩性政策，上述结论都是成立的（Hendricks & Kempa, 2011；Balke, 2000）。

**（二）经济周期不同阶段未预期的货币政策作用市场主体预期，进而影响外部融资溢价的非线性效应**

近年来，随着货币当局与市场主体存在不对称信息的典型事实开始被实证文献所证实（Romer Christina D. & Romer David H.，2000）①，研究者发现，货币当局所实施的政策往往是未被市场主体所预期到的，那么，他们进一步关注于考察经济周期的不同阶段，未预期的货币政策影响外部融资溢价的非线性效应，并将市场主体预期时变性引入借款人融资约束机制而展开分析。

众所周知，货币当局比市场主体拥有更多的资源去收集经济状况信息，从而拥有市场主体不知情的私有信息，并由此与市场主体之间形成了不对称信息，这实际上意味着，货币当局实施的政策行动实际上是未预期到的，并会对经济活动产生重要的影响（Sargent & Wallace，1975；Barro，1976；Barro & Gordon，1983）。基于此，克里斯蒂娜·D. 罗默和大卫·H. 罗默（Christina D. Romer & David H. Romer，2000）、埃林森和索德斯特罗姆（Ellingsen & Soderstrom，2001、2004）进一步在不对称信息条件下深入分析了未预期货币政策对金融市场的影响效应，并提出这一政策行动通过作用于市场主体有关经济前景预期（expectations about the future of the economy），进而影响利率变动的机制。他们认为，尽管货币当局具有信息优势，但是其所实施的未预期政策行动会暴露出这一私有信息。那么，在理性预期假定下，市场主体通过观察这一政策行动并对信息做出反应，从而调整经济前景预期，最终对利率变动产生影响。可见，在不对称信息条件下，市场主体预期的形成，构成了未预期的货币政策影响金融市场的重要渠道②。

塞内索格鲁和埃西德（2010）按照上述思路进一步将市场主体预期引入

---

① 尽管学术界很早就提出了不对称信息假说，但是却一直缺乏相关的经验证据，直至从 1995 年 2 月开始美联储逐步公布 5 年前公开市场操作会议的文本记录，才为学术界展开检验提供了可能。这是因为，这一文本记录中包含了美联储做出政策决策所依据的通货膨胀、产出内部预测值，而这些信息恰好并非市场主体所知情，由此，克里斯蒂娜·D. 罗默和大卫·H. 罗默（Christina D. Romer & David H. Romer，2000）利用相关数据首次验证了这个假说。

② 他们运用这一机制解释了紧缩性政策引起长期利率上升的现象。根据利率期限结构的预期理论，紧缩性政策会降低市场主体的通货膨胀预期，并使得长期利率下降。但是，经验观察却发现长期利率出现了上升趋势（Cook & Hahh，1989）。他们对此的解释是，如果货币当局采取紧缩性政策是未预期到的，那么这一政策行动会暴露出经济状况良好的私有信息，而市场主体会对信息做出反应并形成乐观的经济前景预期，从而向上修正通货膨胀预期，并促使长期利率上升。

借款人融资约束机制，探讨了经济周期不同阶段未预期的货币政策作用市场主体预期，进而影响外部融资溢价的非线性效应。

他们指出，借款人融资约束机制还会受到市场主体经济前景预期的影响，这也就是说，在信贷市场上，市场主体有关经济前景预期的变化将会影响到对借款人违约概率的预期，并进一步使得借款人资产净值对其获得外部融资的约束程度，也即资产净值对其违约概率产生影响这一环节发生相应改变。这样，未预期的政策行动除了通过作用于借款人资产净值，改变其违约概率进而影响到外部融资溢价之外，同时还会作用市场主体预期影响到外部融资溢价。这实际上也就说明，传统思路所提出的"货币政策→借款人资产净值→违约概率→外部融资溢价"的机制，还将受到市场主体预期形成方式的影响，其机制如图 6 - 3 所示。

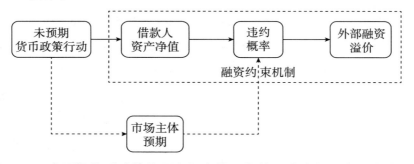

**图 6 - 3  未预期货币政策作用市场主体预期并影响外部融资溢价的机制**

不仅如此，塞内索格鲁和埃西德（2010）还进一步指出，在经济周期的不同阶段下，上述机制还具有非线性效应。这是因为，随着经济周期阶段的转换，未预期的政策行动对市场主体预期的影响效应具有时变性特征，也就是说，随着经济周期从衰退转为扩张阶段，这一政策行动通过暴露私有信息而引致市场主体调整预期的程度会有所不同，而且这种市场主体预期形成方式的时变性，又进一步导致借款人融资约束机制的资产净值对其获得外部融资的约束程度发生改变，从而使得未预期的货币政策影响外部融资溢价的机制表现为非线性效应，其机制如图 6 -4 所示。①

_____

① 他们采用公司债券信贷利差衡量外部融资溢价，并运用这一机制考察了经济周期不同阶段下未预期紧缩性政策对利差的影响。研究显示，这一政策行动会暴露出经济状况良好的信息，从而使得市场主体形成乐观的经济前景预期。而且，在经济衰退阶段，政策行动促使市场主体改善预期的影响效应较小，但是，在经济扩张阶段，则促使市场主体改善预期的影响效应将会越大，并引致利差分别出现了上升和下降的变化。

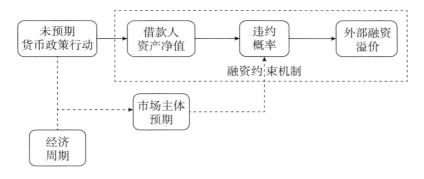

**图 6 – 4　经济周期不同阶段未预期货币政策作用市场
主体预期并影响外部融资溢价的机制**

## 二、经济周期不同阶段未预期宽松性政策作用市场主体预期，进而影响外部融资溢价非线性效应假设

我们知道，中国人民银行同样与市场主体存在严重的不对称信息（陈学彬，1997；李云峰、李仲飞，2010；卞志村、张义，2012），那么，中国人民银行所实施的政策行动也通常是未被预期到的。在此情况下，这一政策行动就会通过暴露私有信息，从而构成了影响市场主体预期形成方式的重要来源[1]，这也不难推论，如果中国人民银行所实施的宽松性货币政策也未预期到的，就会通过作用市场主体预期的形成而对外部融资溢价产生影响。再进一步考虑到国际金融危机爆发以来，我国宏观经济运行经历了衰退、扩张，然后再次衰退等多次周期阶段的转换，未预期的宽松性政策影响市场主体预期形成方式同样具有时变性特征，这使得上述机制可能存在非线性效应。

目前，学术界对这一问题的研究尚未充分展开。李岚（2010）利用 2007～2009 年宏观数据，分别采用短期融资券、中期票据和企业债利差衡量外部融资溢价，并以信贷利差结构化模型为基础，考察了 M2 同比增长率与 M1 同比增长率之差值对利差的影响。何志刚、牛伟杰（2012）利用 2006～2012 年宏观数据，采用企业债利差衡量外部融资溢价，并建立向量自回归模型，考察了

---

① 李云峰、李仲飞（2010）发现，当中国人民银行采取提高 1 年期贷款基准利率和央票利率等未预期紧缩性政策时，会促使公众产生乐观的经济前景预期，并在短期内使得通货膨胀预期和名义通货膨胀上升，进而形成"价格之谜"现象。

M2 增长率对利差的影响。研究均显示，宽松性货币政策会降低利差。不难看出，上述研究仍然是按照"货币政策→借款人资产净值→违约概率→外部融资溢价"的机制展开，并没有在不对称信息条件下考虑到未预期的政策行动对市场主体预期形成方式的影响，同时也忽略了对经济周期不同阶段下非线性效应的考察。由此，我们参照以往文献的逻辑和实证研究结果，试图在不对称信息条件下，提出经济周期的不同阶段未预期宽松性货币政策作用市场主体预期，进而影响外部融资溢价的非线性效应假设：

当货币当局采取未预期的宽松性政策时，则会暴露出经济状况不良的私有信息，从而使得市场主体形成悲观的经济前景预期。而且，在经济衰退阶段，这一政策行动未被市场主体预期到的程度较小，这样促使其预期恶化的影响效应会较小，进而导致其对借款人违约概率的预期将会较小，那么，政策行动会通过改善借款人资产净值，较大幅度地促使借款人违约概率下降，进而较大幅度地降低外部融资溢价。但是，随着经济周期逐步转为扩张阶段，如果货币当局继续实施宽松性政策，这一政策行动未被预期到的程度将会较大，并促使市场主体预期恶化的影响效应较大而形成更为悲观的经济前景预期，进而导致其对借款人违约概率预期上升并抵消了宽松性政策通过改善资产净值而降低借款人违约概率的力度。这样，政策行动仅会较小幅度地促使借款人违约概率下降，进而较小幅度地降低外部融资溢价。[①] 其机制如图 6 - 5 所示。

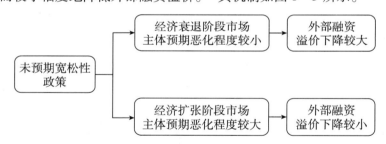

**图 6-5　经济周期不同阶段未预期宽松性政策影响外部融资溢价非线性效应**

不难看出，在上述假设中，未预期的政策行动影响市场主体预期形成方式的时变性，是引致外部融资溢价变化具有非线性效应的原因，由此，我们进一

---

① 从理论上看，在经济扩张阶段，未预期宽松性货币政策通过暴露私有信息而促使借款人违约概率预期上升的力度，也可能会超过由改善借款人资产净值而降低其违约概率的力度，从而引致外部融资溢价的上升，即表现为促使信贷市场融资成本上升。但是，从经验事实来看，这一现象很难观察到。

步细化为两个可供检验的假设。

**假设 6.1**：在经济衰退阶段，未预期的宽松性货币政策引致外部融资溢价下降的幅度较大；在经济扩张阶段，未预期的宽松性货币政策引致外部融资溢价下降的幅度较小。

**假设 6.2**：在经济衰退阶段，未预期的宽松性货币政策促使市场主体预期恶化的影响效应较小；在经济扩张阶段，未预期的宽松性货币政策促使市场主体预期恶化的影响效应较大。

那么，我们将分别建立包含货币政策变量的马尔科夫区制转换信贷利差模型和市场主体预期形成模型对上述假设展开检验。

## 第三节 未预期宽松性政策影响外部融资溢价非线性效应的检验

我们参照以往文献的做法，采用公司债券信贷利差衡量外部融资溢价[①]，并从经典的债券信贷利差结构化模型出发，通过分步引入货币政策变量和马尔科夫区制转换过程，将其拓展为包含货币政策变量的区制转换信贷利差模型，进而考察经济周期不同阶段未预期宽松性政策影响信贷利差的非线性特征，从而为假设 6.1 提供经验证据。

### 一、包含货币政策变量的马尔科夫区制转换信贷利差模型

#### （一）包含货币政策变量的信贷利差模型

自从密特隆（Metron，1974）根据期权定价思想，最先提出公司债券信贷利差结构化模型以来，这一模型就成为学术界探讨债券信贷利差影响因素的主流分析框架。那么，根据科林·杜弗雷恩等（Collin Dufresne et al.，2001）对后续研究成果的总结，可以将债券信贷利差的影响因素归纳为无风险利率因

---

① 由于外部融资溢价可以理解为借款人从信贷市场获得的融资成本与内部资金成本的差额，而内部资金成本又可以用无风险利率衡量，那么，很多文献就直接采用公司债与国债利差来刻画外部融资溢价（Bernanke & Gertler，1995；kim et al.，1998；Bernanke，Gertler & Gilchrist，1999；Avramov et al.，2007；Beckworth et al.，2010；Cenesizoglu & Essid，2010）。

素、杠杆率因素、公司价值波动率因素和经济状况因素，并且这些因素均是通过作用于公司违约概率而影响到信贷利差。不难看出，传统的研究思路尚未考虑到前述假设中货币政策影响信贷利差的机制。由此，我们试图以科林·杜弗雷恩等（2001）的模型为基础，并考虑数据的可获得性，将货币政策变量作为解释变量引入模型之中，同时将无风险利率因素、公司价值波动率因素和经济状况因素设定为控制变量，进而建立包含货币政策变量的信贷利差模型，具体如式（6.1）所示。

$$CS_t = \alpha_0 + \alpha_1 um_t + \alpha_2 r_t^{10} + \alpha_3 slope_t + \alpha_4 vol_t + \alpha_5 return_t + \alpha_6 return_{t-1}$$
$$+ \alpha_7 cpi_t + \alpha_8 cpi_{t-1} + \alpha_9 ip_t + \alpha_{10} ip_{t-1} + \varepsilon_t \tag{6.1}$$

式中，被解释变量为债券信贷利差（$CS_t$），我们采用公司在银行间市场发行并且到期日均为 1 年的短期融资券信贷利差表示[①]，并包含了信用评级为 A 级短期融资券到期收益率与央票到期收益率之差$(A-CP)_t$，A 级与 AAA 级之差$(A-AAA)_t$，A 级与 AA 级之差$(A-AA)_t$三种形式。解释变量为货币政策变量 $um_t$，则采用未预期 M2 同比增长率表示，这主要是出于考察未预期宽松性政策影响效应的考虑，事实上，在我国货币政策调控机制中，M2 一直设定为中介目标，那么，未预期 M2 增长率的变化就可以说明货币当局所实施未预期的宽松性政策。我们按照趋势剔除法，对 M2 增长率进行 HP 滤波进而得到趋势值，然后将实际值与趋势值之差值来度量未预期 M2 增长率[②]。在控制变量中，无风险利率因素由银行间市场 10 年期国债到期收益率（$r_t^{10}$），以及 10 年期国债到期收益率与 2 年期国债到期收益率之差（$slope_t$）表示。公司价值波动率因素由上证综合指数月度收益率的 GARCH(1,1) 条件方差（$vol_t$）表示。经济状况因素由上证综合指数月度收益率（$return_t$）、消费者价格同比指数（$cpi_t$）和工业增加值同比增长率（$ip_t$）表示，同时考虑到经济状况的滞后影响，我们还引入了一阶滞后项。$\varepsilon_t$ 为误差项。值得说明的是，我们并没有考虑到杠杆率因素，主要是因为，杠杆率的高低对应着公司资产净值的变化，那么，杠杆率影响信贷利差的机制，就已经包含于前述"货币政策→借款人资

---

[①] 根据 2005 年中国人民银行发布的《短期融资券管理办法》，公司所发行的短期融资券并不能进行担保，而只能凭借自身信用评级发行。因此，短期融资券利差被视为最能够体现发债主体违约概率的指标。

[②] 还有文献是通过估计货币供应方程得到不可观测的残差项，进而将其视为非预期到的货币量变化（Barro，1977；Minshkin，1982；陆军、舒元，2002），事实上，货币供应方程中经济变量的选取一直存在争议，这就可能影响到方程的准确估计。

产净值→违约概率→外部融资溢价"的机制之中。

此外，为了保证模型估计的稳健性，我们还参照科林·杜弗雷恩等（2001）的做法，进一步将式（6.1）转换为差分方程，如式（6.2）所示。

$$\Delta CS_t = \alpha_0 + \alpha_1 \Delta um_t + \alpha_2 \Delta r_t^{10} + \alpha_3 \Delta slope_t + \alpha_4 \Delta vol_t + \alpha_5 \Delta return_t + \alpha_6 \Delta return_{t-1}$$
$$+ \alpha_7 \Delta cpi_t + \alpha_8 \Delta cpi_{t-1} + \alpha_9 \Delta ip_t + \alpha_{10} \Delta ip_{t-1} + \varepsilon_t \qquad (6.2)$$

式中，$\Delta$ 为差分算子。

### （二）包含货币政策变量的马尔科夫区制转换信贷利差模型

上述包含货币政策变量的信贷利差模型仍然是线性模型，我们以这一模型为基础，进一步引入马尔科夫区制转换过程，将其拓展为包含货币政策变量的区制转换信贷利差模型。值得说明的是，我们采用区制转换信贷利差模型的原因在于，该模型通过构造具有马尔科夫链过程的状态变量，由观察其转移概率的内生变化，从而精细刻画出"信贷利差扩大阶段"和"信贷利差缩小阶段"的区制转换过程。事实上，很多文献已经表明，信贷利差扩大和缩小阶段分别与经济衰退和扩张阶段相对应（Fama & French，1989；Balke，2000；Cenesizoglu & Essid，2010）[1]，由此，我们根据模型估计得到的"利差扩大阶段"区制和"利差缩小阶段"区制来识别经济衰退和扩张阶段，并进一步讨论不同区制下未预期货币政策影响信贷利差的非线性特征。那么，我们具体采用马尔科夫区制转换向量自回归模型形式（MSVAR），如式（6.3）所示。

$$\Delta CS_t = \alpha_0(s_t) + \alpha_1(s_t)\Delta um_t + \alpha_2(s_t)\Delta r_t^{10} + \alpha_3(s_t)\Delta slope_t + \alpha_4(s_t)\Delta vol_t$$
$$+ \alpha_5(s_t)\Delta return_t + \alpha_6(s_t)\Delta return_{t-1} + \alpha_7(s_t)\Delta cpi_t + \alpha_8(s_t)\Delta cpi_{t-1}$$
$$+ \alpha_9(s_t)\Delta ip_t + \alpha_{10}(s_t)\Delta ip_{t-1} + \varepsilon_t \qquad (6.3)$$

式中，$\Delta CS_t$ 由三种形式信贷利差组成的向量 $[\Delta(A-CP)_t, \Delta(A-AAA)_t, \Delta(A-AA)_t]'$ 表示，从而构成了上述模型的被解释变量。$\Delta um_t$ 为解释变量，$\Delta r_t^{10}$、$\Delta slope_t$、$\Delta vol_t$、$\Delta return_t$、$\Delta return_{t-1}$、$\Delta cpi_t$、$\Delta cpi_{t-1}$、$\Delta ip_t$、$\Delta ip_{t-1}$ 为控制变量。而且，为了集中考察解释变量和控制变量对信贷利差的影响效应，我们还忽略了信贷利差滞后项的影响。$\alpha_i(s_t)$ 为 $3 \times 1$ 系数矩阵，$\varepsilon_t$ 为残差项并遵循均值为零、方差为 $\sum s_t$ 独立同分布的高斯过程。$s_t$ 为非观测状态变量，服

---

① 这是因为，信贷利差的扩大和缩小，意味着借款人从信贷市场获得融资约束程度较强和较弱，并进一步影响其投资、消费行为，从而导致宏观经济运行的衰退和扩张。

从 $m$ 区制的马尔科夫链过程，从而捕捉信贷利差波动的不同区制，其转换概率为 $P_r[s_t=j|s_{t-1}=i]=P_{ij}$，而且对于所有 $t$，$i,j=1,2,\cdots,m$，满足 $\sum_{j=1}^{m}P_{ij}=1$。这样，我们结合前述研究假设，考虑存在信贷利差扩大和缩小阶段的两种区制，即设定 $m=2$，并令 $s_t=1$ 表示"利差扩大阶段"区制，$s_t=2$ 表示"利差缩小阶段"区制。不难看出，随着 $s_t$ 在不同区制之间的转换，系数矩阵 $\beta_i(s_t)$ 和条件异方差 $\sum s_t$ 将会发生变化，进而反映出经济周期不同阶段未预期货币政策影响信贷利差的非线性特征。

那么，根据研究假设6.1，我们可以推论，在完整的经济周期阶段，未预期宽松性政策均会引致信贷利差下降，即可预期 $\alpha_1(s_t)$ 估计值将小于零；同时，"利差扩大阶段"区制的信贷利差下降幅度较大，"利差缩小阶段"区制的信贷利差下降幅度较小，即可预期 $\alpha_1(s_t=1)$ 绝对值将大于 $\alpha_1(s_t=2)$ 绝对值。

## 二、数据来源与描述性分析

本章采用月度数据，样本期为 2007 年 1 月至 2013 年 12 月，数据来源于万得金融数据库。

首先，我们通过图 6 - 6、图 6 - 7 对未预期 M2 增长率和信贷利差的波动趋势进行比较。

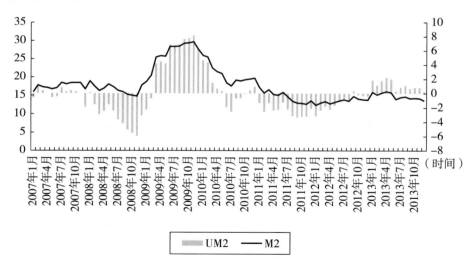

图 6 - 6　未预期 M2 增长率波动趋势

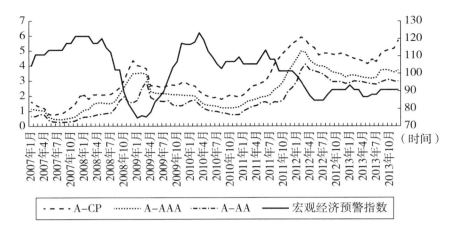

**图 6 - 7　短期融资券信贷利差与宏观经济预警指数波动趋势**

图 6 - 6 显示了未预期 M2 增长率的波动趋势，不难看出，该增长率经历了 2007 年 12 月至 2009 年 2 月的负向增长、2009 年 3 月至 2010 年 5 月的正向增长，然后 2010 年 6 月又转为负向增长，再到 2013 年 1 月出现正向增长并呈逐级递减，可见，货币政策的调控方向在"紧""松"之间发生周期性转换，并且大致经历了紧缩、宽松，然后再次紧缩和宽松，并最终转换为紧缩的过程。另外，图 6 - 7 则显示了三种形式短期融资券信贷利差波动趋势，不难发现，随着货币量增长的波动，信贷利差也相应经历了"扩大"和"缩小"的周期性转换，并呈现出扩大、缩小，然后再次扩大和缩小，并最终转换为扩大过程，而且，其转换时点与上述货币政策的调控方向在"紧""松"的转换时点基本一致，这就意味着，未预期货币量增长可能会反向影响信贷利差变化，从而在一定程度上支持了假设 6.1 的成立。

此外，我们还在图 6 - 7 中对比了信贷利差与中国经济景气监测中心发布的宏观经济预警指数的波动趋势。不难看出，宏观经济预警指数也呈现出周期性转换，即宏观经济运行经历了衰退、扩张，然后再次经历衰退和扩张，并最终转为衰退过程，而且其在"衰退"和"扩张"的转换时点与信贷利差在"扩大"和"缩小"的转换时点基本一致，同时在转换方向上与信贷利差呈反向关系[①]。那么，就意味着，我们在区制转换信贷利差模型中，运用"利差扩大阶段"区制和"利差缩小阶段"区制来识别经济衰退和扩张阶段是合理的。

---

① $A-CP$、$A-AAA$、$A-AA$ 与宏观经济预警指数的相关系数分别为 -0.683、-0.761 和 -0.743。

## 三、估计结果

我们采用汉密尔顿（Hamilton，1989）提出的基于极大似然估计 EM（expectation maximization）算法对式（6.3）进行估计，表 6-1 报告了估计结果。

**表 6-1** 包含货币政策变量的马尔科夫区制转换信贷
利差模型估计结果

| 参数 | $\Delta(A-CP)_t$ | | $\Delta(A-AAA)_t$ | | $\Delta(A-AA)_t$ | |
|---|---|---|---|---|---|---|
| | 区制1 | 区制2 | 区制1 | 区制2 | 区制1 | 区制2 |
| $\Delta um_t$ | $-0.165^{***}$ | $-0.006$ | $-0.057^{**}$ | $-0.018$ | $0.022$ | $-0.023$ |
| $\Delta r_t^{10}$ | $-0.024$ | $-0.160$ | $-0.531^{***}$ | $-0.392^{**}$ | $-0.329^{**}$ | $-0.392^{**}$ |
| $\Delta slope_t$ | $-0.582^*$ | $-0.250$ | $-0.227$ | $-0.195$ | $-0.374$ | $0.079$ |
| $\Delta vol_t$ | $45.760$ | $49.988$ | $-35.671$ | $44.217$ | $37.344$ | $59.440$ |
| $\Delta return_t$ | $1.423^{***}$ | $0.054$ | $0.703^*$ | $0.087$ | $-0.098^{**}$ | $-0.085$ |
| $\Delta return_{t-1}$ | $1.844^{***}$ | $-0.161$ | $1.161^{***}$ | $-0.137$ | $-0.162$ | $0.018$ |
| $\Delta cpi_t$ | $-0.149^{***}$ | $0.071$ | $-0.081^{**}$ | $0.002$ | $-0.081^{**}$ | $0.037$ |
| $\Delta cpi_{t-1}$ | $-0.145^{**}$ | $-0.070$ | $-0.044$ | $-0.061$ | $-0.090^*$ | $-0.079^{**}$ |
| $\Delta ip_t$ | $-0.049^{***}$ | $0.013$ | $0.011$ | $0.001$ | $0.028^{**}$ | $-0.026^{**}$ |
| $\Delta ip_{t-1}$ | $-0.051^{**}$ | $0.024^*$ | $0.001$ | $0.035^{**}$ | $0.071^{***}$ | $0.026^{**}$ |
| 常数项 | $0.220^{***}$ | $-0.024$ | $0.181^{***}$ | $-0.046$ | $0.112^{***}$ | $-0.013$ |
| 标准差 | $0.159$ | $0.208$ | $0.124$ | $0.182$ | $0.131$ | $0.185$ |
| $Q(5)$ | $2.662\ (0.752)$ | | $2.824\ (0.727)$ | | $7.033\ (0.218)$ | |
| $Q^2(5)$ | $4.322\ (0.504)$ | | $5.171\ (0.395)$ | | $0.173\ (0.999)$ | |

LR 线性检验值：143.5378，$\chi^2(39)=[0.000]^{***}$　$\chi^2(41)=[0.000]^{***}$

注：$Q(5)$、$Q^2(5)$ 分别表示模型标准残差和残差平方的 Ljung-Box Q 统计量；括号内数字表示 P 值；$*$、$**$、$***$ 分别表示在 10%、5%、1% 的水平上显著。

由表 6-1 可知，LR 线性检验值的 $\chi^2$ 统计量 P 值均小于 1%，显著拒绝线性原假设，同时 Ljung-Box Q 统计量检验表明，三种信贷利差标准残差和残差平方序列均不存在显著的序列相关性，这就说明模型设定是稳健的。

进一步，就解释变量 $\Delta um_t$ 而言，在区制 1 "利差扩大阶段"，该变量对 $\Delta(A-CP)_t$、$\Delta(A-AAA)_t$、$\Delta(A-AA)_t$ 的影响系数分别为 $-0.165$、$-0.057$ 和 $0.022$，在区制 2 "利差缩小阶段"，影响系数又分别为 $-0.006$、$-0.018$ 和 $-0.023$。不难看出，未预期货币量增长基本上引致信贷利差下降，这与上述描述性分析结论是一致的。如果再比较两种区制下系数的显著性水平，在 "利差扩大阶段" 区制，除了 $\Delta(A-AA)_t$ 之外，$\Delta um_t$ 对 $\Delta(A-CP)_t$、$\Delta(A-AAA)_t$ 的影响系数均在 5% 置信水平上显著，而在 "利差缩小阶段" 区制，$\Delta um_t$ 对所有信贷利差的影响系数均不显著，此外，系数绝对值在 "利差扩大阶段" 区制也比 "利差缩小阶段" 区制较大，这不难推论，未预期货币量增长引致信贷利差下降的幅度，在 "利差扩大阶段" 区制要比 "利差缩小阶段" 区制较大，从而支持了假设 6.1。

再就控制变量而言，无风险利率因素 $r_t^{10}$ 和 $slope_t$ 的影响系数基本上均为负值并且大多数显著；公司价值波动率因素 $vol_t$ 的影响系数大多数为正值但并非显著；经济状况因素 $return_t$、$cpi_t$、$ip_t$ 及其滞后项的影响系数部分为负值并且显著。这一结论与信贷利差结构化模型相关理论所指出的，无风险利率上升会增加公司价值，降低违约概率，进而缩小信贷利差（Longstaff & Schwartz，1995）；公司价值波动率上升会提高违约概率，进而扩大信贷利差（Merton，1974）；经济景气改善提高预期本金回收率，降低违约概率，进而缩小信贷利差（Guha & Hiris，2002）基本相符。

表 6-2 还报告了两种区制的划分特征，图 6-8、图 6-9 则分别显示了两种区制的转换概率。

表 6-2　　　　　　　　　　　区制划分特征

| | 样本数 | 转换概率 | 持续期 | 样本期 |
|---|---|---|---|---|
| 区制 1 | 30 | 0.753 | 4.06 | 2007 年 3 月至 2007 年 3 月（0.999）；2007 年 11 月至 2008 年 3 月（0.9214）<br>2008 年 10 月至 2009 年 3 月（1.000）；2010 年 9 月至 2010 年 11 月（0.839）<br>2011 年 7 月至 2012 年 2 月（0.9998）；2013 年 1 月至 2013 年 2 月（0.952）<br>2013 年 6 月至 2013 年 8 月（0.985）；2013 年 12 月至 2013 年 12 月（1.000） |

|   | 样本数 | 转换概率 | 持续期 | 样本期 |
|---|---|---|---|---|
| 区制2 | 52 | 0.858 | 7.08 | 2007年4月至2007年10月（0.968）；2008年4月至2008年9月（0.959）<br>2009年4月至2010年8月（0.998）；2010年12月至2011年6月（0.929）<br>2012年3月至2012年12月（0.997）；2013年3月至2013年5月（0.915）<br>2013年9月至2013年11月（0.848） |

注：括号内为相应时期的转换概率。

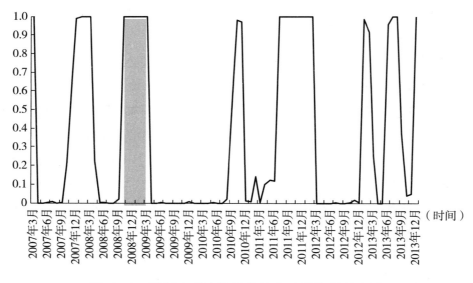

图6-8　区制1"信贷利差扩大阶段"转换概率

不难看出，信贷利差经历了"扩大阶段"和"缩小阶段"区制的频繁转换，并如同描述性分析所指出的，呈现出扩大、缩小，然后再次扩大和缩小，并最终转换为扩大的过程。其中，"利差扩大阶段"区制主要集中在2007年底、2008年底至2009年初、2011年下半年至2012年初、2013年上半年和年底①，平均持续时间为4.06个月，转换概率为0.753。而"利差缩小阶段"区制则主要集中在2007年、2008年中、2009年中至2011年上半年、2012年中

---

① 从表6-2可知，模型将2013年6月至2013年8月、2013年12月识别为"利差扩大阶段"区制。事实上，我国银行间同业拆借市场所爆发的"钱荒"事件恰好处于这两段时期，1周SHIBOR分别在6月20日和12月23日达到了11.004%和8.843%的历史高点。

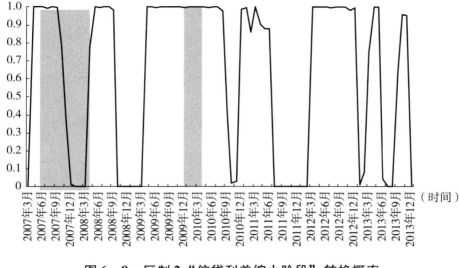

**图 6 - 9　区制 2 "信贷利差缩小阶段" 转换概率**

和 2013 年中，平均持续时间为 7.08 个月，转换概率为 0.858。此外，"利差扩大阶段" 和 "利差缩小阶段" 区制还较好地识别出经济衰退和扩张阶段，图 6 - 8、图 6 - 9 所示阴影部分分别表示宏观经济运行的 "偏冷" 和 "偏热" 区间[①]，不难发现，这两种区间分别处于信贷利差 "扩大阶段" 和 "缩小阶段" 区制之中，这说明，这一区制的划分对于宏观经济的周期性运行具有较强的解释力。

# 第四节　未预期宽松性政策影响市场主体预期形成方式时变性的检验

我们进一步建立市场主体预期形成模型，通过引入经济周期变量与货币政策变量的交互项并观察其系数大小和显著性水平，进而考察经济周期不同阶段未预期宽松性政策影响市场主体预期形成方式的时变性，从而对假设 6.2 展开检验。

---

① 中国经济景气监测中心依据宏观经济预警指数将经济状态分为五个区间：热 ≥136.7；136.7 > 偏热 >116.7；116.7 ≥稳定 ≥83.3；83.3 > 偏冷 >63.3；冷 ≤63.3。

## 一、市场主体预期形成模型

如前所述，假设 6.2 主要是检验经济周期不同阶段未预期宽松性政策对市场主体经济前景预期的影响，这意味着，市场主体的经济前景预期是由经济周期变量与货币政策变量交互所决定的。因此，我们设定市场主体预期形成模型如下式所示：

$$cpiyuqi_t = \beta_0 + \beta_1 cpiyuqi_{t-1} + \beta_2 um_t + \beta_3 prob_t + \beta_4 um_t \times prob_t + v_t \qquad (6.3)$$

式中，被解释变量为市场主体经济前景预期变量（$cpiyuqi_t$），我们参照塞内索格鲁和埃西德（2010）采用密歇根大学通货膨胀预期调查值、世界大型企业联合会通货膨胀预期调查值等指标的做法，尝试运用目前国内影响力最为广泛、覆盖周期最长，由中国人民银行发布的全国城镇储户问卷调查通货膨胀预期指数进行衡量，此外，该指数为季度数据，我们还通过 quadrtic-match average 方法将其转换为月度数据。解释变量包括货币政策变量（$um_t$）、经济周期变量（$prob_t$）及其交互项（$um_t \times prob_t$）。其中，$prob_t$ 是采用上节估计得到"信贷利差缩小阶段"区制转换概率衡量，这是因为，"信贷利差缩小阶段"区制与经济扩张阶段是相一致的，那么，"信贷利差缩小阶段"区制转换概率越大，意味着宏观经济运行进入扩张阶段的可能性越高，反之，如果该区制转换概率越低，则意味着宏观经济运行进入衰退阶段的可能性越高，这样就刻画出经济运行的周期性趋势。交互项 $um_t \times prob_t$ 反映出经济周期变量与货币政策变量交互作用于市场主体经济前景预期变量的机制，其中，如果交互项的影响系数显著为负值时，这也就意味着，当宏观经济运行越向扩张阶段转换，未预期宽松性政策促使市场主体预期恶化的影响效应就越大，从而支持假设 6.2 的成立。此外，考虑到经济前景预期的滞后影响，我们还引入其一阶滞后项作为控制变量。

## 二、估计结果

上述变量经过单位根 ADF 检验均为平稳序列，那么，我们试图对式 (6.3) 展开普通最小二乘法回归。同时，出于模型稳健性的考虑，我们还分别对全样本、区制 1 "信贷利差扩大阶段"子样本、区制 2 "信贷利差缩小阶段"子样本展开检验，估计结果如表 6 - 3 所示。

表 6 - 3　　　　　　　市场主体预期形成模型估计结果

| 变量 | $cpiyuqi_t$ | | |
| --- | --- | --- | --- |
| | 全样本 | 区制 1 | 区制 2 |
| $cpiyuqi_{t-1}$ | 0. 927 *** | 0. 699 *** | 0. 775 *** |
| $um_t$ | 0. 543 *** | 1. 117 ** | 9. 382 *** |
| $prob_t$ | 0. 647 | 4. 083 * | - 24. 158 *** |
| $um_t \times prob_t$ | - 0. 390 * | - 4. 741 *** | - 9. 274 *** |
| 常数项 | 4. 807 * | 21. 334 ** | 39. 372 *** |
| adjusted $R^2$ | 0. 889 | 0. 504 | 0. 678 |
| F 检验值 | 162. 754（0. 000）*** | 8. 127（0. 000）*** | 27. 392（0. 000）*** |

注：模型标准残差经过 Newey-West HAC 方法克服异方差和序列相关；括号内数字表示 P 值；*、**、*** 分别表示在 10%、5%、1% 的水平上显著。

由表 6 - 3 可知，所有模型回归 F 检验的 P 值均小于 1%，说明模型设定均具有较强的统计显著性。再就交互项 $um_t \times prob_t$ 而言，该变量的影响系数在全样本、区制 1 和区制 2 子样本下分别为 - 0. 39、- 4. 741 和 - 9. 274，并且均在 10% 的置信水平上显著，这意味着，当经济周期越向扩张阶段转换，未预期宽松性政策促使市场主体预期恶化的影响效应就越大，从而符合假设 6. 2 预期。此外，交互项的影响系数在区制 2 "信贷利差缩小阶段"子样本下也要比区制 1 "信贷利差扩大阶段"子样本较大，这也可以说明，未预期宽松性政策促使市场主体预期恶化的影响效应，在经济扩张阶段要比经济衰退阶段较大。

# 第五节　研究结论与政策建议

本章以国际金融危机爆发以来的货币信贷数据为基础，采用外部融资溢价刻画信贷市场融资成本，考察了经济周期的不同阶段未预期宽松性政策作用市场主体预期，进而影响外部融资溢价的非线性特征。研究显示，在不对称信息条件下，市场主体预期形成方式具有时变性特征，并影响到未预期宽松性政策降低信贷市场融资成本的力度。这一结论实际上意味着，在货币当局所实施的政策往往未被市场主体预期到的情况下，有效实施预期管理，稳定和引导市场主体预期，可能是解决信贷市场"融资难""融资贵"问题的切入点之一。

事实上，2013 年 11 月党的十八届三中全会发布的《中共中央关于全面深化改革若干重大问题的决定》明确指出："稳定市场预期，实现经济持续健康发展。"中国人民银行在 2013 年第 3 季度和第 4 季度的《中国货币政策执行报告》中也多次强调："加强与市场和公众沟通，促使市场主体形成合理和稳定的预期，促进市场利率平稳运行。"不难看出，预期管理已经成为我国宏观调控部门重要的政策工具，那么，如何在目前的货币政策操作框架中进一步提高预期管理工具的有效性则成为亟待解决的问题，为此，我们提出以下建议。

首先，货币当局要注重信息沟通策略的使用，增强货币政策操作的透明度，缓解信息的不对称性，避免做出未预期到的政策行动。由于货币当局比市场主体拥有更多资源对经济前景做出预测，因此天然具有信息优势，在此情况下，如果货币当局缺乏必要的信息沟通策略，这会使得其政策行动本身反而成为引致市场主体预期扰动的来源。目前，中国人民银行主要通过每季度召开货币政策委员会会议并发表会议声明，发布《中国货币政策执行报告》以及在重大政策事件出台时发表评论等方式展开信息沟通，但是其准确度和规律性仍然不足，从而难以稳定市场主体预期。我们建议，货币当局在会议声明和《中国货币政策执行报告》需要对宏观经济运行风险做出评估和预测，明确告知市场主体对未来经济前景的看法，同时还要对一年期定期存款基准利率、法定存款准备金率和公开市场操作利率等政策利率的未来调整路径向市场主体提供前瞻性指引（forward guidance）。此外，货币政策委员会会议的召开和《中国货币政策执行报告》的发布需要有明确的时间表，从而引起市场主体的重视。

其次，健全宏观审慎管理政策框架，加强货币政策与监管政策在稳定市场主体预期的协调配合。在信贷市场上，某些市场主体诸如金融机构等的资金借贷行为还受到监管政策的影响，这样，就需要在宏观审慎管理政策框架下，强化货币政策与监管政策（包括资本缓冲、贷款损失拨备、杠杆比率、流动性比率等逆周期调节工具，以及同业业务监管工具）的协调配合，发挥两者合力，稳定和引导市场主体预期。我们建议，进一步完善金融监管协调部际联席会议制度，在各项政策措施出台的时机、力度、节奏等方面加强沟通协调，保证各项重大政策之间的有序衔接，避免因政策冲突而造成对市场主体预期形成的扰动。[①]

最后，加强经济周期运行的预测预警，把握好货币政策行动的时机、力度和节奏。本章研究表明，在不对称信息条件下，随着经济周期阶段的转换，未预期宽松性货币政策引致信贷市场融资成本下降的力度存在非线性效应，尤其是在信贷利差缩小、经济扩张阶段，其力度将相对较小，这意味着宽松性货币政策应适时退出。那么，我们有关"信贷利差扩大阶段"和"信贷利差缩小阶段"的区制划分，为货币当局准确评估经济周期转换的时点提供了重要的决策参考。

---

[①]　2013 年 6 月银行间同业拆借市场所爆发的"钱荒"事件，与上半年宽松性货币政策和紧缩性监管政策之间的冲突给市场主体造成预期混乱有重要关联（夏斌，2013）。

# 第三篇

# 防范金融风险

　　2017年全国金融工作会议指出，"要把主动防范化解系统性金融风险放在更加重要的位置，科学防范，早识别、早预警、早处置，着力防范化解重点领域风险"。同年10月，党的十九大报告明确指出，"健全金融监管体系，守住不发生系统性金融风险的底线"。金融风险不仅会引发宏观经济波动，而且还会弱化货币政策传导效率，防范金融风险已构成中央银行制定货币政策的重要约束条件。本篇以2008年国际金融危机爆发以来我国金融风险不断积聚的现状为特征事实，运用金融压力来刻画金融风险，系统考察金融风险的测度、经济效应以及中央银行应对金融风险的操作策略。本篇共分为三章，第七章从经济主体非理性行为范式出发，通过探讨金融压力的度量及其对宏观经济运行的影响机制，考察金融风险的测度及其宏观经济效应。第八章考察金融压力对我国货币政策传导产生的非对称性效应。第九章建立引入金融压力的时变参数泰勒规则，探讨中央银行应对金融风险的方式、力度以及关注的风险类型。

# 中国金融压力的度量及其宏观经济的
# 非线性效应

　　运用金融压力来刻画系统性金融风险日益受到学术界和政策决策层的重视。本章从经济主体非理性行为范式出发，通过探讨金融压力的度量及其对宏观经济运行的影响机制，以此考察系统性金融风险的测度及其宏观经济效应。首先，运用复合式系统压力指标方法，通过设置时变权重从纵向和横向维度构建金融压力指数展开测度，试图反映经济主体心理与行为偏差引致的风险溢出和传染效应，进而体现系统性金融风险的内生性特征；其次，将金融压力进一步视为经济主体情绪过程的反映，并借鉴行为金融学领域中"情绪加速器机制"探讨和解释不同压力状态下金融压力影响宏观经济的非线性效应，在此基础上，建立 Logistic 平滑转换向量自回归模型展开检验。

## 第一节　引言

　　近年来，我国经济发展进入新常态，伴随经济增长速度阶段性放缓和经济结构持续调整，金融体系所蕴含的系统性风险在部分行业、区域逐渐积聚和释放，而且，在新的经济发展环境下，由于金融管制的放松和金融创新的深化，金融体系与宏观经济之间的关联机制也发生了深刻变化。那么，由此提出的问题是，如何对系统性金融风险展开精确测度？风险的积聚和释放会对宏观经济运行产生什么样的影响机制？对这类议题的解答，不仅有助于丰富和拓展有关系统性金融风险度量的研究视角，深入理解金融体系与宏观经济之间的关联机制，而且还对于构建和完善宏观审慎政策框架，有效识别和化解系统性金融风险，保持经济金融平稳发展，具有重要的现实价值。

一般而言，系统性金融风险是指影响整个金融体系的风险，表现为触发事件在金融体系引起一系列连续损失的可能性（Kaufman，1995）。那么，根据这一损失可能性的宏观表现及其所形成的微观基础，我们可以对现有刻画系统性金融风险的方式做出如下分类：从宏观表现看，这一损失的可能性会损害金融体系服务功能的发挥，因此，相关文献从反映金融体系服务功能整体稳定性的角度，提出金融稳定指数（finance stability index，FSI）（国际货币基金组织，2006）、金融稳定状况指数（finance stability condition index，FSCI）（End，2006）和金融脆弱性指数（financial fragility index，FIX）（Kibritcioglu，2002）加以刻画。从微观基础看，这一损失的可能性还会对金融市场上的经济主体信用配置行为施加压力，进而还有文献从反映经济主体心理与行为状态的角度，提出金融压力（finance stress）刻画系统性金融风险（Illing & Liu，2006）。在本章中，我们所关注的是由伊林和刘（Illing & Liu，2006）首创的金融压力，这是因为，从系统性金融风险的本质含义来看，正是由于经济主体心理与行为状态的变化，会在纵向和横向维度上导致风险具有溢出和传染效应，进而使得风险表现出内生性特征（马勇，2011），同时金融体系与宏观经济之间也具有动态的关联性（Borio，2003），在此情况下，金融体系具有内生的不稳定性。因此，采用金融压力刻画系统性金融风险能够较为准确地体现出风险的本质含义。事实上，金融压力一经提出，就被世界各国金融监管部门广泛采用（Hakkio & Keeton，2009；IMF，2011）。

然而，从现有文献来看，目前，学术界主要是从经济主体理性行为范式出发，展开金融压力的度量及其影响宏观经济机制的研究。那么，出于完全理性的考虑，研究者在构建金融压力指数展开金融压力度量时，其指数权重设置普遍采用了固定权重方法[①]，这使得风险处于静止、外生状态，无法体现系统性金融风险的内生性特征。另外，从其影响机制来看，研究者主要依据不确定性条件下最优投资决策框架展开分析，并得出金融压力与宏观经济运行之间存在

---

① 伊林和刘（2006）、刘晓星和方磊（2012）对权重方法做了较为全面的总结。

负相关、线性、均衡的关系（Hakkio & Keeton，2009；Roye，2014），而这一结论又与目前学术界所公认的金融体系与宏观经济之间应当存在非线性、多重均衡的动态关联特点（Shiller，2008；Bernanke et al.，1999；周小川，2011）并不相符。不难看出，这一经济主体理性行为范式并不能导致金融体系内生的不稳定性，从而无法体现系统性金融风险的本质含义。

与上述研究不同，我们试图在经济主体非理性行为范式下对上述议题做出重新审视。这是因为，根据行为金融学理论，在信息不完美的真实世界中，由于经济主体获取和加工信息能力有限而无法充分认知，在此情况下，经济主体非理性的心理及其行为可能在其判断和决策过程中起到重要作用（饶育蕾、盛虎，2015）。另外，近年诸多探讨国际金融危机爆发原因的相关文献也进一步表明，在信息不完美的金融市场环境下，经济主体心理及其行为偏差，才是导致金融体系内生不稳定性的根源。[①] 因此，在非理性行为范式下展开金融压力的度量及其影响机制的研究，更加符合系统性金融风险的本质含义。

基于上述考虑，我们从经济主体非理性行为范式出发，在构建金融压力指数过程中运用复合式系统压力指标方法（Holló et al.，2012）设置时变权重（time-varying weights），从纵向和横向维度展开测度，试图反映经济主体心理与行为偏差引致的风险溢出和传染效应，进而体现系统性金融风险的内生性特征；同时，将金融压力进一步视为经济主体情绪过程的反映，并借鉴行为金融学领域中"情绪加速器机制"（sentiment accelerator）（Tvede，2003）探讨和解释不同压力状态下金融压力影响宏观经济的非线性效应，进而体现金融体系与宏观经济关联机制的动态性，在此基础上，建立 Logistic 平滑转换向量自回归模型展开检验。

本章研究的贡献体现在两个方面。第一，与以往文献局限于经济主体理性行为范式不同，我们试图从非理性行为范式出发展开研究，将行为金融学的相关理论融合于金融压力相关问题的分析之中，从而深化了系统性金融风险的度量以及金融体系与宏观经济关联机制的理论考察。第二，在探索和完善宏观审慎管理的机制和手段上做出边际贡献，提出应针对经济主体非理性的心理与行为展开监管，并实施以心理为导向的政策框架，进而对传统以资本约束为导向的政策框架做出补充。

---

① 例如阿克洛夫和席勒（Akerlof & Shiller，2009）曾经指出，心理偏差是资本市场不稳定的根源，金融市场的心理和行为影响着宏观经济。

# 第二节　文献评述

## 一、金融压力内涵和测度方法

金融压力最早是由伊林和刘（2006）在评估加拿大这一从未发生过金融危机的国家系统性金融风险积聚状况而提出的。他们认为，金融压力是指在外生冲击的影响下，金融市场和机构预期损失的不确定性和变化施加于经济主体在信用配置行为的压力。随后，哈基奥和基顿（2009）、罗伊（Roye，2014）等从经济主体心理过程对这一概念进一步做出解读，并指出金融压力首先是对经济主体的心理过程产生压力，表现为经济主体对预期损失的风险感知（risk perception），以及有关资产基本价值和经济前景预期的不确定性（increased uncertainty），然后再通过其信用配置行为表现出来，从而刻画出系统性金融风险的积聚状况[①]。可见，金融压力实际上反映了外生冲击下经济主体心理与行为状态的变化。

金融压力还可以用序数表示的连续变量加以描述，当处于正常值时，意味着经济主体的风险感知和不确定性较低，信用配置行为合理，金融体系配置资源功能正常发挥，此时系统性金融风险也就处于较低状态；当处于极端高值时，就意味着经济主体的风险感知和不确定性较高，信用配置行为中断，金融体系配置资源功能丧失，此时系统性金融风险也就相应处于较高状态。

目前，学术界是通过构建金融压力指数来度量金融压力状态。金融压力指数是由一系列金融体系子系统压力状况指标合成的一个综合性指数，金融压力会引致经济主体心理过程变化以及信用配置行为调整，并表现为资产利差和资产价格波动率变化，金融压力指数就是依据这一逻辑链条而构建的（Illing & Liu，2006；Hakkio & Keeton，2009；Davig & Hakkio，2010）。具体而言，当金融压力上升时，经济主体对预期损失的风险感知随之提高，并在信用配置行为上表现为追逐高质量资产（flight to quality）和高流动性资产（flight to liquidity），这就导致资产利差上升；同时，经济主体对有关资产基

---

[①]　正如萨特曼（Satman，1999）所指出，金融学领域中的一切行为均是基于心理考虑的结果。

本价值和经济前景预期的不确定性也会提高，这又表现为资产价格波动率上升。因此，金融压力指数通过采集金融体系各个子系统中资产利差和资产价格波动率而构建，从而反映经济主体心理与行为状态。

再就指数构建方法而言，金融压力指数是由金融体系子系统压力指数加权得到，具体表示为 $FSI_t = \sum_{i=1}^{n} w_{it} x_{it}$ ，其中，$FSI_t$ 为 $t$ 时期的金融压力指数；$x_{it}$ 为第 $i$ 个子系统指数，反映子系统金融市场和机构的压力状况，并由相应利差或资产价格波动率变量而构建；$w_{it}$ 为子系统指数权重，反映子系统指数对总体压力的影响程度。那么，学术界根据子系统所包含金融市场和机构的不同以及权重方法的差异，提出了不同形式的金融压力指数，具有代表性的指数包括：伊林和刘（2006）采用银行、股票市场、债券市场、外汇市场四个子系统变量和信用总量权重法构建了加拿大金融压力指数。国际货币基金组织（IMF，2011）同样采用了上述四个子系统变量，并运用等方差权重法构建了 17 个发生过金融危机的国家金融压力指数。哈基奥和基顿（2009）采用银行、国债市场、公司债市场、股票市场四个子系统变量和因子分析法构建了堪萨斯城市金融压力指数，以此度量美国金融压力状态。再就我国金融压力指数构建而言，赖娟和吕江林（2010）、陈守东和王妍（2011）采用了银行、股票市场、债券市场、外汇市场四个子系统变量和等方差权重法构建了指数，许涤龙和陈双莲（2015）同样采用了上述四个子系统变量，并运用 CRITIC 权重法构建了指数。刘晓星和方磊（2012）采用了银行、股票市场、外汇市场、保险市场四个子系统变量，并综合运用样本 CDF 转换法和信用总量权重法构建指数。

## 二、金融压力观经济的机制

学术界普遍认为，金融压力上升会损害金融体系配置资源功能，并导致投资、消费减少，从而使得经济活动收缩（Illing & Liu，2006；Hakkio & Keeton，2009；Roye，2014），具体又是从经济主体对预期损失的风险感知和不确定性，进而引致融资约束和实物期权两种机制加以研究。

首先，从融资约束机制来看，当金融压力上升时，经济主体对预期损失的风险感知随之提高，并在信用配置行为上表现为追逐高质量资产和高流动性资产，这就导致资产利差上升，而企业和家庭等借款人在资本市场上的融资约束程度相应加重，从而削减支出（Bernanke & Gertler，1995），同时，银行在发放贷款时也会更加谨慎并提高信贷标准，使得借款人难以满足资格而导致支出下降（Lown & Morgan，2006）。其次，从实物期权机制来看，当金融压力上升时，经济主体对有关资产基本价值和经济前景预期的不确定性也会提高，这就使得资产价格波动率上升，并表现为追求延迟期权最大化而产生"等等看效应"（wait-and-see effect）（Bloom，2009），在此情况下，企业投资和雇佣行为将会更加谨慎，同时家庭也会因其未来财富价值的不确定性而减少消费。

再进一步从经验证据来看，学术界采用了结构向量自回归模型、贝叶斯结构向量自回归模型、面板回归模型等多种计量方法，并以美国、欧元区、中国等不同国家为研究对象展开研究，也均发现了金融压力会对产出和价格产生负向冲击，从而支持了上述理论假说（Hakkio & Keeton，2009；Cardarelli et al.，2011；刘晓星、方磊，2012）。

## 三、结论性评述

事实上，如果从行为金融学的心理—行为分析方法对上述文献做出解读，学术界对金融压力相关问题的研究，是按照心理过程→信贷配置行为→风险形成的思路展开，并且又主要是在经济主体理性行为范式下展开分析。

首先，从金融压力指数构建方法来看，大多数文献出于简便性考虑，在权重设置方法上采用了信用总量权重法、等方差权重法、因子分析法、样本 CDF 转换法、CRITIC 权重法等较易处理的固定权重法。事实上，这一固定权重法并不能体现出系统性金融风险的内生性特征，而使之处于静止、外生的状态，这实际就意味着，这一风险特征的刻画方式是从理性行为范式出发展开，这是因为，完全理性的经济主体能够充分认知，通过精确评估风险状态并进行风险匹配，从而使得其风险偏好与其实际风险承受能力相一致。在此情况下，风险就不会受经济主体行为影响而自我累积（马勇，2011）。

其次，从金融压力影响宏观经济的机制来看，现有文献从融资约束和实物期权机制进行分析，并得出两者之间存在负相关、线性、均衡关系。事实上，这两种机制均是在不确定性条件下最优投资框架展开，而这又恰是经济主体完全理性下选择的结果。然而，目前学术界却普遍认为，由于心理传染（Shiller，2008）、信息不对称（Bernanke et al.，1999）以及金融监管制度安排（周小川，2011）等原因，金融体系与宏观经济之间应当具有动态关联机制，并服从于金融体系处于危机和非危机的非线性、多重均衡状态。可见，这一在理性行为范式下展开的研究，并不能体现出关联机制的动态性。

不难看出，上述在经济主体理性行为范式下展开的研究并不能反映系统性金融风险的内生性特征，也不能刻画金融体系与宏观经济的动态关联机制，从而无法体现出金融体系内生的不稳定性以及系统性金融风险的本质含义。由此，我们试图从经济主体非理性行为范式出发展开分析。

根据行为金融理论，在信息不完美的真实世界中，由于经济主体获取和加工信息能力有限而无法充分认知，在此情况下，经济主体非理性的心理及其行为在判断和决策过程中起到了重要作用。事实上，自从国际金融危机爆发以来，学术界在分析系统性金融风险的形成机制时普遍认为，在外生冲击的影响下，经济主体心理及其行为偏差会导致风险在纵向和横向维度上具有内生性特征，进而导致金融体系内生的不稳定性，具体又表现为，在纵向维度上，经济主体情绪和认知偏差及其产生的顺周期行为，会导致风险向实体经济的溢出（Borio et al.，2001）；在横向维度上，经济主体从众心理及其产生的羊群行为又会使得风险在不同金融机构和市场之间传染（Banerjee，1992）。这样，随着风险不断积聚，整个金融体系遭受损失的可能性也随之变大，但是，风险一旦释放，金融体系配置资源功能中断，最终加剧了宏观经济波动。可见，从经济主体非理性行为范式出发，金融压力能够更为科学地刻画系统性金融风险内生性特征以及金融体系与宏观经济的动态关联机制。

基于上述考虑，我们试图对现有文献从以下两个方面进行拓展。

第一，在金融压力指数构建上，为了反映经济主体情绪和认知偏差及其顺周期行为导致风险向实体经济的溢出效应，以及从众心理及其羊群行为导致风险在不同金融机构和市场之间的传染效应，我们试图借鉴霍洛等（Holló et al.，2012）提出测度系统性风险的复合式系统压力指标方法（composite indicator of systemic stress，CISS），采用时变权重代替现有文献中的固定权重，从风险形成的纵向和横向维度构建金融压力指数展开测度，从而体现非理性行为范式下系统性金融风险内生性特征。

第二，在金融压力影响宏观经济运行的机制上，我们试图借鉴行为金融学领域的"情绪加速器机制"，通过探讨情绪影响资产价格的机制，来考察不同压力状态下金融压力影响宏观经济的非线性效应，进而体现出金融体系与宏观经济关联机制的动态性。

根据行为金融学理论，情绪是指人们违背主观预期效用理论而形成信念的过程（Lee et al.，1991），而金融压力所包含经济主体的心理过程表现为对预期损失的风险感知和不确定性，这实际上也是对投资决策过程中一种非理性信念的体现。而且，学术界在构建金融压力指数所采集的资产利差和资产价格波动率这两类变量，在行为金融学文献中也往往用于刻画经济主体情绪（Davis & Fagan，1997；杨春鹏，2007；李良松，2011），可见，金融压力可以进一步视为经济主体情绪过程的反映。不仅如此，特维德（Tvede，2003）、杨和李（Yang & Li，2013）还进一步提出"情绪加速器机制"，该机制阐释了经济主体情绪在高涨和低落之间的变化会对资产价格产生系统性的影响，而且，这一影响机制还具有非线性特征，即在不同的经济主体情绪状态下，情绪对资产价格的影响具有非线性效应。这就不难看出，由于金融压力也具有经济主体情绪过程的含义，那么，在不同的压力状态下，金融压力同样会对资产价格产生非线性效应，再经资产价格引导实体经济投资和消费的渠道，进而对宏观经济产生非线性效应。在以下部分中，我们将先建立 Logistic 平滑转换向量自回归模型对这一推论做出检验，然后基于"情绪加速器机制"做出进一步的理论解释。

# 第三节　中国金融压力指数的构建

我们首先运用复合式系统压力指标方法，通过设置时变权重从纵向和横向维度构建金融压力指数展开测度，试图反映经济主体心理与行为偏差引致的风险溢出和传染效应，进而体现出非理性行为范式下系统性金融风险的内生性特征，在此基础上，进一步通过分析金融子系统本身的压力状况及其关联程度，进而考察金融压力总体状况的变动趋势。

## 一、金融压力指数的构建方法

复合式系统压力指标方法（以下称 CISS）是在对金融体系子系统压力指数加权过程中，通过设置时变权重，从纵向和横向两个维度刻画系统性金融风险的内生性特征。具体而言，在纵向维度上，该方法提出建立子系统指数 $x_{it}$ 与产出的二维结构向量自回归模型，通过计算子系统指数 $x_{it}$ 正向冲击下产出累积响应函数值，并除以所有子系统指数冲击下累积响应函数之和而得到 $s_i$，进而作为刻画由于经济主体情绪和认知偏差及其顺周期行为而导致风险向实体经济溢出效应产生的真实冲击权重（real-impact weights）；在横向维度上，计算 $t$ 时点子系统指数 $x_{it}$ 时变相关系数 $\rho_{ij,t}$，并建立时变相关系数矩阵 $C_t$，作为刻画经济主体的从众心理及其羊群行为而导致风险在不同金融机构和市场之间传染效应产生的权重。可见，CISS 方法的权重设置具备了时变性特征。

这样，金融压力指数可以由子系统指数向量 $x_t$、真实冲击权重向量 $s$ 与时变性相关系数矩阵 $C_t$ 通过如下矩阵运算得到，即：

$$FSI_t = (x_t \circ s) C_t (x_t \circ s)' \qquad (7.1)$$

式中，$x_t = (x_{1t}, x_{2t}, \cdots, x_{it}, \cdots, x_{nt})$，$s = (s_1, s_2, \cdots, s_i, \cdots, s_n)$，$\circ$ 为向量 $x_t$ 与向量 $s$ 上的元素一一对应相乘的 Hadamard 乘积，$C_t$ 为时变相关系数 $\rho_{ij,t}$ 矩阵，表示为：

$$C_t = \begin{pmatrix} 1 & \cdots & \rho_{1i,t} & \rho_{1n,t} \\ \cdots & & & \cdots \\ \rho_{i1,t} & & 1 & \rho_{in,t} \\ \cdots & & & \cdots \\ \rho_{n1,t} & & \rho_{ni,t} & 1 \end{pmatrix}$$

式中，时变相关系数 $\rho_{ij,t} = \dfrac{\text{cov}(x_{it}, x_{jt})}{\sigma_{x_{it}} \sigma_{x_{jt}}}$，$\text{cov}(x_{it}, x_{jt})$ 为子系统指数协方差，$\sigma_x$ 为子系统指数方差，并通过设定移动长度，从样本期初值开始向后逐期移动计算得到。可见，CISS 方法下的金融压力指数实际上是引入真实冲击权重的子系统指数与时变相关系数复合得到，其中，加权后的子系统指数 $x_{it}s_i$ 表示相应各个金融子系统本身的压力状况，时变相关系数矩阵 $C_t$ 表示子系统之间的关联程度，进而分别从纵向和横向两个维度反映经济主体心理与行为偏差引致的风险溢出和传染效应，金融压力指数的构建思路如图 7-1 所示。

在以下部分中，我们试图通过分析金融子系统本身的压力状况及其关联程度，来考察金融压力总体状况的变动趋势。

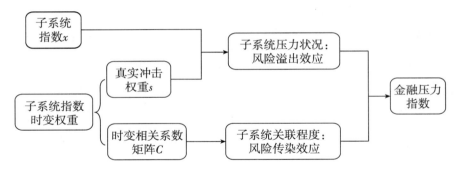

**图 7 - 1　金融压力指数的构建思路**

## 二、金融压力指数的实证分析

首先，就子系统指数 $x_{it}$ 而言，我们在参照现有文献的基础上，采用了压力状况相对较为显著的银行、债券市场、股票市场、外汇市场和房地产市场的资产利差或资产价格波动率构建。具体而言，银行部门选取了 3 个月银行间同业拆借利率与 3 个月定期存款利率之差 $x_{1t}$，债券市场选取了 1 年期银行间固定利率国债收益率与 10 年期固定利率国债收益率之差 $x_{2t}$，股票市场选取了上证综合指数 GARCH(1,1)波动率与负上证综合指数收益率的算术平均值 $x_{3t}$，外汇市场选取了人民币名义有效汇率 GARCH 波动率 $x_{4t}$，房地产市场选取了国房景气指数 GARCH(1,1)波动率与负国房景气指数收益率的算术平均值 $x_{5t}$。此外，我们还进一步将数据标准化为 0 ~ 1 之间，即 $\frac{x_{it} - \min}{\max - \min}$。

其次，就权重设置而言，我们分别建立 5 组子系统指数 $x_{it}$ 与工业增加值的结构向量自回归模型，并计算子系统指数 $x_{it}$ 的 1 个正向标准差冲击下工业增加值在第 24 个月的累积响应函数值，进而得到真实冲击权重 $s_i$，分别为 0.21、0.27、0.14、0.1、0.28。同时，我们还将移动长度设定为 5 计算时变相关系数 $\rho_{ij,t}$，并得到系数矩阵 $C_t$，此外，还进一步将子系统指数完全相关和完全不相关的两种情形加以考虑，并与 CISS 方法下的计算结果进行比较。上述变量的数据均来源于同花顺金融数据库，样本区间为 2002 年 2 月至 2014 年 6 月。

图 7 - 2 报告了 CISS 方法、子系统指数之间完全相关与完全不相关三种情

形下得到的金融压力指数①。如果从金融压力指数的构成来看，不难发现，引入真实冲击权重的子系统指数促使上述三种指数具有大致相同的波动趋势；同时，时变相关系数又引致 CISS 方法下的压力指数基本上是在介于完全相关情形与完全不相关情形之间波动②。可见，金融子系统压力状况以及其关联程度，共同推动了金融压力总体状况在高低状态之间的转换③。

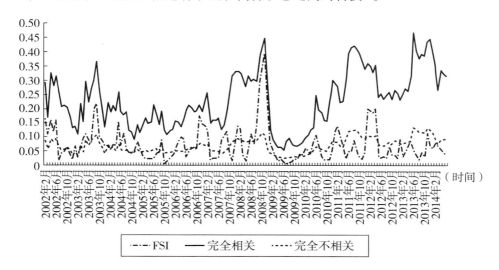

**图 7 - 2    不同时变相关系数下的金融压力指数**

再具体到各个金融子系统本身的压力状况而言，可以从完全不相关情形下的金融压力指数展开分析。完全不相关情形下的金融压力指数是假定 $\rho_{ij,t}=0$ 时计算得到的，那么，可以表达为加权子系统指数 $x_{it}s_i$ 的平方和，即：

$$FSI_t = \sum_{i=1}^{n} (x_{it}s_i)^2 \tag{7.2}$$

这样，我们通过计算各个引入真实权重冲击的子系统指数 $x_{it}s_i$ 的平方占总压力指数的比重，来判断该各个子系统压力对总体压力的贡献程度，计算结果如图 7 - 3 所示。

---

① 现有文献采用固定权重方法而得到的金融压力指数，可以视为完全不相关情形下的指数。不难看出，该指数在金融压力状况平稳时被高估，而在金融压力状况显著时被低估。

② 当子系统指数之间表现负相关关系时，由 CISS 方法计算得到的压力指数会低于完全不相关的情形，尤其是在 2009 年之后表现更为明显。

③ 只有当子系统压力状况较高并且其关联程度较强时，才会导致金融压力出现极端高值，这也意味着金融体系可能全面爆发系统性风险。在图 7 - 2 中主要是指 2008 年 8 ~ 12 月这一期间，此时金融压力指数分别达到了 0.127、0.283、0.331、0.398 和 0.187。

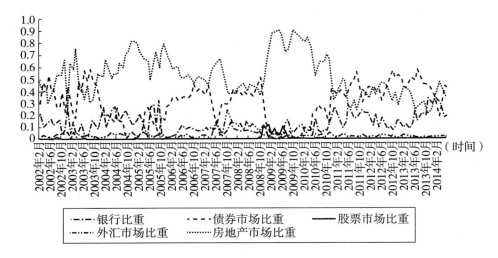

**图7-3　金融子系统压力状况重要性分析**

从图7-3中不难看出，如果按照各个子系统压力的贡献程度从大到小排列，即为房地产市场、债券市场、银行、股票市场和外汇市场，尤其是房地产市场、债券市场和银行压力状况对总体压力状况的贡献程度最为显著，这实际上说明，近些年来的房地产市场迅速发展，债券市场扩容和融资渠道以银行为主，从而使得风险在纵向维度上对实体经济造成较为显著的溢出效应。

再就金融子系统压力的关联程度而言，通过比较图7-2中CISS方法与完全相关情形下的压力指数不难看出，在2003年8~9月、2008年8~12月、2012年1~4月，CISS方法下的金融压力指数接近完全相关情形下的指数，这也意味着，金融体系中各个子系统之间关联性较强，风险的传染效应最为显著；反之，在2013年5月至2014年1月银行系统"钱荒"事件发生的期间，CISS方法下的金融压力指数远远低于完全相关情形下的指数，这也就说明，尽管这一时期银行系统压力状况不断攀升[①]，但是，银行系统与其他系统之间的关联性较弱，风险在横向维度上的传染效应不够显著，进而导致金融压力总体状况仍然较低。可见，金融子系统压力状况的关联程度构成了影响金融压力总体状况的重要因素。

---

① 由图7-2所示，银行压力占总压力指数比重从10.81%不断攀升至33.86%。

# 第四节　金融压力影响宏观经济的
# 非线性效应

我们首先建立 Logistic 平滑转换向量自回归模型（以下称 LSTVAR 模型）对不同压力状态下金融压力影响宏观经济运行的非线性效应展开检验，然后借鉴行为金融学领域的"情绪加速器机制"对这一非线性效应做出解释。

## 一、模型的设定

在现有讨论非线性向量自回归模型的文献中，目前较为常用的模型包括马尔科夫区制转换向量自回归（MSVAR）模型、门限向量自回归（TVAR）模型和 LSTVAR 模型。前两种模型主要是用于捕捉模型结构从一种区制向另一种区制转换的跳跃性特征，然而，在现实的经济金融环境中，大多数模型结构转换往往表现为连续性特征，那么，LSTVAR 模型则可以在事先已知引致区制转换因素的前提下，通过设定转换变量（transition variable）来刻画这一因素，并建立依赖这一变量的单调递增转换函数，从而反映出模型结构转换的平滑过渡特征。因此，我们采用 LSTVAR 模型来考察金融压力与宏观经济之间的关联机制，应该更为符合现实情况。

那么，由上述分析可知，在不同的金融压力状态下，金融压力可能会对宏观经济运行造成非线性效应的影响，这就不难推论，金融压力本身变化会引致这一非线性效应，由此，我们将金融压力作为转换变量，并建立包含产出、价格和金融压力三个变量的 LSTVAR 模型。这样，我们将运用非线性最小二乘法（NLS）对模型参数进行估计，并进一步构建广义冲击响应函数（GIRF）（Koop et al.，1996），来测定"高压力"和"低压力"两种区制下，金融压力影响产出和价格的非线性效应。

根据维斯（Weise，1999）的模型框架，我们构建模型如下式所示：

$$X_t = \phi_0 + \sum_{i=1}^{p} \phi_{1,i} X_{t-i} + (\sum_{i=1}^{p} \phi_{2,i} X_{t-i}) F(z_{t-d};\gamma,c) + \varepsilon_t \qquad (7.3)$$

式中，$X_t$ 为包含产出（$Y$）、价格（$\pi$）、金融压力（$f$）的三维列向量，

$\phi_0$ 为截距，$\phi_{1,i}$、$\phi_{2,i}$ 为系数矩阵，$p$ 为滞后阶数。$\varepsilon_t$ 为扰动项向量，该向量的均值为零、协方差矩阵为正定矩阵。$F(z_{t-d};\gamma,c)$ 为 Logistic 平滑转换函数，可以表示为 $\{1+\exp[-\gamma(z_{t-d}-c)/\sigma(z_t)]\}^{-1}$，这一函数控制着模型结构在不同区制之间的转换过程，其中，$z_{t-d}$ 为转换变量，由金融压力加以刻画，$d$ 为转换变量的滞后阶数，$c$ 为门限值，$\sigma(z_t)$ 为转换变量的标准差，转换变量通过除以 $\sigma(z_t)$ 可以将其对门限值的偏差标准化，$\gamma$ 为平滑参数，表示模型结构的转换速度。不难看出，$F(\cdot)$ 是转换变量 $z_{t-d}$ 的单调递增函数，当 $z_{t-d}\to+\infty$，$F(\cdot)=1$；当 $z_{t-d}\to-\infty$，$F(\cdot)=0$；当 $z_{t-d}\to c$，$F(\cdot)=0.5$，因此，随着转换变量取值不同，$F(\cdot)$ 将随之在 $[0,1]$ 之间连续变动，从而反映了模型结构的平滑转换过程。那么，我们将 $z_{t-d}>c$、$F(\cdot)>0.5$ 区间视为"高压力"区制，$z_{t-d}<c$、$F(\cdot)<0.5$ 区间视为"低压力"区制，这样就可以在模型参数估计的基础上建立广义冲击响应函数，进而分析"高压力"和"低压力"两种区制下金融压力影响产出和价格的非线性效应。

再就变量数据来源而言，产出采用工业增加值同比增长率，价格采用消费者价格同比指数，数据均取自同花顺金融数据库。金融压力采用前述运用 CISS 方法计算得到的金融压力指数。此外，我们还对所有变量进行了平稳性检验以避免伪回归的发生，检验结果如表 7-1 所示，不难看出，产出、价格和金融压力均为平稳的。

表 7-1　　　　　　　　各变量单位根检验结果

| 变量 | 检验类型 $(c,\ t,\ l)$ | ADF 检验 | 临界值 |
|:---:|:---:|:---:|:---:|
| $Y$ | $(c,\ 0,\ 1)$ | -3.28 | -2.88 [**] |
| $\pi$ | $(c,\ 0,\ 12)$ | -2.75 | -2.57 [*] |
| $f$ | $(c,\ 0,\ 1)$ | -5.62 | -3.47 [***] |

注：(1) 检验类型 $(c,\ t,\ l)$ 中 $c$，$t$，$l$ 分别表示常数项、时间趋势和滞后阶数；(2) *、**、*** 分别表示在 10%、5%、1% 的水平上显著。

## 二、模型的线性检验

在对 LSTVAR 模型估计之前，首先需要检验其基准线性 VAR 模型是否存在非线性成分。为此，我们采用格兰杰和特拉斯维塔（Granger & Terasvirta, 1993）针对单个方程提出的 Lagrange Multiplier（LM）统计量，以及魏泽

（Weise，1999）针对整个模型系统提出的 Likelihood Test（LR）统计量展开检验。首先，就 LM 统计量而言，原假设为 $H_0: \gamma = 0$，备择假设为 $H_1: \gamma > 0$，那么，对于一个 $k$ 变量、$p$ 阶滞后的 VAR 模型，令 $w_i = (x_{1t-1}, x_{1t-2}, \cdots, x_{1t-p}, x_{2t-1}, \cdots, x_{kt-p})$，整个检验过程可以分为以下三个步骤：（1）对基准线性 VAR 模型 $X_{it} = \phi_{i0} + \sum_{j=1}^{pk} \phi_{ij} w_{jt} + u_{it}$ 进行逐方程回归，得到残差序列 $u_{it}$，令 $SSR_0 = \sum \hat{u}_{it}^2$；（2）对 $u_{it} = \alpha_{i0} + \sum_{j=1}^{pk} \alpha_{ij} w_{jt} + \sum_{j=1}^{pk} \delta_i z_t w_{jt} + v_{it}$ 进行逐方程回归，得到残差序列 $v_{it}$，令 $SSR_1 = \sum \hat{v}_{it}^2$；（3）计算统计量 $LM = T(SSR_0 - SSR_1)/SSR_0$，渐进服从于 $\chi^2(pk)$，$T$ 为样本量个数。再就 LR 统计量而言，原假设为每个方程中均有 $\gamma = 0$，那么，令 $\Omega_0 = \sum \hat{u}_{it} \hat{u}'_{it}/T$，$\Omega_1 = \sum \hat{v}_{it} \hat{v}'_{it}/T$，计算统计量 $LR = T\{\log|\Omega_0| - \log|\Omega_1|\}$，渐进服从于 $\chi^2(pk^2)$。

根据上述分析，我们将基准线性 VAR 模型所包含的变量设定为产出、价格和金融压力，并根据 LR、FPE 和 AIC 准则，确定其滞后阶数 $p = 4$。此外，我们还将转换变量 $z_t$ 设定为金融压力，并针对转换变量 $z_t$ 滞后阶数分别为 1～4 的情形展开非线性检验，检验结果如表 7-2 所示。

表 7-2 模型的线性检验 P 值

| 转换变量 | 单个回归方程的 LM 检验 | | | LR 检验 |
|---|---|---|---|---|
| | $Y$ 方程 | $\pi$ 方程 | $f$ 方程 | |
| $z_{t-1}$ | 0.06 | 0.62 | 0.08 | 0.05 |
| $z_{t-2}$ | 0.28 | 0.78 | 0.88 | 0.32 |
| $z_{t-3}$ | 0.13 | 0.64 | 0.97 | 0.29 |
| $z_{t-4}$ | 0.37 | 0.42 | 0.77 | 0.56 |

由表 7-2 可以看出，与其他阶数的转换变量相比，转换变量 $z_{t-1}$ 的 LM 统计量和 LR 统计量较为显著，并能够在整个模型系统上拒绝原假设，因此，我们将其作为转换变量，也即其滞后阶数 $d = 1$。

## 三、模型的参数估计

我们运用非线性最小二乘法（NLS）对模型参数进行估计。设定门限值 $c$

在转换变量观测值排序的 5%~95% 区间逐个取点，平滑参数 $\gamma$ 在 $[1,35]$ 值域范围内按 0.5 步长取点，基于二维网格点搜索法，遍历地对转换函数 $F(z_{t-d};\gamma,c)$ 中各个 $c$、$\gamma$ 二维格点下式（7.3）残差协方差矩阵进行迭代估计，并选取满足残差协方差矩阵行列式对数最小时的 $c$、$\gamma$ 二维格点作为参数估计值，具体过程由 Matlab 编程实现。那么，表 7-3 显示了各方程回归参数的估计结果。

表 7-3 　　　　　　　　LSTVAR 模型各个方程估计结果

| 变量 | $Y$ 方程 | $\pi$ 方程 | $f$ 方程 |
|---|---|---|---|
| 常数 | 0.3064（3.3484） | 0.1068（4.7456） | 0.002（1.32） |
| $y_{t-1}$ | 0.0931（0.9407） | 0.0016（0.0671） | 0.0002（0.1302） |
| $y_{t-2}$ | 0.3251（3.225） | -0.0498（-2.0107） | 0.0018（1.093） |
| $y_{t-3}$ | 0.1255（1.3538） | -0.0265（-1.1638） | -0.0026（-1.7383） |
| $y_{t-4}$ | 0.268（0.6792） | 1.0225（10.5403） | 0.0012（0.1824） |
| $\pi_{t-1}$ | -0.8729（-1.6146） | 0.0937（0.705） | -0.0018（-0.2027） |
| $\pi_{t-2}$ | 0.893（1.6311） | -0.0963（-0.7155） | 0.0004（0.0496） |
| $\pi_{t-3}$ | -0.5316（-1.4444） | -0.0788（-0.8706） | 0.0029（0.485） |
| $\pi_{t-4}$ | -0.3888（-0.0484） | 1.0678（0.5413） | 0.6403（4.895） |
| $f_{t-1}$ | -8.4314（-1.2262） | 0.3364（0.199） | -0.0215（-0.192） |
| $f_{t-2}$ | 11.4403（1.8109） | -3.0613（-1.9711） | -0.0821（-0.7972） |
| $f_{t-3}$ | -5.4934（-1.1113） | 0.4875（0.4012） | 0.0017（0.0216） |
| $f_{t-4}$ | 1.3454（1.9844） | -0.06（-0.3601） | -0.0325（-2.9406） |
| $F(z_{t-1}) \times y_{t-1}$ | -0.9167（-1.1169） | 0.0648（0.3213） | 0.0357（2.6701） |
| $F(z_{t-1}) \times y_{t-2}$ | -0.4386（-1.4903） | 0.1551（2.1434） | 0.0153（3.1848） |
| $F(z_{t-1}) \times y_{t-3}$ | -0.4431（-0.9491） | -0.1729（-1.5064） | 0.0077（1.0056） |
| $F(z_{t-1}) \times y_{t-4}$ | 0.6651（0.5868） | -0.2185（-0.7842） | -0.0698（-3.7795） |
| $F(z_{t-1}) \times \pi_{t-1}$ | 2.6411（1.4851） | 0.247（0.565） | -0.101（-3.483） |
| $F(z_{t-1}) \times \pi_{t-2}$ | -0.1935（-0.1173） | 1.2884（3.1762） | -0.0079（-0.2928） |
| $F(z_{t-1}) \times \pi_{t-3}$ | -2.0952（-1.2961） | -1.098（-2.763） | 0.1356（5.1441） |
| $F(z_{t-1}) \times \pi_{t-4}$ | 12.5649（0.7109） | -2.8828（-0.6635） | -1.0918（-3.7893） |
| $F(z_{t-1}) \times f_{t-1}$ | 10.7255（0.8023） | 0.1795（0.0546） | 0.283（1.2985） |
| $F(z_{t-1}) \times f_{t-2}$ | -27.5315（-1.7931） | -2.6096（-0.6913） | 0.2738（1.0937） |

| 变量 | $Y$ 方程 | $\pi$ 方程 | $f$ 方程 |
|---|---|---|---|
| $F(z_{t-1}) \times f_{t-3}$ | 41.7048 （2.0477） | 9.468 （1.891） | -1.7594 （-5.2993） |
| $F(z_{t-1}) \times f_{t-4}$ | 3.0722 （2.8011） | -0.2252 （-0.8352） | 0.0051 （0.2875） |
| $R^2$ | 0.667169835 | 0.953185054 | 0.714475884 |

注：括号内为 t 值。

从表 7-3 可以看出，该模型的产出、价格和金融压力方程的参数均表现出非线性特征，这也就说明，金融压力与宏观经济之间确实具有非线性的关联机制。

表 7-4 进一步报告了转换函数 $F(z_{t-1}; \gamma, c)$ 中 $c$、$\gamma$ 的估计结果。

表 7-4　　　　　　　　　　转换函数参数估计结果

| 转换变量 $z_{t-1}$ | 门限值 $c$ | 平滑参数 $\gamma$ |
|---|---|---|
| $f$ | 0.124 | 20 |

首先，就门限值 $c = 0.124$ 而言，这就意味着，当金融压力高于 0.124 时，金融体系处于"高压力"区制，反之，处于"低压力"区制。如果从整个样本区间来比较金融压力值与门限值的关系，如图 7-4 所示，阴影部分为"高压力"区制的样本区间，不难看出，整个金融体系主要集中在 2003 年 8~9 月、2006 年 11 月至 2007 年 2 月、2008 年 8~12 月和 2012 年 1~4 月共计 15 个样本点出现"高压力"区制，这也就说明，我国金融体系运行总体平稳，全面爆发系统性风险的极端情形较为少见。再就导致"高压力"区制的驱动因素而言，通过比较 CISS 方法、完全相关与完全不相关三种情形下的金融压力指数不难发现，在 2003 年 8~9 月、2006 年 11 月至 2007 年 2 月和 2012 年 1~4 月的"高压力"区制中，完全无关情形下的指数相对较低，但是，CISS 方法下的指数却出现跳跃，并接近于完全相关情形下的指数，这就说明，这一时期金融子系统压力状况较为平稳，但是由于其关联程度较强，也会促使金融压力总体状况有所上升。但是，在 2008 年 8~12 月"高压力"区制中，完全无关情形下的指数相对较高，同时，CISS 方法下的指数仍然出现了跳跃，这就说明，金融子系统压力状况及其关联程度共同推动金融压力总体状况的上升。

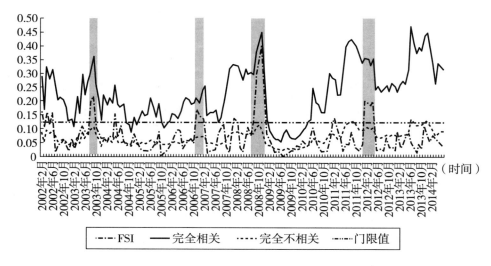

图 7 - 4  金融压力与门限值

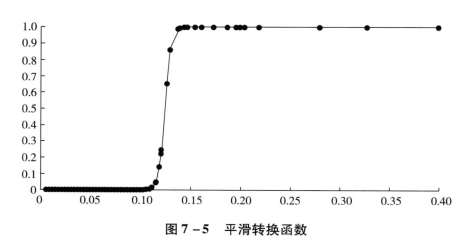

图 7 - 5  平滑转换函数

其次，就平滑转换系数 $\gamma = 20$ 而言，可以得到平滑转换函数，如图 7 - 5 所示。其中，横轴为转换变量 $z_{t-1}$，纵轴为转换函数。不难看出，该函数较为陡峭，这就意味着金融体系在"高压力"与"低压力"区制之间转换较为迅速而难以捕捉。

## 四、广义冲击响应函数分析

我们进一步建立广义冲击响应函数（GIRF）（Koop et al., 1996）分析"高压力"和"低压力"两种区制下金融压力对产出和价格影响的非线性效应。GIRF 表示为：

$$\text{GIRF}_x(q,\varepsilon_{it},\omega_{t-1}) = \text{E}\left[X_{t+q}\,|\,\varepsilon_{it},\omega_{t-1}\right] - \text{E}\left[X_{t+q}\,|\,\omega_{t-1}\right] \qquad (7.4)$$

式中，$\varepsilon_{it}$ 为任意冲击，$\text{GIRF}_x$ 为变量 $X$ 的冲击响应函数，$q$ 为预测长度，$q=1,2,3,\cdots$，$\omega_{t-1}$ 为预测 $X$ 的历史信息集，$\text{E}(\cdot)$ 为数学期望算子。与线性 VAR 模型通过矩阵代数求解冲击响应函数不同，非线性 VAR 模型的冲击响应函数则依赖于特定的历史信息，在求解过程中需截取样本序列作为历史信息，并通过 bootstrap 抽样来获取扰动项的联合分布特性，进而模拟生成冲击响应函数。在本节中，这一历史信息具体是指"高压力"与"低压力"区制，那么，我们将对样本序列的这两种情形分别抽样，并计算了"高压力"与"低压力"两种区制下，金融压力 2 倍标准差的正向和反向冲击引致产出和价格的响应函数。其中，抽样次数为 3600 次，预测长度 $q$ 为 14。

图 7-6、图 7-7 分别显示了金融压力正向冲击下产出和价格的响应函数。不难看出，金融压力的上升均导致了产出和价格的负向响应，这与现有文献通过建立线性 VAR 而得到的结论是一致的。但是，如果进一步对"高压力"与"低压力"区制两种情形进行比较，可以看出，"高压力"区制下产出在第 5 期做出了 -5.724% 的最大响应，而"低区制"下则在第 4 期做出了 -4.812% 的最大响应；另外，"高压力"区制下价格在第 7 期做出了 -7.205% 的最大响应，而"低压力"区制下则在第 6 期做出了 -3.957% 的最大响应。可见，金融压力正向冲击对产出和价格的影响效应，在"高压力"会比"低压力"区制下更为显著。

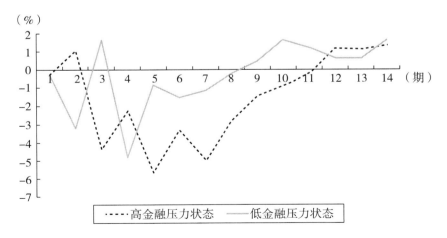

图 7-6　金融压力正向冲击下产出响应函数

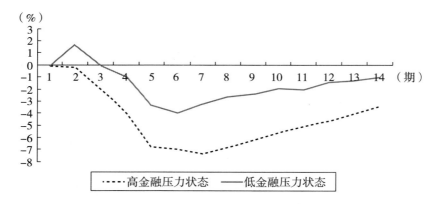

**图7-7　金融压力正向冲击下价格响应函数**

图7-8、图7-9分别报告了金融压力负向冲击下产出和价格的响应函数。同样地，金融压力的下降均导致了产出和价格的正向响应。[①] 如果进一步对"高压力"与"低压力"区制两种情形进行比较，不难发现，"高压力"区制下产出在第5期做出了5.497%的最大响应，而"低区制"下则在第2期做出了4.235%的最大响应；此外，"高压力"区制下价格在第7期做出了5.923%的最大响应，而"低压力"区制下则在第6期做出了4.008%的最大响应，可以推论，金融压力负向冲击对产出和价格的影响效应，在"高压力"区制下会比"低压力"区制下更为显著。

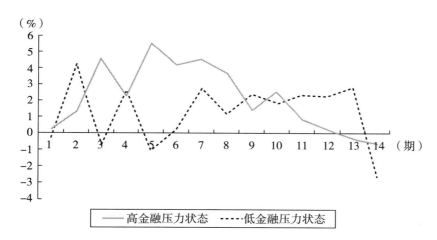

**图7-8　金融压力负向冲击下产出响应函数**

---

[①] 不难看出，这一模型所发现金融压力与产出、价格存在的负相关关系，并非完全否认理性行为范式下的观点。

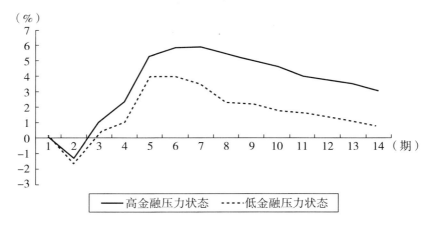

图 7 - 9　金融压力负向冲击下价格响应函数

## 五、基于"情绪加速器机制"的理论解释

上述分析表明，无论金融压力是正向还是负向冲击，金融压力对产出和价格的影响均表现为"高压力"比"低压力"区制更为显著的特点，这也就说明，金融压力对宏观经济具有非线性的影响效应，同时也意味着，系统性风险处于较高状态时，风险的积聚和释放会更加剧宏观经济波动，金融体系与宏观经济之间的关联机制具有动态性。那么，由于金融压力本身具有经济主体情绪过程的含义，我们试图借鉴行为金融学领域的"情绪加速器机制"对这一非线性效应性做出理论解释。

在行为金融学领域中，学术界普遍认为，在信息不完美的金融市场环境下，情绪过程作为一种非理性的心理偏差会对经济主体的投资决策行为产生系统性影响（Ganzach，2000；Kempf，2013）。特维德（2003）首次提出"情绪加速器机制"概念，指出经济主体情绪在高涨和低落之间变化会放大资产价格波动，也就是说，经济主体在情绪高涨时将做出乐观判断和决策，高估资产价值和低估风险，资产需求上升，资产价格上升，而在情绪低落时将做出悲观判断和决策，低估资产价值和高估风险，资产价格下降，可见，"情绪加速器机制"正如涡轮增压发动机一样驱动市场。

不仅如此，特维德（2003）、杨和李（2013）还进一步指出"情绪加速器机制"具有重要的非线性特征，也即金融实验表明，在不同情绪状态下，经济主体对信息利用的质量存在差异（Statman，2008），进而导致上述情绪对资产价格的影响还具有非线性效应。

具体而言，由于金融市场的信息不完美性，经济主体无法实现充分认知，进而会同时利用有价值的信息和自身情绪展开投资，那么，当经济主体处于情绪高涨状态时，会对信息的认知方差减少，信息利用质量随之提高，从而减少利用情绪展开投资，这样，情绪对资产价格的影响效应会随之下降；反之，当经济主体处于情绪低落状态时，会对信息的认知方差扩大，信息利用质量随之下降，从而增加利用情绪展开投资，情绪对资产价格的影响效应会随之上升。不难看出，情绪对资产价格的影响效应在情绪低落状态比高涨状态更为显著，从而表现出非线性效应。

根据上述分析，我们不难得出推论，具有情绪过程含义的金融压力也应当会产生类似的非线性效应，也就是说，在"高压力"区制下，经济主体对预期损失的风险感知不确定性上升，投资意愿减弱，这也就意味着处于情绪低落状态；然而，在"低压力"区制下，这一风险感知和不确定性下降，投资意愿增强，这意味着处于情绪高涨状态。这样，金融压力对资产价格的影响效应也会在"高压力"比"低压力"区制更为显著，并会由托宾 q、财富效应等渠道，对产出和价格产生非线性效应。[①]

# 第五节　研究结论与政策建议

本章从经济主体非理性行为范式出发，考察了金融压力的度量及其影响宏观经济运行的机制。

（1）在金融压力度量上，运用复合式系统压力指标方法，从风险形成的纵向和横向维度构建金融压力指数展开测度，通过反映经济主体心理与行为偏差引致的风险溢出和传染效应，能够更为科学地刻画系统性金融风险的内生性特征，同时还发现，金融子系统本身的压力状况及其关联程度，共同推动了金融压力总体状况在高低状态之间的转换。

（2）在金融压力的宏观经济效应上，进一步将金融压力视为经济主体情

---

① 事实上，阿克洛夫和席勒（2009）指出，经济主体情绪还可以解读为超越理性的信心，而且，信心对收入影响效应会在经济衰退时期更为显著，可见，这一观点与本节结论是一致的。

绪过程的反映，发现在"情绪加速器机制"的作用下，金融压力会对产出和价格产生非线性的影响效应，在高压力状态比低压力状态下更为显著，这也说明系统性风险处于较高状态时，风险的积聚和释放会更加剧宏观经济波动，金融体系与宏观经济之间的关联机制具有动态性。不难看出，这一结论为席勒（2008）、舍芬（Sherfin，2009）等行为金融学家一贯坚持的"金融危机的根源并非在于基本面，而在于心理因素"这一观点提供了理论与经验证据的支持。

事实上，随着我国金融深化和创新发展，通过强化经济主体非理性心理与行为的监管来防范和化解系统性金融风险，已经成为完善我国宏观审慎政策框架的重要内容。2015 年中央经济工作会议在关于引领经济发展新常态的宏观调控决策上，强调"要更加注重引导市场行为和社会心理预期"，中国人民银行在 2015 年《中国货币政策执行报告》中也多次指出，"建立健全风险预警、识别和处置机制，注重稳定金融市场预期"。在此情况下，如何在传统以资本约束为导向的政策框架基础上逐步引入以心理为导向的政策框架，就成为监管部门亟待解决的问题。那么，根据本章的研究结论，我们提出以下建议。

首先，监管部门应当将金融压力纳入为系统性金融风险的监测变量，并参照 CISS 方法定期编制与发布金融压力指数，同时根据模型对金融压力高低状态的识别结果，将其临界值作为风险预警值发布，从而有效引导经济主体对我国系统性金融风险的判断。

其次，鉴于金融子系统压力状况关联程度是影响金融压力总体状况的重要因素，监管部门应当充分发挥金融监管协调部际联席会议制度的作用，强化交叉性、跨市场金融产品的风险监测和监管协调，防范系统性风险在横向维度上的扩散。

最后，考虑到"情绪加速器机制"的影响效应，监管部门还应当提高金融市场信息透明度，加强投资者教育，引导经济主体减少依据情绪展开投资，同时还要监督媒体行为，防范媒体煽动和放大社会不良情绪。此外，一旦金融体系全面爆发系统性风险，还需要加强沟通和引导，通过展开公共劝说以缓解市场震荡。

# 第八章

# 中国金融压力与货币政策传导的
# 非对称性效应研究

历史反复证明，每一次经济危机都是经济学的危机。20世纪30年代美国经济危机作为宏观经济学的"圣杯"（Bernanke，2012），为凯恩斯主义经济学提供了天然的试验场，人们发现，相同幅度的紧缩性和扩张性货币政策对经济增长的作用效力是不同的：紧缩性货币政策抑制经济过热的作用要大于经济低迷时期扩张性货币政策的刺激作用。"货币政策非对称效应"逐渐引起理论界和政策制定者的广泛关注。

随着我国金融管制的放松和金融创新的深化，在各种外生冲击因素的综合作用下，金融体系蕴含的系统性风险在部分行业、区域积聚。尤其是2013年的"钱荒"事件以来，随着银行业系统性风险的不断累积，大大影响了我国宏观经济的健康运行，这使得人们逐渐意识到金融失衡开始成为影响国民经济平稳运行的重要来源。由此提出的问题是，在目前我国金融风险不断积聚的状态下，金融风险是否会对货币政策传导产生非对称性效应？本章的研究试图构建中国金融压力指数以测度金融系统性风险，在连续、实时监测我国金融失衡状态的基础上，通过建立门限向量自回归（TVAR）模型系统考察金融压力对我国货币政策传导产生的非对称性效应。

# 第一节　文献评述

本章的研究与金融压力指数的构建和货币政策传导的非对称性效应这两支文献相关，其中，第七章已经对金融压力指数相关文献展开探讨而不赘述，因此，本节只对货币政策传导的非对称性效应相关文献进行评述。

## 一、货币政策传导的非对称性效应

国内外文献对于货币政策传导的非对称性效应的定义是相同程度的紧缩和宽松的货币政策对于产出下降和上升的影响程度却是不同的。传统的文献认为，在经济衰退时期，宽松的货币政策对于产出的影响效应较小，经济增长速度恢复较慢，而在经济繁荣时期，紧缩的货币政策对于产出的影响效应较大，经济增长速度下降较快。货币政策对于产出的非对称性影响，不仅依赖于货币政策的方向不同，而且还依赖经济周期的不同阶段。因此，货币政策传导的非对称效应具体而言可大致分为两个方面：货币政策作用方向上的非对称性，即紧缩性货币政策对产出和价格的影响效应较大，宽松性货币政策对产出和价格的影响效应较小；不同经济周期阶段货币政策传导的非对称性，即在经济收缩阶段货币政策对产出和价格的影响效应较大，而在经济扩张阶段货币政策对产出和价格的影响效应较小。

### （一）货币政策作用方向上的非对称性

科弗（Cover，1992）、摩根（Morgan，1993）、卡拉斯（Karras，1996），使用两步 OLS 方法验证了货币政策作用方向上的非对称性效应，其结果都表明负向的货币供给冲击对于产出的影响更大，而正向的货币供给冲击对于产出的影响较小。麦克勒姆（Macklem et al.，1996）使用相同的方法得出负的货币供给冲击对于产出的影响较大，但是其结论的另一部分却显示正的货币供给冲击对于产出没有影响。

崔（Choi，1999）使用 MIMC 模型验证了美国货币政策在作用方向上的非对称性，其结论表明，紧缩的货币政策对于产出的负向冲击要远远大于宽松的货币政策对于产出的正向冲击。加西亚和沙勒（Garcia & Schaler，2002）通过结构 VAR 模型得到了和上述一样的结论。

加里波第（Garibaldi，1997）、戴尔·阿里西亚和加里波第（Dell Ariccia & Garibaldi，2000）、弗洛里奥（Florio，2006）等发现货币政策冲击不仅对于产出具有非对称性效应，而且还对通货膨胀、金融市场、劳动力市场等产生非对称效应。

针对中国货币政策作用方向上的非对称性的研究也较为广泛，陆军和舒元（2002）、石柱鲜和邓创（2005）、刘金全和郑挺国（2006）、吴婷婷（2009）研究发现，负向的货币供给冲击对于产出的影响更大，而正向的货币供给冲击对于产出的影响较小。赵进文和闵捷（2005）采用 LSTR 模型验证了我国货币政策作用方向上的非对称性。研究结果表明，紧缩的货币政策对于产出的影响效应大，而宽松的货币政策对于产出的影响效应小。戴金平等（2008）从商业银行信贷能力角度出发，验证了我国货币政策作用方向上的非对称性，与此同时其结论指出，商业银行信贷能力变动加深了我国货币政策作用方向上的非对称性效应。牛新艳（2011）运用 TVAR 模型研究了我国货币政策对于短期融资券市场上信用利差的非对称性效应。研究结果表明，紧缩货币政策使得信用利差上涨幅度较大，而宽松的货币政策使得信用利差上涨幅度较小。

### （二）不同经济周期阶段货币政策传导的非对称性

布林德（1987）提出了一个信贷摩擦模型，指出经济会进入信贷配给区制。这样其中一些信誉良好的借款人也无法获得信贷，这些可能是由于从紧的货币政策造成的。紧缩的货币政策意味着企业失去信贷，并且产出的增速在该区制下更低，放大了货币政策变紧的非线性影响。

伯南克和格特勒（1989）从融资约束的角度出发，验证了在不同经济周期阶段货币政策对于外部融资溢价表现为非对称性。他们认为，在经济周期的不同阶段，由于借款人融资约束机制的资产净值对其获得外部融资的约束程度有所差异，即借款人资产净值对其违约概率产生影响这一环节会随着经济周期阶段的转换而发生变化，这就进一步使得货币政策影响外部融资溢价的机制表现为非线性效应。

麦卡勒姆（McCallum，1991）利用美国数据来估计一个简单的产出方程，这个方程是关于当经济进入信贷紧缩的状况时，信用制度和货币政策变量

（货币供应量 M1）之间相互变化关系，研究发现，当贷款紧缩时，从紧的货币政策有更强的影响力。他的研究结果也是对布林德（1987）模型预测的一种证实。加尔布雷斯（Galbraith，1996）利用美国数据采用单方程模型同样发现，当贷款紧缩时，从紧的货币政策有更强的影响力，但是加拿大不具有这样的效果。

鲍克（Balke，2000）选择美国商业票据和国债之间的价差来刻画信用区制，并建立门限向量自回归模型（TVAR），发现货币冲击对紧缩信贷区制的影响更大。与鲍克相类似的方法，阿塔那索娃（Atanasova，2003）使用英国的数据模型发现了门限效应显著的证据。她认为，货币政策在信贷紧缩的时候有更大的影响，此外，与鲍克结论不同的是，发现货币政策的积极影响和消极影响的冲击效应是对称的。

李富春（Fuchun Li，2010）选择加拿大金融压力指数来确定金融压力的不同区制，并建立 TVAR 模型发现，紧缩的货币政策比较宽松的货币政策影响更大，高金融压力时期与低金融压力时期相比，紧缩的货币政策对产出的影响效应更大。

国内许多学者对中国宏观经济处于不同经济周期阶段下货币政策的非对称性效应进行了探讨研究。刘金全和隋建利等（2009）、张小宇和刘金全（2011）都使用 Logistic 平滑迁移向量自回归模型，验证了我国货币政策对产出和物价的影响在经济周期上表现出明显的非对称性。其结论都表明，在经济收缩阶段时，货币政策对于产出和物价的影响效应较大，然而在经济扩张阶段时，货币政策变化对于产出和物价的影响效应较小。与此同时，刘发跃和翟胜宝（2012）、张明辉、刘磊和朱晓语（2013）在验证我国货币政策在不同经济周期非对称效应时得到相反的结论，研究发现，经济收缩阶段与扩张阶段相比，货币政策对产出影响效应较小。

## 二、文献评述

综观国内外的研究，学术界在构建金融压力指数及其状态识别和货币政策非对称性这两方面已经展开了较为深入的研究，并取得了较大进展，但是笔者认为在以下三个方面可能还会有所推进。

（1）国内大多数学者在构建中国金融压力指数和设计刻画金融体系各个

子系统金融压力指数时，其变量的选择不完善。在构建金融压力指数时选择的变量要尽可能全面，尽可能做到完全覆盖具有金融压力特征的所有部门。然而，国内学者在构建中国压力指数时却忽略了对房地产市场的考察，事实上房地产市场的系统性风险的积聚与释放是引致金融体系失衡的重要因素。本章在构建中国金融压力指数时，引入了房地产市场的两个压力变量：国房景气指数的波动率和负的国房景气指数的收益率，这两个变量从房地产市场的收益率和波动性出发，很好地刻画了该市场的系统性风险，这就避免了其他国内学者研究中所存在的缺陷。

（2）大多数研究者在对金融压力指数较高和较低的压力状态进行识别时，主要是采取了压力指数均值标准差、金融危机指数值等外生设定临界值的方法。这种方法虽然简便并易于处理，但是却很可能会因为对样本的主观划分而造成研究结论的偏误。为此，本章试图将金融压力状态视为"区制"（regime），通过 TVAR 模型测算出金融压力指数的门限值，并以此对金融压力指数较高和较低的压力状态进行识别。这样就避免了对样本的主观划分所造成的误差。

（3）目前，关于货币政策非对称性的研究中尚未纳入金融压力的因素。自从 2008 年国际金融危机爆发以后，人们逐渐意识到金融失衡开始成为影响国民经济平稳运行的重要来源，金融系统性风险已不容忽视，因此，本章将金融压力的因素纳入货币政策非对称性研究之中，试图考察在不同金融压力状态下货币政策传导的非对称性效应和货币政策作用方向上的非对称性效应。

# 第二节　门限向量自回归模型的构建

## 一、中国金融压力指数的构建

金融压力指数是由刻画金融体系各个子系统金融压力的子指数加权得到，具体表示：$FSI_t = \sum_{i=1}^{n} w_{it} X_{it}$，$FSI_t$ 即为 $t$ 时期对应的金融压力指数，$X_{it}$ 代表构成 $FSI_t$ 的第 $i$ 个变量，$w_{it}$ 为该变量对应的权重。首先，就子指数设计而言，应完全覆盖具有金融压力特征的所有部门，尤其是包含房地产市场系统性风险的考察，由此我们基于国内学者构建金融压力指数的基础上，并根据数据的可获得性，采用了银行市场、债券市场、股票市场、外汇市场和房地产市场共五个部门的资产利差或资产价格波动率构建了子指数；其次，就权重方法的选择上，本章依据陈守东和王妍（2011）采用等方差权重的方法。最终构建了2002年2月至2014年6月的中国金融压力指数。

### （一）　中国金融压力指数指标的选取

本章使用的是月度数据额，样本期间为2002年2月至2014年6月。考虑到数据的可得性和完善性，本章选取了银行、债券、股票、外汇和房地产市场的一些变量来构建 FSI。由于我国房地产市场对于实体经济的巨大影响，同时考虑到我国的房地产市场和金融市场有着千丝万缕的联系，房地产市场的风险和金融市场市场的风险可以相互影响，所以本章在构建我国 FSI 时，把房地产市场也考虑在内。构建金融压力指数各市场选取的变量如下：

银行市场：对于银行市场风险本章选取了两个指标：泰德利差（3月期银行同业拆借率－3月期定期存款利率）和银行业风险利差（1年期金融债总指数到期收益率－1年期国债总指数到期收益率），这两个指标都较好地刻画了银行业的风险，具有一定的代表性。一般来说，泰德利差是3月期银行同业拆借利率与无风险利率之差，而无风险利率一般是由国债利率来表示，而本章选择用3月期定期存款利率来代替其原因主要有以下两点：首先，我国国债市场发展尚不充分，没有3个月国债品种；其次，由于我国大部分银行的国有性质，短期定期存款几乎不存在风险，因此，无风险利率可以参照3个月定期存款利率，银行业风险利差用1年期金融债总指数到期收益率和1年期国债总指数到期收益率之差来表示。

债券市场：对于债券市场的风险，本章选取负的期限利差（1年银行间国债收益率－10年期银行间国债收益率）来衡量债券市场上整体的风险状况。当两者之间差的绝对值越变越大时，即长期债券收益率要远远大于短期国债收益率，这时候表明债券市场上人们大量购买短期债券而卖出长期债券，反映了人们对未来经济的不确定性，所以两者之间差的绝对值越变越大时，债券市场上风险压力越大，与金融压力呈正向关系。

股票市场：股票市场风险最显著的表现形式是股票指数大幅度下跌以及资产收益率不确定增大，因此，股票市场的 FSI 主要考虑以下两个因素：（1）股票市场的波动率，采用平均后的上证综指波动率来表示（GARCH（1，1）模型）；（2）负的股票价格指数的收益率，其值越大，股票指数下跌越大，意味着不确定或风险增加，股票市场上的风险越大，进而股票市场上的压力越大。

外汇市场：中国加入 WTO 以来，我国外汇市场的风险大小越来越不容忽视，本章采用外汇市场名义有效汇率指数波动率来表示（GARCH（1，1）模型）。

房地产市场：由于我国的金融市场是我国房地产市场融资的主渠道，房地产市场与资本市场有着千丝万缕的联系。房地产市场的风险必然会波及金融市场，因此，在构建我国的 *FSI* 时，房地产市场也是不可或缺的一部分。本章选取国房景气指数的波动率和负的国房景气指数的收益率来表示，国房景气指数的波动率仍然采使用 GARCH（1，1）模型来计算。

上述数据均取自同花顺金融数据库。

### （二）中国金融压力指数的构建

首先对变量泰德利差、银行业风险利差、负的期限利差、负的股票价格指数的收益率、上证综指波动率和名义有效汇率指数波动率、国房景气指数波动率、负的国房景气指数收益率进行标准化处理，然后运用等方差权重法按照（8.1）式进行构建。

$$FSI_t = \frac{1}{n} \sum_{i=1}^{n} \left( \frac{X_{it} - \mu_i}{\sigma_i} \right), \qquad t = 1,2,\cdots;n = 8 \qquad (8.1)$$

式中，$X_{it}$ 为第 $i$ 个指标变量在 $t$ 期的值，$\mu_i$ 为第 $i$ 个指标变量的样本均值，$\sigma_i$ 为标准差，金融压力指数估计结果如图 8 – 1 所示。

## 二、门限向量自回归模型的构建

在构建金融压力指数之后，就需要对金融失衡进行监测、分析和评估，这要求对金融压力指数较高和较低状态进行识别，目前现有文献主要按照两种思路加以展开。第一种是监测到金融压力指数超过历史均值一倍或两倍的标准差，即认为是处于金融失衡较为严重的压力状态（Illing & Liu，2006；Cardarelli，2009；赖娟、吕江林，2010）。第二种是以曾发生过金融危机的指数值作为参考，当金融压力指数高于该指数值时，即认为是处于金融失衡

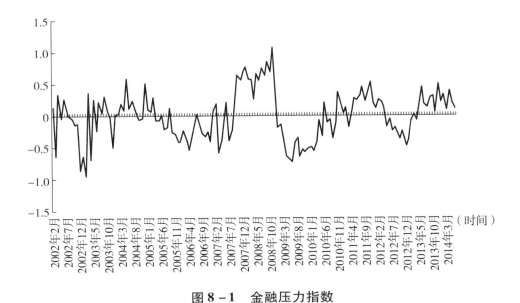

**图 8 - 1 金融压力指数**

较为严重的压力状态（Hakkio & Keeton，2009）。我们试图将金融压力状态分为"高压力"和"低压力"两种区制，并通过构建门限向量自回归（TVAR）模型，估计出中国金融压力指数的门限值来进行中国金融压力状态的识别，高于门限值即为高金融压力状态，低于门限值即为低金融压力状态。并结合当时的中国的经济形势具体分析了影响金融压力状态高低之间变化的原因。

### （一）变量的选取与说明

本章选取的样本区间为 2002 年 2 月至 2014 年 6 月，且都为月度数据。TVAR 模型中所包含的变量依次为工业增加值（$Y$）、通货膨胀率（$P$）、7 天同业拆借利率（$I$）和中国金融压力指数（$FSI$）。其中，工业增加值和通货膨胀率表示为货币政策的目标变量，同业拆借利率表示货币政策工具变量，中国金融压力指数表示门限变量。我们采用 $Y$ 作为产出变量，$P$ 是以 2002 年 1 月为基期的消费价格指数来表示，货币政策工具变量由同业拆借利率表示。中国金融压力指数取自前文计算结果，此外，我们还对 $Y$、$P$ 和 $I$ 进行了 X12 方法季节调整。与此同时，TVAR 模型还要求其包含的内生变量是平稳性的，因此，笔者运用 ADF 方法对各个变量进行了平稳性检验，其结果表明上述变量均为平稳序列，变量平稳性检验结果如表 8 - 1 所示。

表8-1       各变量 ADF 单位根检验结果

| 变量 | ADF 检验 | 检验类型 ($c$, $t$, $l$) | 临界值 |
|:---:|:---:|:---:|:---:|
| $Y$ | -7.525 | ($c$, 0, 0) | -3.715 [***] |
| $P$ | -4.127 | ($c$, $t$, 6) | -3.474 [**] |
| $I$ | -4.971 | ($c$, 0, 0) | -3.627 [***] |
| $FSI$ | -3.653 | ($c$, 0, 0) | -3.613 [***] |

注：（1）检验类型（$c$, $t$, $l$）中 $c$, $t$, $l$ 分别表示常数项、时间趋势和滞后阶数；（2）**、*** 分别表示在 5%、1% 的水平上显著。

### （二）模型的非线性检验和门限值估计

在对 TVAR 进行非线性检验之前，我们还要设定系数矩阵 $A$ 中各变量的递归次序，该模型的滞后阶数 $L$，门限变量 $c_{t-d}$ 的滞后期 $d$，还有门限变量移动平均的长度。本章参照国外学者设定 TVAR 模型递归次序的方法[①]，将其设定为"工业增加值，通货膨胀率，同业拆借利率，金融压力指数"。同时，我们在基准线性 VAR 模型中，运用 SIC 和 AIC 对滞后阶数 $L$ 为 1~4，门限变量滞后期 $d$ 为 1~4，及其移动平均长度为 2~4 的各种情形进行检验，SIC 表明 $L=1$、$d=1$、移动平均长度为 4，而 AIC 表明 $L=2$、$d=1$、移动平均长度为 4。我们采用了丢失数据较少的 SIC 下的结论，门限值估计结果如表8-2所示。

表8-2      TVAR 模型非线性检验与门限值

| 门限变量 | Wald 检验 | | |
|:---:|:---:|:---:|:---:|
| | sup-Wald | avg-Wald | exp-Wald |
| 0.12821 | 56.95<br>(0.00) | 42.79<br>(0.00) | 25.15<br>(0.00) |

注：括号内为通过汉森（Hansen, 1996）提出的 bootstrap 方法得到的 P 值，重复次数为 500。

可以看出，Wald 检验均在 1% 显著性水平上拒绝"模型为线性"的原假设，门限变量估计值为 0.12821。这也就说明，当金融压力指数高于 0.12821

---

[①] 关于递归次序的设定参见伯南克、格特勒和沃斯顿（1997），利珀、西姆斯和查（1996），巴尔克（2000）。

时，我国宏观经济运行处于金融压力较高的状态，反之则处于金融压力较低的状态。我们进一步做出图 8 - 2 来观察金融压力指数与门限值的关系。不难看出，金融压力指数围绕着门限值上下波动，并表现出金融压力较高与金融压力较低两种状态。

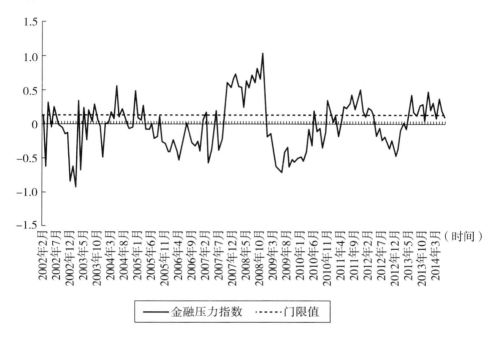

图 8 - 2　金融压力指数与门限值波动趋势

具体而言，自 2002～2014 年，中国宏观经济的金融压力状态大致上经历了六个阶段：（1）2002 年 2 月至 2007 年 9 月金融压力较低阶段，金融压力指数整体处于一个较低的水平，偶尔会有些月份超过门限值；（2）2007 年 10 月至 2008 年 12 月金融压力较高阶段，金融压力指数全部高于门限值；（3）2009 年 1 月至 2010 年 10 月金融压力较低阶段，金融压力指数全部低于门限值；（4）2010 年 11 月至 2012 年 2 月金融压力较高阶段；（5）2012 年 3 月至 2013 年 5 月金融压力较低阶段；（6）2013 年 6 月以后金融压力较高阶段。

2002 年 2 月至 2007 年 9 月，我国宏观经济运行进入了上行周期，是我国经济发展的黄金时期。进入 2002 年，我国刚刚加入 WTO，GDP 平均增长率达到了 10% 以上，对外贸易总额连创新高，尤其是对外贸易的出口总额增长幅度较大，到 2007 年我国的外汇储备已达到了 2 万亿美元[①]；在此期间我国的金融市场进入了深化改革和大发展时期，2003 年底，中央确定股份制改造作为中国银行业改革的方向，到 2007 年上市银行已成为中国银行业的主体，我国银行业的资本充足率和国际竞争力不断地增强。与此同时，2007 年 2 月我国银行业正式启动了实施《巴塞尔新资本协议》，随着银行市场改革的不断深化，我国银行业的风险压力不断降低，由于银行在我国金融机构的主导地位，这也大大推动了宏观经济的发展。与此同时，我国的债券市场和股票市场也进入了一个高速发展时期，在此期间我国的债券市场融资规模不断增大，新的债券品种不断涌现，这都使得中国债务市场得到了极大的发展；我国的股票市场在此期间迎来了历史的高峰，尤其是在 2007 年，我国的上证综指上升速度飞快，到 2007 年 10 月已超过了 6000 点，作为国民经济的晴雨表，股市的大繁荣，预示着国民经济的快速发展。纵观这个时期，我国国民经济发展迅速，随着金融改革的深入，我国的金融市场迎来了改革的红利，金融市场迎来了较好的发展时期，从而不难理解，2002 年 2 月至 2007 年 9 月期间，我国宏观经济的金融压力状态处于较低阶段。

2007 年 10 月至 2008 年 12 月，由于受到了国际金融危机的波及，我国的宏观经济受到了较大的影响，我国 GDP 增长率与上一时期相比，下降了 2%。在此期间我国对外贸易受其影响巨大，随着国外需求的不断降低，我国的出口总额增长率不断下降。与此同时，金融市场也受到了国际金融危机的冲击，资本市场吸收外资能力不断降低，外资大量流出中国的资本市场，外汇市场剧烈波动，外汇市场风险压力居高不下；股票市场受金融危机的影响是最为直接的，上证综指从 2007 年 10 月的 6124 点跌落到 2008 年 4 月的不足 3000 点，在这期间股票市场遭受了巨幅的波动，股票市场的风险压力达到了一个高峰。因此，这一时期我国宏观经济处于金融压力较高的状态。

2009 年 1 月至 2010 年 10 月，为应对国际金融危机对于我国宏观经济的不利影响，从 2008 年 11 月开始中央政府确定实施 4 万亿元的救市政策，面对较高的金融压力，央行及时实施宽松的货币政策，增加金融市场上的流动性，提高信贷规模，促使金融市场慢慢回暖，在较为宽松的信贷条件和较低融资成本的推动下，金融压力指数开始不断降低。

---

① 资料来源：各期《中国经济景气月报》。

2010 年 11 月至 2012 年 2 月，随着救市政策的逐步退出，金融市场流动性和信贷规模再次萎缩。与此同时，欧债危机的爆发使得我国对外出口经济进一步下滑，同时欧债危机还加剧了中国金融市场的波动，尤其是外汇市场上欧元兑人民币汇率大幅下行，人民币汇率剧烈波动，这些都促使了我国宏观经济进入较高的金融压力状态。

2012 年 3 月至 2013 年 5 月，央行实施稳健的货币政策，金融市场健康快速运行，我国宏观经济运行处于金融压力较低的状态。从 2013 年 6 月以来，我国宏观经济再次进入金融压力较高的状态，这主要是因为，2013 年 6 月"钱荒"事件不断发酵，同业拆借市场的隔夜拆借利率甚至飙升至 30%，这使得我国银行业面临着较大的流动性风险。另外，银行在金融体系占据着主导地位，当我国银行业遭受风险时，系统性金融风险随之攀升，进而导致宏观经济运行处于金融压力较高的状态。

## 第三节　金融压力对货币政策传导非对称性的影响效应

由上述可知，我国的金融压力状态在较高和较低之间转换呈现周期性波动趋势，这又会导致货币政策传导的非对称性效应产生什么样的影响？我们试图通过计算 TVAR 模型中同业拆借利率冲击下产出变化的广义脉冲响应函数，分别考察不同金融压力状态和货币政策作用方向上的非对称性效应。

本节使用 RATS 软件分别估计了金融压力较高和较低两种状态同业拆借利率 2 个正向和负向标准差冲击下产出响应函数[①]。

### 一、不同金融压力状态下货币政策传导的非对称性效应

图 8 - 3、图 8 - 4 显示不同金融压力状态下宽松性和紧缩性货币政策对产出的冲击效应。图 8 - 5、图 8 - 6 进一步显示了累积冲击效应。不难看出，在高金融压力状态下，货币政策对产出的影响效应较大，在低金融压力状态下，

---

① 广义脉冲响应函数构建方法在前文已详细介绍，此处不再赘述。

货币政策对产出的影响效应较小。

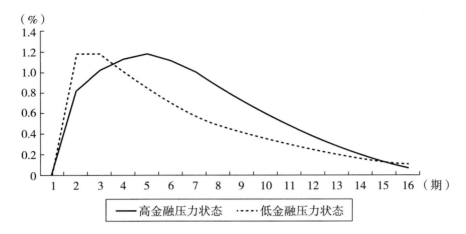

**图 8 - 3　不同金融压力状态下宽松性货币政策对产出的冲击效应**

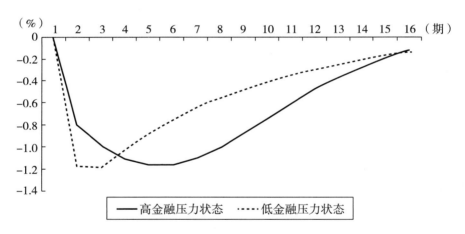

**图 8 - 4　不同金融压力状态下紧缩货币政策对产出的冲击效应**

　　图 8 - 5 所示，高金融压力状态下，同业拆借利率的 2 个负向标准差冲击使得产出累积响应为 9.985%，而在低金融压力状态下时，同业拆借利率的 2 个负向标准差冲击使得产出累积响应为 7.861%，可见，当宏观经济运行处于高金融压力状态下时，宽松性货币政策对产出的影响效应较大，而当经济运行处于低金融压力状态下时，宽松性货币政策对产出的影响效应较小。

　　图 8 - 6 所示，高金融压力状态下，同业拆借利率的 2 个正向标准差冲击使得产出累积响应为 - 11%，而在低金融压力状态下，同业拆借利率的 2 个负向标准差冲击使得产出累积响应为 - 8.475%，可见，当宏观经济运行处于高

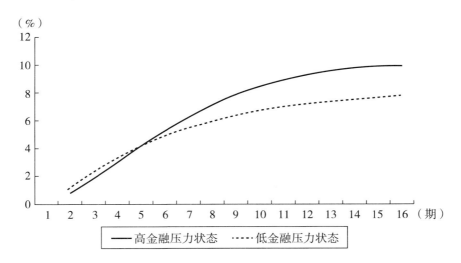

**图 8 - 5　不同金融压力状态下宽松货币政策对产出的累积冲击效应**

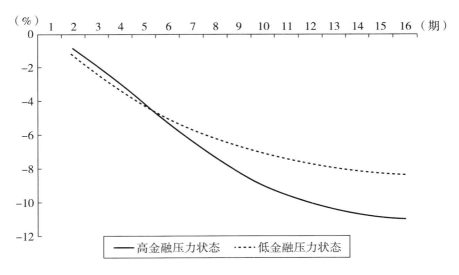

**图 8 - 6　不同金融压力状态下紧缩货币政策对产出的累积冲击**

金融压力状态下时，紧缩性货币政策对产出的影响效应较大，而宏观经济运行处于低金融压力状态下时，紧缩性货币政策对产出的影响效应较小。

　　为什么会出现在不同金融压力状态下，货币政策传导表现出非对称性效应呢？本节试图从融资约束程度强弱进行解释（Bernanke & Gertler，1989）。在高金融压力时期，宏观经济往往处于衰退阶段，由于借款人投资收益低，其融资来源难以依靠留存利润等内部资金，从而依靠外部融资比重相对较高，这就使得借款人资产净值对其获得外部融资的约束较强。这意味着，当货币政策导致资产净值发生变化时，对于借款人进行外部融资的影响特别大，从而对于借款人的投资支出和消费支出产生较大的影响；反之，在低金融压力时期，宏观经济处于繁荣时期，由于借款人投资收益高，其融资来源主要依靠留存利润等内部资金，从而依靠外部融资比重相对较低，这就使得借款人资产净值对其获得外部融资的约束较弱。这意味着，当货币政策导致资产净值变化时，对于借款人进行外部融资的影响不是特别大，从而对于借款人的投资支出和消费支出产生较弱的影响。综上分析，可以发现在不同金融压力状态下，由于对于借款人融资约束程度的不同，使得在高金融压力时期货币政策对于产出的影响效应较大，低金融压力时期货币政策对于产出的影响效应较小。

## 二、货币政策作用方向上的非对称性检验

图 8 - 7、图 8 - 8 分别对比了高金融压力和低金融压力两种状态下宽松性和紧缩性货币政策对产出的冲击效应。图 8 - 9、图 8 - 10 进一步显示了累积冲击效应。不难看出，无论是在何种金融压力状态下，紧缩性货币政策对产出的影响效应都较大。

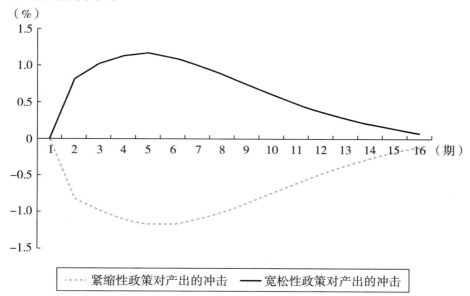

图 8 - 7　高金融压力状态下紧缩和宽松货币政策对产出的冲击

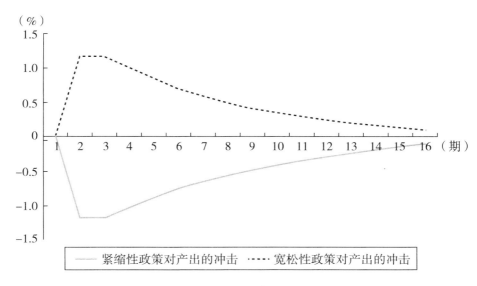

图 8 − 8　低金融压力状态下紧缩和宽松货币政策对产出的冲击

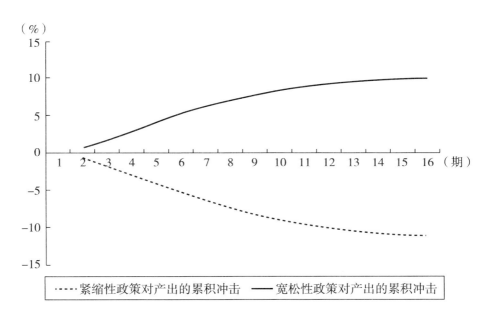

图 8 − 9　高金融压力状态紧缩和宽松的货币政策对产出的累积冲击

图 8 − 9 所示，高金融压力状态下，同业拆借利率的 2 个正向标准差冲击使得产出的累积冲击效应为 − 11% ，而同业拆借利率的 2 个负向标准差使得产出的累积冲击效应为 9.98% 。可以看出，当宏观经济运行处于高金融压力状态下，紧缩性货币政策对产出的影响效应较大。

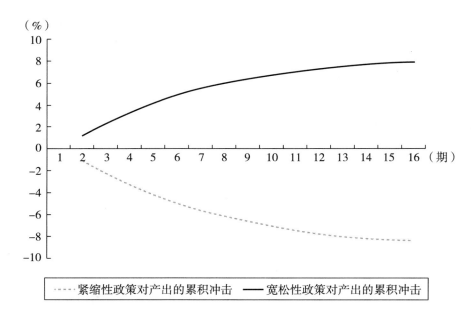

**图 8 - 10　低金融压力状态下紧缩和宽松货币政策对产出的累积冲击**

图 8 - 10 所示,低金融压力状态下,同业拆借利率的 2 个正向标准差冲击使得产出的累积冲击效应为 - 8. 47% ,而同业拆借利率的 2 个负向标准差使得产出的累积冲击效应为 7. 86% 。当宏观经济运行处于低金融压力状态下时,紧缩性货币政策对产出的影响效应同样较大。

综上所述,无论是在高金融压力状态下还是在低金融压力状态下,紧缩性货币政策对产出的影响效应较大,宽松性货币政策对产出的影响效应较小。为什么会出现货币政策作用方向上的非对称性呢?本节从借款人融资约束程度强弱来进行解释,由于在金融市场上存在各种融资约束,尤其是银行的信贷约束,而这些融资约束只有在央行实行紧缩的货币政策时,才会对实体经济发挥实际作用(Bernanke & Gertler, 1989;1995)。当央行实行紧缩的货币政策时,会导致股票价格的升高,同时随着利率的上升会增加企业的资金成本,这样就使得企业的净值降低,而净值的降低意味着借款人(企业)可供抵押的资产变少,就会引起金融市场上较为严重的逆向选择问题,这样企业融资约束程度较强,从而使得企业会减少贷款和投资支出,从银行的角度来看由于央行实行紧缩的货币政策,银行的准备金就会减少,从而银行可供借贷的资金也会相应减少,由于在中国大多数企业的借款都依赖于银行的贷款,因此,随着银行可贷资金的减少,会导致投资支出和消费支出的降低。与此同时,由于紧缩的货币政策，使得市场利率上升，借款人的净值不断下降，这时市场上容易发生逆向选择和道德风险问题，银行为了规避风险，就会出现惜贷的情况，这样就使得借款人面临着较强程度的融资约束，使得投资支出和消费支出降低。可见，当央行实行紧缩的货币政策时，会导致市场上融资约束程度较强尤其是银行的惜贷，受其影响，产出就会大大的降低；当央行实行宽松的货币政策时，企业的净值会增加，银行的可贷资金也会增加，银行也不会出现惜贷的情况，这时金融市场上的融资约束程度会变得较弱，但是由于面临着宏观经济增速放缓或整体经济规模降低的情形，这样就减少了整个市场上的信贷需求量，即使央行实行宽松的货币政策，使得借款人融资约束程度较弱，也无法增加企业和消费者的信贷总量和消费总量，所以宽松性货币政策对产出的影响效应较小。

# 第四节 研究结论与政策建议

## 一、结论

本章首先选取中国银行市场、债券市场、股票市场、外汇市场和房地产市场5个部门的资产利差或资产价格波动率构建了子指数，使用等方差权重的方法测算了从 2002 年 2 月至 2014 年 6 月的中国金融压力指数。其次构建门限向量自回归（TVAR）模型，估计出中国金融压力指数的门限值来进行中国金融压力状态的识别，高于门限值即为高金融压力状态，低于门限值即为低金融压力状态。并结合当时的中国的经济形势具体分析了影响金融压力状态高低之间变化的原因。最后通过计算 TVAR 模型中同业拆借利率正向和负向冲击下产出变化的脉冲响应函数，以观察不同金融压力状态下货币政策传导的非对称性效应和货币政策作用方向上的非对称性效应，得出以下结论。

（1）在高金融压力状态下，货币政策对产出的影响效应较大，在低金融压力状态下，货币政策对产出的影响效应较小。从融资约束程度的强弱来进行解释：在高金融压力时期，由于借款人依靠外部融资比重相对较高，这就使得借款人资产净值对其获得外部融资的约束较强。意味着，当货币政策导致资产净值发生变化时，对于借款人进行外部融资的影响特别大，从而对于借款人的投资支出和消费支出产生较大的影响。反之，在低金融压力时期，依靠外部融资比重相对较低，这就使得借款人资产净值对其获得外部融资的约束较弱。这也就意味着，当货币政策导致资产净值变化时，对于借款人进行外部融资的影响不是特别大，从而对于借款人的投资支出和消费支出产生较弱的影响。

（2）紧缩性货币政策对产出的影响效应较大，宽松性货币政策对产出的影响效应较小。从融资约束程度强弱来进行解释，由于在金融市场上存在各种融资约束，尤其是银行的信贷约束，而这些融资约束只有在央行实行紧缩的货币政策时，才会对实体经济发挥实际作用。当央行实行紧缩的货币政策时，使得企业的净值降低，引起金融市场上较为严重的逆向选择问题，企业融资约束程度较强，从而企业会减少贷款和投资支出，从银行的角度来看，由于央行实行紧缩的货币政策，银行的准备金就会减少，从而银行可供借贷的资金也会相应减少，因此，随着银行可贷资金的减少，会导致投资支出和消费支出的降低。与此同时，由于紧缩的货币政策使得市场利率上升，借款人的净值不断下降，这时市场上容易发生逆向选择和道德风险问题，银行为了规避风险，就会出现惜贷的情况，使得借款人面临着较强程度的融资约束，并导致投资支出和消费支出的降低；当央行实行宽松的货币政策时，企业的净值会增加，银行的可贷资金也会增加，银行不会出现惜贷的情况，这时金融市场融资约束程度会变得较弱，但是由于面临着宏观经济增速放缓或整体经济规模降低的情形，减少了整个市场上的信贷需求量，即使央行实行宽松的货币政策，使得借款人融资约束程度较弱，也无法增加企业和消费者的信贷总量和消费总量。

## 二、政策建议

2008 年以来，由于受到国际金融危机的影响，我国经济始终在低速态势运行，宏观经济形势不景气。与此同时，随着我国金融管制的放松和金融创新的深化，在各种外生冲击因素的综合作用下，金融体系蕴含的系统性风险在部分行业、区域积聚。这又主要表现为，银行业不良贷款率和不良贷款余额在最近几年不断攀升，各级政府债务负担占 GDP 的比重不断逼近安全红线，房地产价格走势长期高位运行，人民币汇率快速升值并引起了汇率的大幅波动，尤其是 2013 年的"钱荒"事件使得银行业系统性风险不断累积。在此情况下，金融体系优化资源配置，服务实体经济发展的功能有所弱化，进而导致金融支持经济结构调整和转型升级的作用难以有效发挥，这一切都严重影响了我国宏观经济的持续健康发展。为此，本章提出以下建议。

首先，在风险防范预警体系上，本章建议在目前宏观调控部门的风险预警系统中引入金融压力指数作为参考目标，实时、定期编制与发布该指数。同时还根据模型对金融压力高低状态进行识别，将得出的临界值作为风险预警值进行发布，尤其是当金融压力指数超过临界值时，宏观调控部门要予以高度关注，并做好相应的防范措施，从而有效引导经济主体对我国金融失衡程度的预期。本章构建中国金融压力指数，并通过 TVAR 模型的门限值估计将其分为金融压力较高和较低两个状态，这为我国金融监管部门监控和防范金融系统性风险提供了一个参考工具。

其次，央行在制定货币政策时要考虑到目前宏观经济所处金融压力状态会对其货币政策实施的效果产生一定的影响，同时也要配合监管当局实现金融稳定的目标。本章研究结论表明，在不同的金融压力状态下，宽松或紧缩的货币政策对于产出和作用效果是不同的，这为中央银行协调好"稳增长""控通胀""防风险"的平衡点提供重要的决策参考。

最后，在高金融压力状态下，央行要实行较为宽松的货币政策来促进经济的发展，但是同时需要关注宽松性货币政策的及时退出。本章研究表明，在高金融压力状态下，货币政策对于产出的影响效应较大。因此，当面临着宏观经济形势不景气时，央行就要采取较为适度的宽松性货币政策，以促进经济的恢复。但同时要注意把握退出的时机，这是因为长时期实行较为宽松的货币政策，会使信贷过快增长和资产价格泡沫的出现，最终会导致宏观经济再度进入较高的金融压力状态。

# 第九章

# 基于金融压力的时变参数泰勒规则分析

本章考察了我国中央银行应对金融风险的方式、力度以及关注的风险类型。首先，我们采用金融压力刻画金融风险，并通过构建金融压力指数测度金融风险状态，在此基础上考察国际金融危机爆发以来影响金融风险状态变化的主要因素。然后，建立引入金融压力的时变参数泰勒规则，并在克服模型内生性的基础上，基于变系数（varying coefficients）方法建立状态空间模型进行估计。

## 第一节 引言

近年来，随着中国经济由高速增长阶段向高质量发展阶段转变，防止发生系统性金融风险开始成为当前金融工作的重心。2017 年全国金融工作会议明确指出，"要把主动防范化解系统性金融风险放在更加重要的位置，科学防范、早识别、早预警、早处置，着力防范化解重点领域风险"。中国人民银行试图疏通政策传导渠道和机制，采用多种措施切实维护金融安全和稳定。那么，在面对不断变化的金融风险状态下，中国人民银行会做出什么样的反应？其对金融风险做出的反应力度随着风险积聚发生什么样的变化？关注的重点风险类型又包括哪些？对这一系列议题的解答，不仅可以深入理解

货币政策与金融风险之间的关联机制，而且对于健全和完善中国人民银行在
"货币政策 + 宏观审慎政策" 双支柱金融调控框架中的职能地位具有重要的
现实价值。

从现有文献来看，学术界对上述议题的考察，主要是在中央银行采取
"逆风干预策略"（leaning against the wind strategy）的假定下，将金融风险变
量引入泰勒规则之中，并通过分析金融风险状态发生变化时中央银行对政策利
率设定的非对称性效应而展开的。这是因为，自从 2007～2009 年国际金融危
机爆发以来，主张货币政策与金融风险分离的 "杰克逊霍尔共识"（Jackson
Hole consensus）得到深入反思，中央银行主动应对金融风险的 "逆风干预策略"
开始成为重要的政策实践（Issing，2009、2011；Bean，2010；ECB，2010）。
这一策略是指，当金融体系存在资产价格乃至信贷泡沫等风险状态时，中央银
行会反向调整政策利率加以应对，但是囿于金融风险识别困难和利率工具防范
金融风险有效性的不足，中央银行并非将维护金融稳定视为独立目标加以盯
住，而是在实现产出和价格稳定双重目标不变的前提下，对金融风险做出适度
干预（White，2009；Trichet，2009）。由此，中央银行对政策利率的设定会随
着金融风险状态变化表现出非对称性效应，即当金融风险较为稳定时，利率设
定主要反映产出和价格变化；一旦金融风险趋于严重时，利率设定将会显著调
整以维护金融稳定。可见，金融风险状态影响到货币政策的制定，并使得政策
规则具有状态依赖性。[①]

上述研究成果为我们考察中国人民银行应对金融风险方式提供很好的借
鉴。自从国际金融危机爆发以来，在周期因素、经济结构因素和金融体制因
素叠加共振的作用下，中国金融风险状态表现出复杂多变的态势，构成了影
响货币政策制定的重要因素。[②] 而且，中国人民银行在货币政策操作上的总
体基调趋于稳健中性，试图平衡好稳增长、调结构、抑泡沫、防风险之间的
关系，操作重点会随着经济金融形势变化动态微调（张晓慧，2017）。然

---

① 巴沙等（Baxa et al.，2013）、马丁和米拉斯（Martin & Milas，2013）、弗洛罗和罗伊（Floro &
Roye，2017）以美国、英国、日本、澳大利亚、加拿大、挪威、瑞士等发达国家以及巴西、哥伦比亚、
墨西哥、波兰、南非、泰国等新兴市场国家为研究对象，发现金融危机与非危机期间相比，中央银行
会更为显著下调政策利率。

② 周小川（2017）指出，中国人民银行对货币 "总闸门" 的有效管控受到金融风险的干扰。
在风险酝酿期，行业和地方追求增长的积极性很高，客观上希望放松银根；当风险积累达到一定程
度，金融机构和市场承受力接近临界点，各方又呼吁增加货币供应以救助。

而，从立法角度来看，2003 年修订的《中华人民共和国中国人民银行法》虽然在职能层面上也规定了中国人民银行具备维护金融稳定职能，但是在政策目标设立上并没有明确纳入金融稳定目标，仍然是以"币值稳定"和"经济增长"作为政策目标。由此不难推论，中国人民银行应对金融风险方式可能具有与"逆风干预策略"相类似的内涵，那么，探讨金融风险状态变化下政策利率设定的非对称性效应，就构成考察中国人民银行应对金融风险方式的重要切入点。

目前学术界对这一议题已展开深入探讨，但是尚存在改进之处。首先，从研究思路来看，大多数文献主要从产出和价格变化视角出发探讨政策利率设定的非对称效应，普遍缺乏从金融风险变化视角的考察。例如，刁节文和章虎（2012）、耿中元等（2016）、徐国祥和郭建娜（2017）基于平滑转换回归模型建立非线性泰勒规则，将产出缺口和通货膨胀设定为转换变量，分析产出缺口和通货膨胀变化下政策利率设定的非对称性，不难看出，这一思路仍然局限于中国人民银行仅根据产出和价格变化设定政策利率的假定，并未反映出国际金融危机爆发以来还会考虑金融风险因素的特征事实。其次，从模型估计方法上看，相当多文献采用区制转换模型展开分析，包括平滑转换回归模型（刁节文、章虎，2012；耿中元等，2016；徐国祥、郭建娜，2017）、基于马尔科夫区制转换 GARCH 模型（王曦等，2017）等。然而，这一类模型估计得到政策规则的状态依赖性往往表现出跳跃性特征，与当前稳健基调下政策规则转换的连续性特征并非相符。最后，从模型内生性问题处理来看，现有文献将金融风险变量引入政策规则时，往往会导致金融风险与政策利率具有双向因果关系的内生性问题（刁节文、章虎，2012；徐国祥、郭建娜，2017），同时，政策规则设定为前瞻性也会造成模型的内生性，但是鲜有文献在非线性模型框架下进行处理，这就使得模型估计结果有所偏误。

基于上述考虑，我们从金融风险状态变化视角出发重新做出审视。首先，我们采用金融压力（finance stress）刻画金融风险，并构建金融压力指数测度金融风险状态，考察国际金融危机爆发以来影响金融风险状态变化的主要因素。其次，建立引入金融压力的时变参数泰勒规则模型，并在克服模型内生性的基础上，基于变系数（varying coefficients）方法建立状态空间模型展开估计，试图通过分析政策利率对金融压力的反应参数时变性，进而考察金融风险状态变化下政策利率设定的非对称性效应。最后，通过探讨金融压力、子系统

压力对政策利率设定值的影响效应，分析中国人民银行应对金融风险的力度和
关注的风险类型。

　　本章的贡献体现在三个方面。（1）在分析货币政策与金融风险之间的关
联机制上，与现有文献从产出和价格变化的视角出发不同，本章立足于中国
货币政策实践，从金融风险状态变化视角出发分析政策利率设定的非对称
性，深化了学术界有关金融风险影响货币政策调控机制的理解。（2）在模
型估计方法上，本章尝试采用状态空间模型取代区制转换模型，以求获得更
为平滑的参数估计值；同时在状态空间模型的估计上，采用了基于矩估计的
变系数（varying coefficients）方法（Schlicht，1981、2005；Schlicht & Lud-
steck，2006），从而克服以往文献采用基于极大似然估计的卡尔曼滤波方法
要求事先准确设定参数初始值和大样本量的问题。（3）在模型内生性上，
本章试图参考基姆和纳尔逊（Kim & Nelson，2006）处理时变参数内生性的
做法，通过借鉴赫克曼（Heckman，1976）针对样本自我选择模型的两步法
思想，在状态空间模型的量测方程中引入误差纠正项加以修正，由此得到的
研究结论更为稳健。

# 第二节　中国金融压力的度量

　　金融压力最早是由伊林和刘（2006）在评估加拿大金融风险积聚状况而
提出，其含义是指在外生冲击的影响下，金融市场和机构预期损失的不确定性
和变化施加于经济主体在信用配置行为的压力。随后，哈基奥和基顿
（2009）、罗伊（2014）等从经济主体心理过程对这一概念做出解读，并指出
金融压力首先是对经济主体的心理过程产生压力，表现为经济主体对预期损失
的风险感知（risk perception），以及有关资产基本价值和经济前景预期的不确
定性（increased uncertainty），再通过其信用配置行为表现出来，从而反映出金
融风险的积聚状况。可见，金融压力实际上是从风险形成的微观基础角度出发
来刻画金融风险，由此较为准确地反映出金融风险自我强化的系统性特征
（张勇等，2017）。我们试图采用金融压力刻画金融风险，并通过构建金融压
力指数测度金融风险状态变化趋势，在此基础上分析国际金融危机爆发以来影
响中国金融风险状态变化的主要因素。

## 一、金融压力指数的构建方法

金融压力指数是由金融体系子系统压力指数 $x_{it}$ 加上权重得到[①]，在参照现有文献的基础上，采用银行、债券市场、股票市场、外汇市场和房地产市场五个子系统的资产利差或资产价格波动率构建子系统指数 $x_{it}$；此外，在子系统指数权重 $w_{it}$ 的设置上，采用金融风险对实体经济产生真实冲击的方法（real-impact weights）（Holló et al.，2012），即分别建立五组子系统指数 $x_{it}$ 与工业增加值的结构向量自回归模型，通过计算子系统指数 $x_{it}$ 的一个正向标准差冲击下工业增加值在第 24 个月的累积响应函数值作为相应子系统指数的权重。

## 二、金融压力指数的实证分析

首先，就子系统指数 $x_{it}$ 而言，我们采用资产利差构建银行、债券市场子系统压力指数，其中，采用 3 个月银行间同业拆借利率与 3 个月定期存款利率之差构建银行部门子系统压力指数 $x_{1t}$，以反映经济主体向银行部门提供融资而形成有关风险和流动性溢价的风险感知；采用 1 年期银行间固定利率国债收益率与 10 年期固定利率国债收益率之差构建债券市场子系统压力指数 $x_{2t}$，以反映经济主体持有长期债券时形成有关期限溢价的风险感知。同时还试图采用资产价格波动率构建股票市场、外汇市场和房地产市场子系统压力指数，其中，采用上证综合指数 GARCH(1,1) 波动率与负上证综合指数收益率的算术平均值构建股票市场子系统压力指数 $x_{3t}$，采用人民币名义有效汇率 GARCH(1,1) 波动率构建外汇市场子系统压力指数 $x_{4t}$，采用国房景气指数 GARCH(1,1) 波动率与负国房景气指数收益率的算术平均值构建房地产市场子系统压力指数 $x_{5t}$，以分别反映经济主体持有股票、外汇和房地产而面临资产基本价值和经济前景预期的不确定性。此外，我们还进一步将数据标准化为 0~1，即 $\dfrac{x_{it} - \min}{\max - \min}$。

其次，就子系统指数权重 $w_{it}$ 而言，我们根据上述权重计算方法得到银行、债券市场、股票市场、外汇市场和房地产市场子系统指数的权重分别为

---

① 金融压力指数含义和构建方法前文已评述，此处不再赘述。

0.254、0.294、0.139、0.024、0.289。上述数据均来源于同花顺金融数据库，样本区间为 2002 年第 1 季度至 2017 年第 1 季度。

图 9 - 1 报告了金融压力指数 $FSI_t$ 与 5 个经过加权的子系统压力指数 $w_{it}x_{it}$ 的走势。不难看出，2007 年国际金融危机爆发之前，金融压力指数走势相对平稳，但是，自从金融危机爆发之后，金融压力指数从 2007 年第 2 季度的谷底迅速攀升至 2008 年第 3 季度的谷峰，并短暂回落直至 2009 年第 4 季度的谷底，随后再次逐期回升直至 2017 年第 1 季度的谷峰，从而总体上呈现"N"形走势，这实际上反映了中国金融风险经历了积聚、缓解然后再次积聚的反转过程。事实上，2007～2009 年金融风险的积聚、缓解分别与经济下滑、刺激政策出台密切相关，但是 2009 年之后的风险再次积聚，则是金融体制因素和经济结构因素共同作用的结果。①

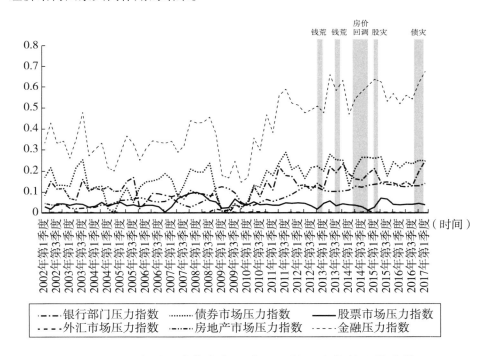

**图 9 - 1　金融压力指数与 5 个子系统压力指数总体走势**

---

① 张晶、高晴（2015）、徐国祥、李波（2017）在建立金融压力指数刻画我国金融风险状态时同样发现"N"形走势。然而，巴沙等（2013）、弗洛罗和罗伊（2017）、IMF（2017）以美国、英国、澳大利亚、加拿大等发达国家以及巴西、哥伦比亚、墨西哥等新兴市场国家为研究对象发现，样本国家的金融压力指数却呈现"（"形走势，在刺激政策退出后并未出现反转上升趋势。可以推论，我国的金融体制因素和经济结构因素对于金融风险积聚可能发挥了较为独特的作用。

（1）2007 年第 2 季度至 2008 年第 3 季度：随着国际金融危机爆发带来外部风险输入，中国经济增长陡然下滑，并主要导致债券市场、房地产市场、外汇市场风险积聚，其子系统指数分别从 0.079、0.051、0.001 上升至 0.101、0.120、0.019，金融压力指数也随之从 0.287 迅速上升至 0.543。

（2）2008 年第 3 季度至 2009 年第 4 季度：2008 年 11 月起，在"四万亿"扩张性财政政策和极度宽松的货币政策刺激下，经济增长暂时回暖，银行、债券市场、股票市场、外汇市场和房地产市场风险均有所回落，子系统指数分别降至 0.029、0.019、0.044、0.002、0.051，从而推动金融压力指数回落至 0.147。

（3）2009 年第 4 季度至 2017 年第 1 季度：随着刺激政策逐步退出，经济增长出现阶段性下滑趋势，这使得金融风险再次积聚。首先，从金融体制因素来看，自从 2012 年以来金融自由化的迅速推进，以影子银行体系为代表的金融机构资产负债期限错配严重，加剧了金融体系的脆弱性；同时，随着金融业综合经营和金融创新的快速发展，跨行业、跨市场的交叉性产品不断涌现，这又导致金融风险的转移和扩散。其次，从经济结构因素来看，预算软约束下地方政府和国有企业部门债务的持续堆积和刚性兑付，使其信用风险不断向金融体系蔓延。在上述背景下，近年来，金融监管趋紧和经济金融去杠杆政策落实，随即引发 2013 年 6 月、12 月银行间市场"钱荒"、2014 年房地产市场价格回调、2015 年 7 月、8 月"股灾"、2016 年 12 月"债灾"等一系列风险事件（见图 9-1 阴影部分），并主要表现为银行、债券市场、房地产市场等子系统压力指数快速上升至 0.249、0.248、0.144，金融压力指数也随之攀升至 0.681。

## 第三节　基于金融压力的时变参数泰勒规则构建

我们试图构建基于金融压力的时变参数泰勒规则模型，并采用状态空间模型展开估计。值得说明的是，在状态空间模型估计的过程中，我们尝试在量测方程中引入误差纠正项来克服内生性问题，同时采用基于矩估计的变系数方法对模型进行估计。

## 一、模型的设定

我们在包含利率平滑机制的前瞻性泰勒规则模型（Clarida el al.，1998）的基础上，通过引入金融压力变量来构建模型。该模型的状态空间表达式如下。

量测方程为：

$$r_t = (1 - \rho_t)\left[\alpha_t + \beta_t \pi_{t+i} + \gamma_t y_{t+j}\right] + \rho_t r_{t-1} + \delta_t fsi_{t+k} + \varepsilon_t, \varepsilon_t \sim N(0, \sigma_\varepsilon^2) \quad (9.1)$$

状态方程为：

$$\rho_t = \rho_{t-1} + \vartheta_{1,t}, \vartheta_{1,t} \sim \text{i. i. d. } N(0, \sigma_1^2) \quad\quad (9.2)$$

$$\alpha_t = \alpha_{t-1} + \vartheta_{2,t}, \vartheta_{2,t} \sim \text{i. i. d. } N(0, \sigma_2^2) \quad\quad (9.3)$$

$$\beta_t = \beta_{t-1} + \vartheta_{3,t}, \vartheta_{3,t} \sim \text{i. i. d. } N(0, \sigma_3^2) \quad\quad (9.4)$$

$$\gamma_t = \gamma_{t-1} + \vartheta_{4,t}, \vartheta_{4,t} \sim \text{i. i. d. } N(0, \sigma_4^2) \quad\quad (9.5)$$

$$\delta_t = \delta_{t-1} + \vartheta_{5,t}, \vartheta_{5,t} \sim \text{i. i. d. } N(0, \sigma_5^2) \quad\quad (9.6)$$

在上述模型中，被解释变量为政策利率 $r_t$，解释变量分别为通货膨胀 $\pi_{t+i}$、产出缺口 $y_{t+j}$、金融压力 $fsi_{t+k}$[①]。时变参数分别为截距项 $\alpha_t$、利率平滑参数 $\rho_t$、利率对通货膨胀的反应参数 $\beta_t$、利率对产出缺口的反应参数 $\gamma_t$、利率对金融压力的反应参数 $\delta_t$，从而刻画出中央银行在政策利率设定上表现出随着经济金融形势变化的动态特征。$\varepsilon_t$ 与 $\vartheta_{1,t}$、$\vartheta_{2,t}$、$\vartheta_{3,t}$、$\vartheta_{4,t}$、$\vartheta_{5,t}$ 分别表示量测方程、状态方程的随机扰动项，$\sigma_\varepsilon^2$ 与 $\sigma_1^2$、$\sigma_2^2$、$\sigma_3^2$、$\sigma_4^2$、$\sigma_5^2$ 分别表示量测方程、状态方程的随机误差项的方差。

上述模型尚存在内生性问题并无法直接估计。其原因在于，金融压力与政策利率之间双向因果关系以及前瞻性政策规则会使得 $fsi_{t+k}$、$\pi_{t+i}$、$y_{t+j}$ 与 $\varepsilon_t$ 相关，进而导致时变参数估计偏误。为此，我们参考基姆和纳尔逊（2006）、巴沙等（2013）的做法，借鉴赫克曼（1976）针对样本自我选择模型的两步法思想，在量测方程引入误差纠正项进行修正后再进行估计，也即：首先，找到一组工具变量 $Z'_{t-m}$，$Z'_{t-m}$ 与 $fsi_{t+k}$、$\pi_{t+i}$、$y_{t+j}$ 高度相关，但与 $\varepsilon_t$ 不相关，再将 $Z'_{t-m}$ 与 $fsi_{t+k}$、$\pi_{t+i}$、$y_{t+j}$ 进行 OLS 回归估计，以获得标准化的向前一步预测误

---

① 从模型设定来看，金融压力并未放入量测方程括号之内，这反映出金融风险并非被视为中央银行的独立目标包含在损失函数之中，而是间接影响到政策利率对产出缺口和通货膨胀做出反应的机制。

差估计值；然后，将该估计值作为误差纠正项代入量测方程进行修正，进而消除原有模型的内生性问题。具体估计步骤如下：

（1）先将 $Z'_{t-m}$ 与 $fsi_{t+k}$、$\pi_{t+i}$、$y_{t+j}$ 进行 OLS 回归估计，再进一步将 $fsi_{t+k}$、$\pi_{t+i}$、$y_{t+j}$ 分解为可预测部分和预测误差两部分，进而获得标准化的向前一步预测误差估计值。

我们建立辅助回归方程如下式所示：

$$\pi_{t+i} = Z'_{t-m}\xi + v_{1,t} \quad v_{1,t} \sim \text{i. i. d. } N(0, \sigma^2_{v1}) \tag{9.7}$$

$$y_{t+j} = Z'_{t-m}\psi + v_{2,t} \quad v_{2,t} \sim \text{i. i. d. } N(0, \sigma^2_{v2}) \tag{9.8}$$

$$fsi_{t+k} = Z'_{t-m}o + v_{3,t} \quad v_{3,t} \sim \text{i. i. d. } N(0, \sigma^2_{v3}) \tag{9.9}$$

式中，$\xi$、$\psi$、$o$ 表示回归参数，$v_{1,t}$、$v_{2,t}$、$v_{3,t}$ 表示随机误差项。根据上式，我们将 $fsi_{t+k}$、$\pi_{t+i}$、$y_{t+j}$ 分解为：

$$\begin{pmatrix} \pi_{t+i} \\ y_{t+j} \\ fsi_{t+k} \end{pmatrix} = \text{E}\begin{pmatrix} \pi_{t+i} \\ y_{t+j} \\ fsi_{t+k} \end{pmatrix}\Omega_{t-m} + \begin{pmatrix} v_{1,t\,|\,t-m} \\ v_{2,t\,|\,t-m} \\ v_{3,t\,|\,t-m} \end{pmatrix} \tag{9.10}$$

$$\begin{pmatrix} v_{1,t\,|\,t-m} \\ v_{2,t\,|\,t-m} \\ v_{3,t\,|\,t-m} \end{pmatrix} = \sum\nolimits_{t\,|\,t-1}^{1/3}\begin{pmatrix} v^*_{1,t} \\ v^*_{2,t} \\ v^*_{3,t} \end{pmatrix}, \begin{pmatrix} v^*_{1,t} \\ v^*_{2,t} \\ v^*_{3,t} \end{pmatrix} \sim \text{i. i. d. } N\begin{pmatrix} 0 \\ 0 \\ 0 \end{pmatrix}, \begin{pmatrix} 1 & 0 & 0 \\ 0 & 1 & 0 \\ 0 & 0 & 1 \end{pmatrix} \tag{9.11}$$

式中，$\Omega_{t-m}$ 表示第 $t-m$ 期信息集，$\sum_{t\,|\,t-1}^{1/3}$ 表示预测误差的协方差矩阵，$v^*_{1,t}$、$v^*_{2,t}$、$v^*_{3,t}$ 表示标准化的向前一步预测误差。

（2）再将标准化的向前一步预测误差估计值作为误差纠正项代入量测方程进行修正。

不失一般性，令 $v^*_t = (v^*_{1,t}, v^*_{2,t}, v^*_{3,t})'$，并假定 $v^*_t$ 与量测方程的随机误差项 $\varepsilon_t$ 存在协方差结构，如下式所示：

$$\begin{pmatrix} v^*_t \\ \varepsilon_t \end{pmatrix} \sim N\begin{pmatrix} \begin{pmatrix} 0 \\ 0 \end{pmatrix}, \begin{pmatrix} I_3 & \kappa\sigma_\varepsilon \\ \kappa'\sigma_\varepsilon & \sigma^2_\varepsilon \end{pmatrix} \end{pmatrix} \tag{9.12}$$

式中，$\kappa = (\kappa_1, \kappa_2, \kappa_3)'$ 表示 $v^*_t$ 与 $\varepsilon_t$ 固定不变的相关系数向量，$I_3$ 表示 $3\times3$ 单位矩阵，$\sigma_\varepsilon$ 表示 $\varepsilon_t$ 的标准差，再将向量 $(v^*_t, \varepsilon_t)'$ 进行 Cholesky 分解，得到式（9.13）：

$$\begin{pmatrix} \nu_t^* \\ \varepsilon_t \end{pmatrix} = \begin{pmatrix} I_3 & 0_3 \\ \kappa'\sigma_\varepsilon & \sqrt{(1-\kappa'\kappa)}\,\sigma_\varepsilon \end{pmatrix} \begin{pmatrix} \omega_t \\ \zeta_t \end{pmatrix}, \begin{pmatrix} \omega_t \\ \zeta_t \end{pmatrix} \sim \text{i. i. d. N} \left( \begin{pmatrix} 0_3 \\ 0 \end{pmatrix}, \begin{pmatrix} I_3 & 0_3 \\ 0_3' & 1 \end{pmatrix} \right)$$

(9.13)

式中，$0_3$ 表示 $3\times1$ 维零向量。那么，根据式（9.13），就可以将 $\varepsilon_t$ 表示为：

$$\varepsilon_t = \kappa_1\sigma_\varepsilon\nu_{1,t}^* + \kappa_2\sigma_\varepsilon\nu_{2,t}^* + \kappa_3\sigma_\varepsilon\nu_{3,t}^* + \zeta_t^*, \zeta_t^* \sim \text{i. i. d. N}(0,(1-\kappa_1^2-\kappa_2^2-\kappa_3^2)\sigma_\varepsilon^2)$$

(9.14)

式中，$\varepsilon_t$ 分解为 $\nu_{1,t}^*$、$\nu_{2,t}^*$、$\nu_{3,t}^*$ 与 $\zeta_t^*$ 两个部分，其中 $\zeta_t^* = \sqrt{(1-\kappa'\kappa)}\,\sigma_\varepsilon\zeta_t$，并且 $\nu_{1,t}^*$、$\nu_{2,t}^*$、$\nu_{3,t}^*$ 与 $\zeta_t^*$ 不相关。再进一步将式（9.14）代入量测方程（9.1）式，不难发现，$\nu_{1,t}^*$、$\nu_{2,t}^*$、$\nu_{3,t}^*$ 与 $\pi_{t+i}$、$y_{t+j}$、$fsi_{t+k}$ 相关，而 $\zeta_t^*$ 与之不相关。这样，经过修正的量测方程如式（9.15）所示：

$$r_t = (1-\rho_t)[\alpha_t + \beta_t\pi_{t+i} + \gamma_t y_{t+j}] + \rho_t r_{t-1} + \delta_t fsi_{t+k} + \kappa_1\sigma_\varepsilon\nu_{1,t}^* +$$
$$\kappa_2\sigma_\varepsilon\nu_{2,t}^* + \kappa_3\sigma_\varepsilon\nu_{3,t}^* + \zeta_t^* \tag{9.15}$$

由式（9.15）可知，$\zeta_t^*$ 与 $\pi_{t+i}$、$y_{t+j}$、$fsi_{t+k}$、$\nu_{1,t}^*$、$\nu_{2,t}^*$、$\nu_{3,t}^*$ 无关，从而克服原有模型的内生性问题。事实上，这一处理方法将 $\nu_{1,t}^*$、$\nu_{2,t}^*$、$\nu_{3,t}^*$ 作为误差纠正项引入量测方程，这就表明，政策规则的估计还应当考虑通货膨胀、产出缺口和金融压力等变量未来变化的不确定性程度。

## 二、模型的估计方法

我们借鉴施利希特（Schlicht，1981、2005）、施利希特和路德斯泰克（Schlicht & Ludsteck，2006）提出基于矩估计的变系数方法对模型进行估计。这主要是因为，目前普遍采用基于极大似然估计的卡尔曼滤波方法要求事先准确设定参数初始值和大样本量，否则就难以获得一致性的估计结果，而变系数方法是对 OLS 回归估计方法更一般化的推广，能够有效地克服上述缺点，该方法的估计步骤具体如下：

（1）按照求解包含经修正的量测方程和状态方程的加权误差平方和最小化的思路，推导出待估时变参数 $\hat{a}$ 与经修正的量测方程随机误差项方差 $\sigma^2$、状态方程随机误差项方差 $\sigma_i^2(i=1,2,3,\cdots,5)$ 之间的关系式①。

首先，我们将经修正的量测方程式（9.15）以矩阵形式简化为式（9.16），然后以状态方程式（9.2）至式（9.6）为基础，将式（9.15）的误差纠正项参数 $k_{1,t}\sigma_\varepsilon$、$k_{2,t}\sigma_\varepsilon$、$k_{3,t}\sigma_\varepsilon$ 随机误差项引入方程之中②，并以矩阵形式转换为式（9.17）：

$$r = Xa + \zeta^*, \zeta^* \sim N(0,\sigma^2) \tag{9.16}$$

$$Pa = \vartheta, \vartheta \sim N(0,\boldsymbol{\Theta}), \boldsymbol{\Theta} = I_{T-1} \otimes \boldsymbol{\Theta}^* \tag{9.17}$$

式（9.16）中，$r = \begin{pmatrix} r_1 \\ r_2 \\ \vdots \\ r_T \end{pmatrix}$ 表示 $T \times 1$ 的被解释变量矩阵。$X = \begin{pmatrix} x_1' & 0 & \cdots & 0 \\ 0 & x_2' & \cdots & 0 \\ \vdots & \vdots & \ddots & \vdots \\ 0 & 0 & \cdots & x_T' \end{pmatrix}$ 表示 $T \times 8T$ 的解释变量矩阵，其中，$x_t' = (1, \pi_{t+i}, y_{t+j}, r_{t-1},$

$fsi_{t+k}, v_{1,t}^*, v_{2,t}^*, v_{3,t}^*), t = 1,2,\cdots,T$。$a = \begin{pmatrix} a_1 \\ a_2 \\ \vdots \\ a_T \end{pmatrix}$ 表示 $8T \times 1$ 的时变参数矩阵，$a_t' =$

$((1-\rho_t)\alpha_t, (1-\rho_t)\beta_t, (1-\rho_t)\gamma_t, \rho_t, \delta_t, \kappa_{1,t}\sigma_\varepsilon, \kappa_{2,t}\sigma_\varepsilon, \kappa_{3,t}\sigma_\varepsilon), t=1,2,\cdots,T$。

$\zeta^* = \begin{pmatrix} \zeta_1^* \\ \zeta_2^* \\ \vdots \\ \zeta_T^* \end{pmatrix}$ 表示经修正的量测方程的 $T \times 1$ 误差项矩阵。$T$ 表示样本总期数。

---

① 当状态方程的误差项方差为零时，这一最小化求解方式就等同于 OLS 回归估计方法。

② 式（9.15）的误差纠正项参数均为固定参数，我们出于便于模型推导原因而采用时变参数加以刻画。事实上，当随机误差项方差设定为零时，该参数即转换为固定参数。

式（9.17）中，$P = \begin{pmatrix} -I_8 & I_8 & 0 & \cdots & 0 \\ 0 & -I_8 & I_8 & \cdots & 0 \\ \vdots & \vdots & \ddots & \ddots & \vdots \\ 0 & 0 & \cdots & -I_8 & I_8 \end{pmatrix}$ 表示 $8(T-1) \times 8T$ 矩阵，

$\vartheta = \begin{pmatrix} \vartheta_2 \\ \vartheta_3 \\ \vdots \\ \vartheta_T \end{pmatrix}$ 表示 $8(T-1) \times 1$ 的状态方程随机误差项矩阵，其中，$\vartheta_t' = (\vartheta_{1,t},$

$\vartheta_{2,t}, \vartheta_{3,t}, \vartheta_{4,t}, \vartheta_{5,t}, \vartheta_{\nu_1^*,t}, \vartheta_{\nu_2^*,t}, \vartheta_{\nu_3^*,t})$，$\vartheta_{\nu_1^*,t}$、$\vartheta_{\nu_2^*,t}$、$\vartheta_{\nu_3^*,t}$ 分别表示误差纠正项参数 $k_{1,t}\sigma_\varepsilon$、$k_{2,t}\sigma_\varepsilon$、$k_{3,t}\sigma_\varepsilon$ 的随机误差项，$t = 2,3,\cdots,T$。$\Theta$ 表示 $8(T-1) \times 8(T-1)$

的误差项方差矩阵，$\Theta^* = \begin{pmatrix} \sigma_1^2 & 0 & \cdots & 0 \\ 0 & \sigma_2^2 & \cdots & 0 \\ \vdots & \vdots & \ddots & \vdots \\ 0 & 0 & \cdots & \sigma_8^2 \end{pmatrix}$ 表示 $8 \times 8$ 矩阵，其中，$\sigma_6^2$、$\sigma_7^2$、

$\sigma_8^2$ 分别表示误差纠正项参数 $k_{1,t}\sigma_\varepsilon$、$k_{2,t}\sigma_\varepsilon$、$k_{3,t}\sigma_\varepsilon$ 的随机误差项方差，由于误差纠正项参数均为固定参数，$\sigma_6^2$、$\sigma_7^2$、$\sigma_8^2$ 设定恒为零①。

在上述基础上，我们构建式（9.16）和式（9.17）误差项的加权平方和如式（9.18）所示：

$$\sum_{t=1}^{T} \zeta^{*2} + \theta_1 \sum_{t=2}^{T} \vartheta_1^2 + \theta_2 \sum_{t=2}^{T} \vartheta_2^2 + K + \theta_5 \sum_{t=2}^{T} \vartheta_5^2 \qquad (9.18)$$

式中，$\theta_i (i = 1,2,\cdots,5)$ 为经修正量测方程随机误差项方差 $\sigma^2$ 与状态方程随机误差项方差 $\sigma_i^2$ 之比，即 $\theta_i = \dfrac{\sigma^2}{\sigma_i^2}$。由此，通过求解式（9.18）最小化，即得到待估时变参数 $\hat{a}$ 与误差项方差 $\sigma^2$、$\sigma_i^2$ 之间的关系式。

那么，由式（9.16）、式（9.17）可知：

$$\hat{\zeta}^* = r - X\hat{a} \qquad (9.19)$$

$$\hat{\vartheta} = P\hat{a} \qquad (9.20)$$

再将式（9.19）和式（9.20）代入式（9.18）中，得到：

---

① 在估计过程中，为使方差矩阵 $\Theta$ 可逆，需要将 0 转成 $10^{-10}$。

$$\hat{a} = (X'X + \sigma^2 P'\Theta^{-1}P)^{-1}X'y \tag{9.21}$$

（2）给定误差项方差 $\sigma^2$ 和 $\sigma_i^2$ 的任意初始值[①]，根据上述关系式（9.21）计算出参数估计值 $\hat{a}$，再根据这一参数估计值通过式（9.19）和式（9.20）计算出误差项方差估计值 $\hat{\sigma}^2$、$\hat{\sigma}_i^2$。重复上述步骤，直至方差估计值 $\hat{\sigma}^2$、$\hat{\sigma}_i^2$ 收敛于其期望值 $\mathrm{E}(\sigma^2)$、$\mathrm{E}(\sigma_i^2)$ 时，即得到满足一致性的参数估计值。

不难看出，变系数方法避免了基于极大似然估计的卡尔曼滤波方法估计结果的准确性依赖于初始值的设定，这就适合于探讨中央银行时变参数初始值仍然是未知的情形；同时，这一方法是基于矩估计展开的，从而对小样本具有直接解释作用，在大样本条件下又等价于极大似然估计，从而适合于探讨基于季度数据而导致样本量较小的情形。

# 第四节　模型估计结果分析

## 一、数据来源

（1）政策利率。政策利率是指在货币政策传导过程中最能够反映出中央银行政策意图的利率（张勇、范从来，2017）。目前学术界通常采用 7 天银行间同业拆借利率作为衡量指标，但是，这一利率是金融机构之间无担保、无质押的短期资金融通利率，主要反映货币市场的资金供求状况，受到通货膨胀预期、风险溢价、政府预算等多种因素的影响，并非能够准确反映出政策意图，为此，我们采用了 1 年期定期存款基准利率作为衡量指标。事实上，在当前利率双轨制的背景下，市场化的利率形成、传导和调控机制尚未健全，1 年期定期存款基准利率仍然发挥了传递政策意图的作用（易纲，2018）。

（2）产出缺口。产出缺口是根据实际产出与潜在产出之差额占潜在产出的百分比计算得到。其中，实际产出采用以 1994 年第 1 季度不变价格计算的GDP 值并剔除季节性因素，潜在产出则由实际产出通过 HP 法滤波而得。

---

[①] $\sigma^2$ 和 $\sigma_i^2 (i = 1,2,3,\cdots,5)$ 设定任意初始值都不会影响估计结果，证明过程参见施利希特和路德斯泰克（2006）。

（3）通货膨胀率。通货膨胀率是采用季末同比 CPI 表示。

（4）金融压力。金融压力取自第二节计算得到的压力指数。

上述数据的样本区间为 2002 年第 1 季度至 2017 年第 1 季度，其中，1 年期定期存款基准利率、GDP 值、季末同比 CPI 取自同花顺金融数据库。

## 二、描述性分析

图 9 - 2 报告了各个变量的波动趋势。就产出缺口和通货膨胀率而言，自从国际金融危机爆发以来，经历了从 2008 年第 1 季度谷峰下滑至 2009 年第 1 季度谷底，然后在刺激政策推动下暂时回升至 2011 年第 2 季度的谷峰，最后又因刺激政策退出而再次回落的过程，其波动趋势与金融压力指数基本相反，这就表明，宏观经济运行的周期性与金融风险在高低状态之间的转换具有高度的关联性。再就政策利率而言，中国人民银行在 2008 年第 4 季度至 2009 年第 1 季度、2012 年第 1 季度至第 2 季度、2014 年第 3 季度至 2015 年第 4 季度三次下调存款基准利率，而这三段时期恰好是产出缺口、通货膨胀率下降和金融压力指数上升较为显著的时期（见图 9 - 2 阴影部分），不难看出，中国人民银行对政策利率的设定具有兼顾产出、价格以及金融稳定的特点。

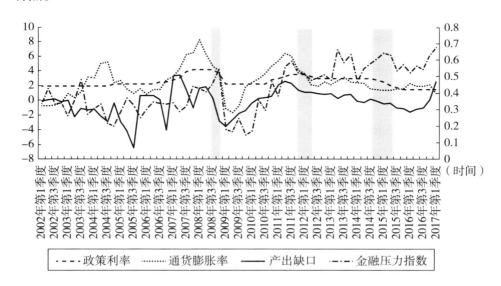

图 9 - 2　政策利率、产出缺口、通货膨胀率、金融压力波动趋势

### 三、时变参数分析

我们运用施利希特（2005）发布的 VC5.6 程序对状态空间模型进行估计。值得说明的是，参照现有文献的通用做法，我们将量测方程中 $\pi_{t+i}$、$y_{t+j}$、$fsi_{t+k}$ 的 $i$、$j$、$k$ 均设定为 0，即将前瞻性规则简化为同期性规则（谢平、罗雄，2002；卞志村，2006；刘金全、张小宇，2012；陈创练等，2016；徐国祥、郭建娜，2017），同时将工具变量 $Z'_{t-m}$ 设定为（$\pi_{t-1}$, $y_{t-1}$, $fsi_{t-1}$, $r_{t-1}$）。此外，经修正量测方程的误差项方差 $\sigma^2$ 初始值设定为 10，状态方程的误差项方差 $\sigma_i^2$（$i=1,2,3,\cdots,5$）初始值设定为 1。

（1）时变金融压力参数。图 9 - 3 报告了时变金融压力参数的波动趋势。就数值大小而言，样本期内该参数值均为负值（对应于右轴），这表明中国人民银行在面对金融风险时会主动下调政策利率，进而以采取宽松性政策加以应对。再对比分析国际金融危机爆发前后该参数与金融压力指数之间的相关性，在金融危机爆发之前，金融压力指数处于 0.201 ~ 0.287 低位平缓波动，时变金融压力参数则从 2002 年第 2 季度的 - 0.845 缓慢上升至 2008 年第 3 季度的 - 0.439，这就表明在金融压力状态较低的时期，中国人民银行下调政策利率

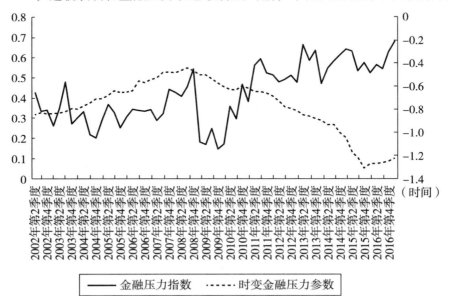

图 9 - 3　时变金融压力参数与金融压力指数波动趋势

的幅度较小。国际金融危机爆发之后，金融压力指数从 2009 年第 4 季度的
0.147 不断攀升至 2017 年第 1 季度的 0.681，时变金融压力参数则持续下降至
2017 年第 1 季度的 -1.223，这表明在金融压力状态较高的时期，中国人民银
行下调政策利率的幅度较大。由此可见，在金融风险状态发生变化的情形下，
人民银行对政策利率的设定会表现出较为显著的非对称性效应，从而具有
"逆风干预策略"的特点。①

　　（2）时变产出缺口参数。图 9 - 4 报告了时变产出缺口参数的波动趋势。
就数值大小而言，样本期内该参数值均为正值（对应于右轴），这表明当存在
正向产出缺口时，中国人民银行会上调政策利率以维持产出的稳定。再对比分
析时变产出缺口参数与产出缺口之间的相关性，发现样本期内的相关系数为
0.316，两者具有同向变化趋势，即当产出缺口趋向扩大（缩小）时，时变产
出缺口参数随之递增（递减），这就表明，随着产出缺口的周期性波动，中国
人民银行对政策利率的调整幅度会表现出顺周期性效应，从而具有较为显著的
稳定产出偏好。

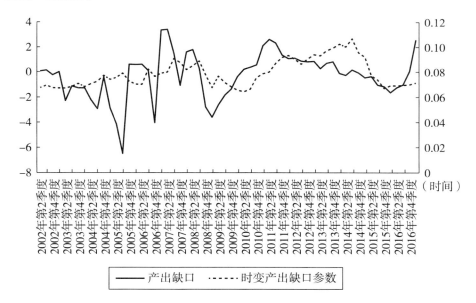

**图 9 - 4　时变产出缺口参数与产出缺口波动趋势**

　　（3）时变通货膨胀参数。图 9 - 5 报告了时变通货膨胀参数的波动趋势。

---

　　①　时变金融压力参数与金融压力指数的相关系数为 -0.591，这一反向关系也支持这一结论。

从历史趋势来看,该参数在大多数时期都大于零(对应于右轴),这表明当出现通货膨胀时,中国人民银行会上调政策利率以维持价格的稳定。同时,该参数长期小于1,意味着中国人民银行在政策利率设定上对通货膨胀反应力度不足,从而削弱了治理通货膨胀的效果。还值得说明的是,在2002年第2季度至2005年第2季度期间,该参数介于 - 0.028 ~ - 0.0006 波动,其原因在于,宏观经济运行刚刚从1999 ~ 2002年通货紧缩中复苏而尚未出现通货膨胀状态,中国人民银行可能降低了对防范通货膨胀的考量。再从时变通货膨胀参数与通货膨胀率的相关性来看,两者相关系数为0.493,从而具有同向变化趋势,即当通货膨胀趋向上升(下降)时,时变通货膨胀参数会随之递增(递减),这表明,随着通货膨胀的周期性波动,中国人民银行对政策利率的调整幅度同样表现出顺周期性效应,如果再进一步考虑到对通货膨胀反应不足的特征,不难推论,中国人民银行可能具有有限程度的稳定价格偏好。

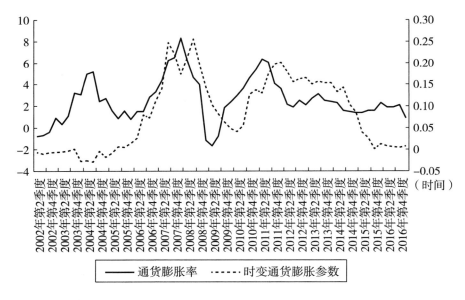

**图 9 - 5　通货膨胀率与时变通货膨胀参数波动趋势**

(4)时变利率平滑参数。图9-6报告了时变利率平滑参数的波动趋势。在2002年第2季度至2007年第3季度期间,该参数从0.291缓慢上升至0.474,这表明货币政策调控的"规则型"特征有所减弱。但是,随着国际金融危机的爆发,该参数逆转下降至2010年第2季度的0.255,这表明,金融危机爆发推动了货币政策调控向"规则型"的转变。然而,该参数从2010年第

2 季度起出现逆向上升趋势直至 2014 年第 3 季度的 0.552，此后再次掉头急速
下降至 2017 年第 1 季度的 0.329。可见，尽管货币政策调控机制发生变化，但
是向"规则型"转变的总体趋势仍然不变。

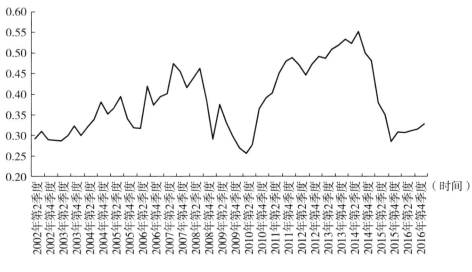

**图 9 - 6　时变利率平滑参数波动趋势**

## 四、金融压力对政策利率设定值的影响分析

根据引入金融压力的时变参数泰勒规则模型式（9.15）可知，政策利率
设定值是由基准泰勒规则值和金融压力产生的影响值所共同决定的，由此，我
们用时变金融压力参数与金融压力指数值的乘积项 $\delta_t fsi_t$ 来刻画金融压力对政
策利率设定值的影响，再用政策利率值 $r_t$ 与乘积项 $\delta_t fsi_t$ 之差来刻画基准泰勒
规则值，在此基础上，通过计算 $\delta_t fsi_t / (r_t - \delta_t fsi_t)$ 来刻画金融压力影响值对基
准泰勒规则值的修正比例，进而分析中国人民银行在确定政策利率设定值时对
金融风险的反应力度。

首先，图 9 - 7 对比分析了政策利率值、基准泰勒规则值、金融压力影响
值的波动趋势。从数值大小来看，金融压力对政策利率设定的影响值均为负值
（对应于右轴），并导致样本期内的政策利率值均低于基准泰勒规则值，这表
明，当金融风险状态开始出现积聚时，中国人民银行会向下调整政策利率值加
以应对。再对比分析国际金融危机爆发前后的变化状况，在金融危机爆发之
前，该影响值从 2002 年第 2 季度的 - 0.362 缓慢趋近于 2009 年第 2 季度的

－0.083，使得政策利率值与基准泰勒规则值之间缺口缩小并接近于零，这表明金融风险并未显著影响到政策利率值的设定。但是，金融危机爆发之后，金融压力影响值开始持续下降至 2017 年第 1 季度的－0.833，从而使得政策利率值与基准泰勒规则值之间缺口急速扩大，可见，这一时期内金融风险逐渐发挥了较为显著的影响。

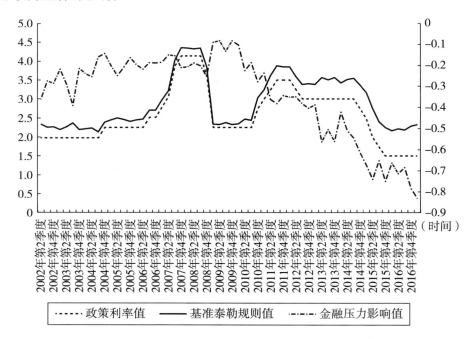

**图 9-7　政策利率值、基准泰勒规则值与金融压力影响值波动趋势**

其次，图 9-8 进一步报告了金融压力影响值对基准泰勒规则值修正比例的波动趋势。从数值大小来看，样本期内该修正比例介于 3.58% ~ 35.71% 波动，这说明金融风险在政策利率的设定中仍然处于次要地位，而产出缺口和通货膨胀一直占主导地位。再对比分析国际金融危机爆发前后修正比例与金融压力指数（对应于右轴）的历史趋势，不难发现，国际金融危机爆发之前，金融压力指数处于低位平稳波动时，修正比例从 2002 年第 2 季度的 15.48% 持续下降至 2009 年第 2 季度的 3.58%，这表明，当金融压力处于较低状态时，金融压力影响值对政策利率值的修正相对较小。但是，金融危机爆发之后，随着金融压力指数的逐期回升，修正比例表现出长期持续上升趋势，并递增至 2017 年第 1 季度的 35.71%，这表明，当金融压力表现出不断攀升的趋势时，金融压力影响值对政策利率值的修正相应加大。由此不难看出，在国际金融危机爆发之后金融风险不断积聚的状况下，中国人民银行逐步提高了对金融风险的反应力度，同时下调了对产出缺口和通货膨胀的反应力度，从而在平衡稳增长、控物价和防风险的关系上表现出相机调控的特点。

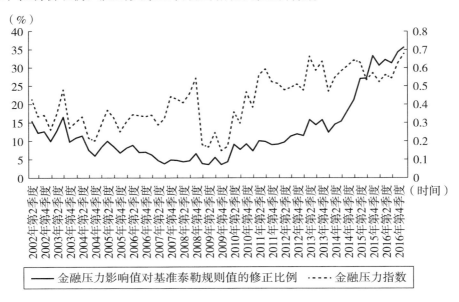

图9-8　金融压力值对基准泰勒规则值的修正比例

## 五、子系统压力对政策利率设定值的影响分析

由金融压力指数构建方法可知，金融压力指数是由银行、债券市场、股票市场、外汇市场和房地产市场5个子系统压力指数加权得到，我们试图通过计算时变金融压力参数与子系统压力指数的乘积项 $\delta_t w_{it} x_{it}$ 来刻画子系统压力对政策利率设定值的影响，进而分析中国人民银行对各个子系统部门金融风险的反应力度。

图9-9显示了5个子系统压力对政策利率设定影响值的波动趋势。从数值大小来看，所有子系统压力影响值均为负值，这说明当子系统部门的金融风险不断积聚时，中国人民银行会下调政策利率加以应对。再对比分析国际金融危机爆发前后的变化状况，在金融危机爆发之前，在2002年第2季度至2009年第2季度期间，各个子系统压力的影响值都在 -0.206 水平值之上波动，并且在数值上较为接近。但是，金融危机爆发之后，子系统压力影响值的波动表现出明显的分化趋势，其中，股票和外汇市场压力的影响值仍然相对平稳，分

别在 −0.08 ~ −0.011 水平值之上波动。然而，债券市场、银行和房地产市场
压力的影响值却出现急速下降的趋势，在 2017 年第 1 季度分别降至 −0.303、
−0.304 和 −0.176。可以推论，中国人民银行主要针对债券市场、银行、房
地产市场的金融风险做出较为显著的反应，而这三个部门可能构成了中国人民
银行关注的突出风险点。

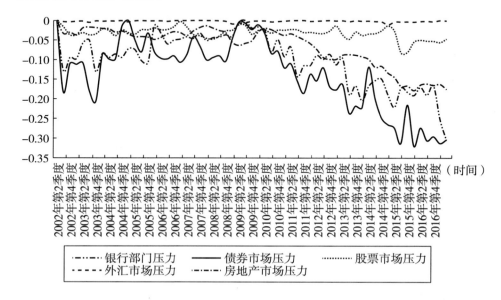

**图 9 − 9  子系统压力对政策利率值设定的影响趋势**

# 第五节  结论与启示

本章立足于国际金融危机爆发以来的货币政策实践，从金融风险状态变化
视角出发，在采用金融压力刻画金融风险的情形下，考察了中国人民银行应对
金融风险的方式、力度以及关注的风险类型。

（1）在反应方式上，中央银行在面对金融压力时会下调政策利率，而且
"高压力"与"低压力"状态相比，利率调整幅度更为显著，进而表现出非对
称性效应；此外，当面对产出缺口和通货膨胀压力时会相应上调利率，并且其
利率调整幅度会随产出缺口和通货膨胀变化而表现出顺周期性。

（2）在反应力度上，随着金融压力不断攀升，金融压力对基准泰勒规则
利率值的修正比例也持续上升，这表明在国际金融危机爆发之后的金融风险不

断积聚状况下，中央银行逐步提高对金融风险的反应力度，而对产出缺口和通货膨胀的反应力度有所下降，从而在平衡稳增长、控物价和防风险的关系上表现为相机调控的特点。

（3）在风险类型上，中央银行对债券市场、银行和房地产市场的金融风险做出较为显著的反应，而这三个部门可能构成了中央银行关注的突出风险点。

如果对上述结论进一步总结，可以发现，中央银行在应对金融风险上具有"逆风干预策略"的特点，并对金融风险保持较低的容忍度，这就从理论机制上解答了中国人民银行应对金融风险方式，同时还为周小川（2017）、张晓慧（2017）、孙国峰（2017）、徐忠（2017）多次提出"对货币'总闸门'的有效管控受到干扰""寄望央行通过增发货币来帮助处置""稳健略偏宽松""花钱买稳定"等观点提供重要的经验证据。

事实上，国际金融危机爆发已经过去多年，随着各国中央银行采取宽松性政策应对之弊端不断显现，学术界和政策界对"逆风干预策略"乃至中央银行承担金融稳定职能的治理体系展开了深入反思，并表现出回归"杰克逊霍尔共识"的趋势（郑联盛，2018）。其原因在于，各国治理金融危机的政策实践表明，过度宽松的货币政策会诱发市场主体道德风险并产生加杠杆效应，这就会使得政策本身反而成为风险产生和积累的根源。因此，回归"杰克逊霍尔共识"，主张货币政策与金融风险之间相对分离，以及建立货币政策与宏观审慎政策协同互补的"双支柱"调控框架，就成为当今学术界和政策界的主流观点。

在上述背景下，2017年以来，中国的金融调控框架开始经历了以货币政策为主向"双支柱"调控框架的转变，在这一框架中，货币政策回归到宏观经济和总需求管理，侧重于经济增长和物价水平的稳定，宏观审慎政策则直接和集中作用于金融体系本身，侧重于维护金融稳定，然后通过强化政策协调配合，进而实现经济和金融稳定（周小川，2017）。那么，本章有关当前中国人民银行应对金融风险方式的研究结论，对于完善和健全"双支柱"调控框架，提高金融调控的有效性就具有重要的启示价值。

（1）保持货币政策的稳健中性，弱化"逆风干预策略"的调控方式。中国人民银行应当强化货币政策操作与产出和价格稳定之间的关联性，增强维持价格稳定的信誉度和独立性，避免因金融风险状态变化而造成的政策干扰；同时，适当提高风险容忍度，在政策操作上以防范系统性风险为主，避免过度追求短期和局部稳定，允许风险适度自我释放。

（2）推进货币政策工具创新，发挥"精准滴灌"功能。中国人民银行在充分了解金融风险信息的情况下，适当运用定向降准、TMLF、SLF、CRA 等工具调节流动性的投向和结构，有针对性地解决局部性金融风险，避免"大水漫灌"式总量性宽松操作。

（3）完善宏观审慎管理政策框架，缓释宽松性货币政策造成的风险溢出效应。中国人民银行应当加强对债券市场、影子银行、房地产金融等突出风险点的宏观审慎管理，同时改进宏观审慎评估体系，将商业银行更多金融创新活动纳入考核范围，以便强化对金融机构和市场杠杆的逆周期调节，减缓宽松性货币政策的负面效应。

# 参 考 文 献

［1］白钦先、汪洋：《货币市场与资本市场的连通与协调机理研究》，载《当代财经》2007 年第 11 期。

［2］白仲林：《面板数据的计量经济分析》，南开大学出版社 2008 年版。

［3］［德］彼得·博芬格：《货币政策：目标、机构、策略和工具》，黄燕芬译，中国人民大学出版社 2013 年版。

［4］卞志村、孙俊：《开放经济背景下中国货币财政政策的非对称效应》，载《货币理论与政策》2012 年第 8 期。

［5］卞志村：《泰勒规则的实证问题及在中国的检验》，载《金融研究》2006 年第 8 期。

［6］卞志村、张义：《央行信息披露、实际干预与通胀预期管理》，载《经济研究》2012 年第 12 期。

［7］陈创练、郑挺国、姚树洁：《时变参数泰勒规则及央行货币政策取向研究》，载《经济研究》2016 年第 8 期。

［8］陈守东、王妍：《金融压力指数与工业一致合成指数的动态关联研究》，载《财经问题研究》2011 年第 10 期。

［9］陈学彬：《非对称信息与政策信息披露对我国货币政策效应的影响机制分析》，载《经济研究》1997 年第 12 期

［10］陈雨露、马勇、阮卓阳：《金融周期和金融波动如何影响经济增长与金融稳定》，载《金融研究》2016 年第 2 期。

［11］戴根有：《中国央行公开市场业务操作实践和经验》，载《金融研究》2003 年第 1 期。

［12］戴金平、金永军、刘斌：《资本监管、银行信贷与货币政策非对称效应》，载《经济学》2008 年第 2 期。

［13］邓创、石柱鲜、孙皓：《我国实际货币缺口与产出缺口、通货膨胀

率的关系》，载《社会科学战线》2008 年第 12 期。

[14] 刁节文、章虎：《基于金融形势指数对我国货币政策效果非线性的实证研究》，载《金融研究》2012 年第 4 期。

[15] 丁志国、徐德财、李雯宁：《宏观经济因素影响利率期限结构的稳定性判别》，载《数量经济技术经济研究》2014 年第 9 期。

[16] 方意、赵胜民、谢晓闻：《货币政策的银行风险承担分析——兼论货币政策与宏观审慎政策协调问题》，载《管理世界》2012 年第 11 期。

[17] 冯春平：《货币供给对产出与价格影响的变动性》，载《金融研究》2002 年第 7 期。

[18] 冯宗宪、陈伟平：《中国货币政策对银行风险承担行为的影响研究——基于异质性视角》，载《商业经济与管理》2013 年第 9 期。

[19] 耿中元、李薇、翟雪：《基于金融稳定的非线性泰勒规则——中国的经验证据》，载《经济理论与经济管理》2016 年第 9 期。

[20] 谷宇、王轶群、翟羽娜：《中国央行汇率沟通的有效性及作用渠道研究》，载《经济科学》2016 年第 1 期。

[21] 郭涛、宋德勇：《中国利率期限结构的货币政策含义》，载《经济研究》2008 年第 3 期。

[22] 国际货币基金组织：《金融稳健指标编制指南》，中国金融出版社2006 年版。

[23] 何明燕：《入世五年我国银行业市场结构分析》，载《重庆工商大学学报》2007 年第 4 期。

[24] 何志刚、牛伟杰：《我国企业债信用价差期限结构中的货币政策含义》，载《上海金融》2012 年第 7 期。

[25] 胡援成、程建伟：《中国资产市场货币政策传导机制的实证研究》，载《数量经济技术经济研究》2003 年第 5 期。

[26] 冀志斌、宋清华：《中央银行沟通的金融市场效应——基于中国数据的实证分析》，载《宏观经济研究》2012 年第 9 期。

[27] 冀志斌、周先平：《中央银行沟通可以作为货币政策工具吗——基于中国数据的分析》，载《国际金融研究》2011 年第 2 期。

[28] 姜超、顾潇啸、王丹：《改变经济通缩预期、迎接金融泡沫时代——央行降息点评》，海通宏观债券研究，2014 年 11 月。

[29] 蒋三庚、李晓艳：《中国货币政策变动对资本市场的影响》，载《经济与管理研究》2016 年第 9 期。

[30] 金鹏辉、张翔、高峰：《银行过度风险承担及货币政策与逆周期资本调节的配合》，载《经济研究》2014 年第 6 期。

[31] 康书隆、王志强：《中国国债利率期限结构的风险特征及其内含信息研究》，载《世界经济》2010 年第 7 期。

[32] ［挪威］拉斯．特维德：《金融心理学——掌握市场波动的真谛》，中国人民大学出版社 2003 年版。

[33] 赖娟、吕江林：《基于金融压力指数的金融系统性风险的测度》，载《统计与决策》2010 年第 19 期。

[34] 李成、高智贤：《商业银行偏好、信贷规模与央行信息披露的非对称性》，载《山西财经大学学报》2014 年第 6 期。

[35] 李岚：《中国银行间债券市场公司债券信用利差决定因素研究》，南开大学博士论文，2010 年。

[36] 李良松：《构建中国金融压力指数探析》，载《上海金融》2011 年第 8 期。

[37] 李学、欧阳俊、秦宛顺：《中国股市的星期效应研究》，载《统计研究》2001 年第 8 期。

[38] 李颖、林景润、高铁梅：《我国通货膨胀、通货膨胀预期与货币政策的非对称分析》，载《金融研究》2010 年第 12 期。

[39] 李云峰、李仲飞：《汇率沟通、实际干预与人民币汇率变动——基于结构向量自回归模型的实证分析》，载《国际金融研究》2011 年第 4 期。

[40] 李云峰、李仲飞：《中央银行沟通策略与效果的国际比较研究》，载《国际金融研究》2010 年第 8 期。

[41] 李云峰、闵云燕：《中央银行沟通信息、有限关注度与投资者行为》，载《宏观经济研究》2015 年第 10 期。

[42] 李云峰：《外汇市场中的干预效力：汇率沟通与实际干预》，载《上海金融》2011 年第 4 期。

[43] 李云峰：《中央银行沟通、实际干预与通货膨胀稳定》，载《国际金融研究》2012 年第 4 期。

[44] 林建浩、赵文庆：《中国央行沟通指数的测度与谱分析》，载《统计

研究》2015 年第 1 期。

[45] 凌江怀：《商业银行风险论》，人民出版社 2008 年版。

[46] 刘斌：《资本充足率对我国贷款和经济影响的实证研究》，载《金融研究》2005 年第 1 期。

[47] 刘金全、张小宇：《时变参数"泰勒规则"在我国货币政策操作中的实证研究》，载《管理世界》2012 年第 7 期。

[48] 刘金全、郑挺国：《我国货币政策冲击对实际产出周期波动的非对称影响分析》，载《数量经济技术经济研究》2007 年第 6 期。

[49] 刘琦、何启志：《央行信息披露对金融资产价格的影响——以股票市场为例》，载《价格理论与实践》2015 年第 12 期。

[50] 刘锡良、董青马、王丽娅：《商业银行流动性过剩问题的再认识》，载《财经科学》2007 年第 2 期。

[51] 刘晓欣、王飞：《中国微观银行特征的货币政策风险承担渠道检验——基于我国银行业的实证检验》，载《国际金融研究》2013 年第 9 期。

[52] 刘晓星、方磊：《金融压力指数构建及其有效性检验——基于中国数据的实证分析》，载《管理工程学报》2012 年第 3 期。

[53] 刘志洋：《宏观审慎监管：框架与政策工具》，载《金融理论与实践》2012 年第 8 期。

[54] 鲁臻、成明杰：《宏观经济形势影响央行货币政策沟通的效果吗？——基于中国数据的实证分析》，载《宏观经济研究》2015 年第 7 期。

[55] 陆军、舒元：《货币政策无效性命题在中国的实证研究》，载《经济研究》2003 年第 3 期。

[56] 陆军、钟丹：《泰勒规则在中国的协整检验》，载《经济研究》2003 年第 8 期。

[57] 陆磊、杨骏：《流动性、一般均衡与金融稳定的"不可能三角"》，载《金融研究》2016 年第 1 期。

[58] 吕江林、张有：《中国不同经济流动性区制下的货币政策工具效应研究——基于马尔可夫区制转移（MS）模型的实证分析》，载《广东金融学院学报》2008 年第 9 期。

[59] 马理、黄帆帆、孙芳芳：《央行沟通行为与市场利率波动的相关性研究——基于中国银行业同业拆放利率 Shibor 的数据检验》，载《华中科技大

学学报》2013 年第 6 期。

［60］马勇：《系统性金融风险：一个经典注释》，载《金融评论》2011 年第 4 期。

［61］［美］迈克尔·G. 哈吉米可拉齐斯、卡马·G. 哈吉米可拉齐斯：《现代货币、银行与金融市场——理论与实践》，聂丹译，上海人民出版社 2003 年版。

［62］米什金：《货币金融学（第九版)》，中国人民大学出版社 2011 年版。

［63］牛新艳：《短期融资券市场存在金融加速器效应吗?》，载《金融评论》2011 年第 3 期。

［64］彭方平、展凯、李琴：《流动性过剩与央行货币政策有效性》，载《管理世界》2008 年第 5 期。

［65］钱小安：《流动性过剩与货币调控》，载《金融研究》2007 年第 7 期。

［66］饶育蕾、盛虎：《行为金融学》，机械工业出版社 2015 年版。

［67］石柱鲜、邓创：《基于自然利率的货币政策效应非对称性研究》，载《中国软科学》2005 年第 9 期。

［68］史焕平、陈琪、胡滨：《中央银行沟通对货币市场影响的有效性研究——基于中国 2006—2014 年数据的实证分析》，载《经济问题》2015 年第 11 期。

［69］宋健：《超额货币、经济增长与通货膨胀》，载《广东金融学院学报》2010 年第 3 期。

［70］孙国峰：《正确理解稳健中性的货币政策》，载《中国金融》2018 年第 15 期。

［71］孙艳梅、郭红玉：《我国货币政策传导的央行沟通路径研究》，载《经济问题探索》2013 年第 6 期。

［72］索彦峰：《转型期中国货币政策信用传导机制研究》，南京大学博士论文，2007 年。

［73］谭速、张有：《流动性过剩背景下我国货币政策工具效用的实证研究》，载《江西财经大学学报》2008 年第 4 期。

［74］涂永红、戴稳胜、贾川：《国际流动性过剩对中国经济的影响分析》，载《货币金融评论》2007 年第 7 期。

[75] 万宏伟：《货币市场与资本市场的价格关系及其传导机制研究》，载《世界经济情况》2005 年第 22 期。

[76] 万解秋、徐涛：《货币供给的内生性与货币政策的效率——兼评我国当前货币政策的有效性》，载《经济研究》2005 年第 3 期。

[77] 万志宏、曾刚：《中央银行沟通：理论、策略与效果》，载《金融评论》2013 年第 5 期。

[78] 汪莉、王先爽：《央行预期管理、通胀波动与银行风险承担》，载《经济研究》2015 年第 10 期。

[79] 王博：《央行沟通的金融市场效应——来自中国的证据》，载《经济学动态》2016 年第 11 期。

[80] 王少林、林建浩：《央行沟通的可信性与通货膨胀预期》，载《统计研究》2017 年第 10 期。

[81] 王曦、朱立挺、王凯立：《我国货币政策是否关注资产价格？——基于马尔科夫区制转换 Bekk 多元 Garch 模型》，载《金融研究》2017 第 11 期。

[82] 王晓芳、郑斌：《期限溢价、超额收益与宏观风险不确定性——基于银行间国债市场的分析》，载《南开经济研究》2015 年第 3 期。

[83] 王雅炯：《通胀预期管理下中央银行沟通的有效性研究——基于中国 2003—2010 年数据的实证分析》，载《上海经济研究》2012 年第 4 期。

[84] 王志强、熊海芳：《利率期限溢价与股权溢价：基于区制转移的非线性检验》，载《金融学季刊》2011 年第 6 期。

[85] 王自锋、白玥明：《央行汇率沟通与实际干预调节人民币汇率变动的实效与条件改进》，载《世界经济研究》2015 年第 3 期。

[86] 魏永芬：《我国央行沟通及效应分析》，载《哈尔滨商业大学学报（社会科学版）》2009 年第 4 期。

[87] 吴国培、潘再见：《中央银行沟通对金融资产价格的影响——基于中国的实证研究》，载《金融研究》2014 年第 5 期。

[88] 吴婷婷：《利率冲击非对称效应的实证检验：来自中国的经验证据》，载《统计与决策》2009 年第 19 期。

[89] 吴晓灵：《流动性过剩与金融市场风险》，载《中国金融》2007 年第 19 期。

［90］夏斌、陈道富：《中国流动性报告》，载《第一财经日报》2007年。

［91］夏斌：《推进结构调整 稳住经济局势》，腾讯财经，2013年7月16日。

［92］谢安：《对我国消费价格指数编制方法的一点看法》，载《统计研究》1998年第3期。

［93］谢平、罗雄：《泰勒规则及其在中国货币政策中的检验》，载《经济研究》2002年第3期。

［94］徐国祥、郭建娜：《金融稳定目标下中国货币政策规则研究》，载《财经研究》2017年第10期。

［95］徐国祥、李波：《中国金融压力指数的构建及动态传导效应研究》，载《统计研究》2017第4期。

［96］徐建炜、徐奇渊、黄薇：《央行的官方干预能够影响实际汇率吗》，载《管理世界》2011年第2期。

［97］徐明东、陈学彬：《货币环境，资本充足率与商业银行风险承担》，载《金融研究》2012年第7期。

［98］徐明东、蒋祥林、陈学彬：《资本约束对商业银行信贷扩张的影响：1998—2007——基于中国14家商业银行面板数据的分析》，中国金融学术研究网工作论文，2009年。

［99］徐忠：《全面理解稳健中性的货币政策》，载《清华金融评论》2017第3期。

［100］许涤龙、陈双莲：《基于金融压力指数的系统性金融风险测度研究》，载《经济学动态》2015年第4期。

［101］杨春鹏、淳于松涛、杨德平、姜伟：《投资者情绪指数研究综述》，载《青岛大学学报》2007年第3期。

［102］杨继生：《通货膨胀预期、流动性过剩与中国通货膨胀的动态性质》，载《经济研究》2009第1期。

［103］杨强、陈德如、迟德贤、孙喜讯：《货币市场与投资》，山东人民出版社2001年版。

［104］杨学兵、张涛：《银行间债券市场的SCP分析》，载《金融研究》2003年第3期。

［105］杨玉明：《金融结构与货币政策传导机制研究述评》，载《广西大

学学报》2009 年第 1 期。

[106] 叶康涛、祝继高：《银根紧缩与信贷资源配置》，载《管理世界》2009 年第 1 期。

[107] 易纲：《落实从紧货币政策 促进经济又好又快发展》，载《中国金融》2008 年第 11 期。

[108] 易纲：《在博鳌亚洲论坛 2018 年年会分论坛"货币政策正常化"的问答实录》，2018 年。

[109] 攸频、张晓峒：《Eviews6.0 实用教程》，中国财政经济出版社 2008 年版。

[110] 余明：《我国央行票据冲销操作政策传导路径的实证研究》，载《金融研究》2009 年第 2 期。

[111] 翟羽娜：《央行汇率沟通的有效性及作用机制研究》，大连理工大学硕士论文，2015 年 6 月。

[112] 张晶、高晴：《中国金融系统压力指数的设计及其应用》，载《数量经济技术经济研究》2015 年第 11 期。

[113] 张强、胡荣尚：《中央银行对利率期限结构的影响研究》，载《国际金融研究》2014 年第 6 期。

[114] 张强、胡荣尚：《中央银行沟通对金融资产价格的影响——以股票市场为例》，载《财贸经济》2013 年第 8 期。

[115] 张强、乔煜峰、张宝：《中国货币政策的银行风险承担渠道存在吗?》，载《金融研究》2013 年第 8 期。

[116] 张晓慧：《稳健货币政策为经济行稳致远保驾护航》，载《中国金融》2017 第 15 期。

[117] 张雪兰、何德旭：《货币政策立场与银行风险承担——基于中国银行业的实证研究》，载《经济研究》2012 年第 5 期。

[118] 张勇、范从来：《货币政策框架：理论缘起、演化脉络与中国挑战》，载《学术研究》2017 年第 11 期。

[119] 张勇、黄旭平：《银行个体特征、外部融资成本和贷款行为的差异性——来自中国银行业微观数据的经验证据》，载《上海金融》2011 年第 3 期。

[120] 张勇、彭礼杰、莫嘉浩：《中国金融压力的度量及其宏观经济的非

线性效应》，载《统计研究》2017 年第 1 期。

　　［121］赵锡军、王胜邦：《资本约束对商业银行信贷扩张的影响：中国实证分析（1995—2003）》，载《财贸经济》2007 年第 7 期。

　　［122］赵振全、于震、刘淼：《金融加速器效应在中国存在吗?》，载《经济研究》2006 年第 6 期。

　　［123］郑联盛：《货币政策与宏观审慎政策双支柱调控框架：权衡与融合》，载《金融评论》2018 年第 4 期。

　　［124］中国人民银行：《第三季度中国货币政策执行报告》，2010 年。

　　［125］中国人民银行：《第三季度中国货币政策执行报告》，2006 年。

　　［126］周小川：《金融政策对金融危机的响应——宏观审慎政策框架的形成背景、内在逻辑和主要内容》，载《金融研究》2011 年第 1 期。

　　［127］周小川：《守住不发生系统性金融风险的底线》，载《党的十九大报告辅导读本》，人民出版社 2017 年版。

　　［128］朱宁、许艺煊、邱光辉：《中央人民银行沟通对人民币汇率波动的影响》，载《金融研究》2016 年第 11 期。

　　［129］朱世武、陈健恒：《利率期现结构理论实证检验与期限风险溢价研究》，载《金融研究》2004 年第 5 期。

　　［130］Adrian T. , H. S. Shin, Money, Liquidity, and Monetary Policy. Federal Reserve Bank of New York Staff Report, Vol. 3, 2009, pp. 516 – 536.

　　［131］Agénor, Pierre-Richard, Aynaoui, Karim EI, Excess Liquidity, Bank Pricing Rules and Monetary Policy. Journal of Banking and Finance, Vol. 34, 2010, pp. 923 – 933.

　　［132］Agénor, Pierre-Richard, Joshua Aizenman and Alexander W. Hoffmaister, The Credit Crunch in East Asia: What Can Bank Excess Liquid Assets Tell Us. Journal of International Money and Finance, Vol. 23, 2004, pp. 27 – 49.

　　［133］Alan S. blinder, Michael Ehrmann, Marcel Fratzscher, Jakob De Haan, David-Jan Jansen, Central Bank Communication and Monetary Policy: A Survey of Theory and Evidence. Journal of Economic Literature, Vol. 46, No. 4, 2008, pp. 910 – 945.

　　［134］Ales Bulir, Martin Cihak, David-Jan Jansen, Does the Clarity of Inflation Reports Affect Volatility in Financial Markets. Dnb Working Paper, 2014.

［135］ Altunbas Y. , Gambacorta and D. Marques-Ibanez, Bank Risk and Mo-netary Policy. Journal of Financial Stability, Vol. 6, No. 3, 2010, pp. 121 – 129.

［136］ Andersson M. , Hans D. and Peter S. , Monetary Policy Signaling and Movements in the Term Structure of Interest Rates. Journal of Monetary Economice, Vol. 53, No. 8, 2006, pp. 1815 – 1855.

［137］ Andy Moniz, Franciska de Jong, Predicting the Impact of Central Bank Communications Financial Market Investors' Interest Rate Expectationgs. Springer International Publishing, Vol. 8798, 2014, pp. 144 – 155.

［138］ Anil K. Kashyap Jeremy C. Stein, Monetary Policy and Bank Lending. NBER Working Paper, No. 4317, 1993.

［139］ Arellano M. , Bover O. , Another Look at the Instrumental Variable Es-timation of Error Component Models. Journal of Econometrics, Vol. 68, 1995, pp. 29 – 51.

［140］ Avramov D. , Gergana J. , Alexander P. , Understanding Changes in Corporate Credit Spreads. Financial Analysts Journal, Vol. 63, 2007, pp. 90 – 105.

［141］ Aykut Kibritcioglu, Excessive Risk-taking, Banking Sector Fragility and Banking Crises. NBER Working Paper Series, 2002.

［142］ Balke, Nathan S. , Credit and Economic Activity: Credit Regimes and Nonlinear Propagation of Shocks. Review of Economics and Statistics, Vol. 82, 2000, pp. 344 – 349.

［143］ Banerjee A. , A Simple Model of Herd Behavior. The Quarterly Journal of Economics, 1992, pp. 797 – 817.

［144］ Bank of Atlanta, Atlanta, Georgia. June 15.

［145］ Barro R. J. , Gordon D. A. , Rules, Discretion and Reputation in a Mod-el of Monetary Policy. Journal of Monetary Economics, Vol. 12, 1983, pp. 101 – 121.

［146］ Barro R. J. , Rational Expectations and the Role of Monetary Policy. Journal of Monetary Economics, Vol. 2, 1976, pp. 1 – 32.

［147］ Barro R. J. , Unanticipated Money Growth and Unemployment in the U. S. American Economic Review, Vol. 67, 1977, pp. 101 – 115.

［148］ Baxa J. , Horváth R. and Vašíček B. , Time-Varying Monetary-Policy Rules and Financial Stress: Does Financial Instability Matter for Monetary Policy.

Journal of Financial Stability, Vol. 9, No. 1, 2013, pp. 117 – 138.

［149］ Bean C. , Paustian M. , Penalver A. and Taylor T. , Monetary Policy After the Fall. 2010.

［150］ Beckworth D. , Moon K P. , Toles J H. , Monetary Policy and Corporate Bond Yield Spreads. Applied Economics Letters, Vol. 17, No. 12, 2010, pp. 1139 – 1144.

［151］ Beine M. , Janssen G. , Lecourt C. , Should Central Bank Talk to the Foreign Exchange Market?. Journal of International and Fiance, Vol. 28, 2009, pp. 776 – 803.

［152］ Bekaert G. et al, Peso Problems Explanations for Term Structure Anomalies. Journal of Monetary Economics, Vol. 48, No. 2, 2001, pp. 241 – 270.

［153］ Bekaert G. , R. J. Hodrick, Expectations Hypotheses Tests. Journal of Finance, Vol. 56, No. 3, 2001, pp. 1357 – 1394.

［154］ Benjamin Born, Michael Ehrmann, Marcel Fratzscher, Communicating About Macro-prudential Supervision: A New Challenge for Central Banks. International Finance, Vol. 2, 2012, pp. 179 – 203.

［155］ Ben S. Bernanke, Alan S. Blinder, Credit, Money, and Aggregate Demand. The American Economic Review, Vol. 78, No. 2, 1988.

［156］ Bernanke, Ben, Mark Gertler and Mark Waston, Systematic Monetary Policy and the Effects of Oil Price Shocks. Brooking Papers on Economic Activity, Vol. 1, 1997, pp. 91 – 42.

［157］ Bernanke B. , Gertler M. , Agency Costs, Net Worth, and Business Fluctuations. American Economic Review, Vol. 79, 1989, pp. 14 – 31.

［158］ Bernanke B. , Gertler M. , Gilchrist S. , The Financial Accelerator and the Flight to Quality. Review of Economics and Statistics, Vol. 78, 1996, pp. 1 – 15.

［159］ Bernanke B. , Gertler M. , Gilchrist S. , The Financial Accelerator in a Quantitative Business Cycle Framework. In: Taylor, J. B. , Woodford, M. ( eds. ), Handbook of Macroeconomics, 1999, pp. 1341 – 1393.

［160］ Bernanke B. , Gertler M. , Inside the Black Box: The Credit Channel of Monetary Policy Transmission. Journal of Economic Perspectives, Vol. 9, 1995, pp. 27 – 48.

[161] Bernanke B. , M. Gertler, Agency Costs, Net Worth, and Business Fluctuations. American Economic Review, Vol. 1, 1989, pp. 14 – 31.

[162] Bernanke B. , M. Gertler, Inside the Black Box: The Credit Channel of Monetary Policy Transmission. Journal of Economic Perspectives, Vol. 9, No. 4, 1995, pp. 27 – 48.

[163] Bernanke B, The Financial Accelerator and the Credit Channel. Speech to the Conference Credit Channel of Monetary Policy in the Twenty-first Century hosted by the Federal Reserve, 2007.

[164] Binder M. , C. Hsiao and M. H. Pesaran, Estimation and Inference in Short Panel. Vector Autoregressions with Unit Roots and Cointegration, Mimeo, Cambridge University, 2003.

[165] Blinder A. S. , Credit Rationing and Effective Supply Failures. The Economic Journal, Vol. 97, No. 386, 1987, pp. 327 – 352.

[166] Blinder A. S. , Ehrmann M. , Fratzscher M. et al, Central Bank Communication and Monetary Policy: A Survey of Theory and Evidence. National Bureau of Economic Research, 2008.

[167] Bloom N. , The Impact of Uncertainty Shocks. Econometrica, Vol. 3, 2009, pp. 623 – 685.

[168] Boivin J. T. Lane and C. Meh, Should Monetary Policy Be Used to Counteract Financial Imbalances? . Bank of Canada Review, Vol. 6, 2010, pp. 23 – 36.

[169] Borio C. , Furtine C. , Lowe P. , Procyclicality of the Financial System and Financial Stability: Issue and Policy Options. BIS Working papers, No. 1, 2001.

[170] Borio C. P. Lowe, Asset Prices, Financial and Monetary Stability: Exploring the Nexus. Bank For International Settlements Working Paper, No. 114, 2002.

[171] Borio C. , Towards a Macroprudential Framework for Financial Supervision and Regulation. CESifo Economic Studies, Vol. 2, 2003, pp. 181 – 216.

[172] Borio C. , Zhu H. , Capital Regulation, Risk-taking and Monetary Policy: A Missing Link in the Transmission Mechanism. Journal of Financial Stability, Vol. 8, No. 4, 2012, pp. 236 – 251.

[173] Born B. , Ehrmann M. and Fratzscher M. , Central Bank Communica-

tion on Financial Stability. Economic Journal, Vol. 123, No. 573, 2013.

[174] Born B. , Ehrmann M. and Fratzscher M. , Macroprudential Policy and Central Bank Communication. International Finance, Vol. 15, No. 2, 2012, pp. 179 – 203.

[175] Calza, Alessandro, João Sousa, Output and Inflation Responses to Credit Shocks: Are There Threshold Effects in the Euro Area?. Studies in Nonlinear Dynamics & Econometrics, Vol. 10, No. 2, 2011.

[176] Campbell J. B. , J. H. Cochrane, By Force of Habit: A Consumption Based Explanation of Aggregate Stock Market Behavior. Journal of Political Economy, Vol. 107, No. 2, 1999, pp. 205 – 251.

[177] Campbell J. Y. , R. J. Shiller, Yield Spreads and Interest Rate Movements: A Bird's Eye View. Review of Economic Studies, Vol. 58, No. 3, 1991, pp. 495 – 514.

[178] Cardarelli R. , Elekdag S. and Lall S. , Financial Stress and Economic Contractions. Journal of Financial Stability, Vol. 7, No. 2, 2011, pp. 78 – 97.

[179] Carlo Rosa, Giovanni Verga, On the Consistency and Effectiveness of Central Bank Communication: Evidence from the ECB. European Journal of Political Economy, Vol. 23, No. 1, 2007, pp. 146 – 175.

[180] Cenesizoglu, Tolga, Essid Bady. , The Effect of Monetary Policy on Credit Spreads. Meeting Papers from Society for Economic Dynamics, 2010.

[181] Chague F. D. et al, Central Bank Communication Affects Long-Term Interest Rates. Revista Brasileira De Economia, Vol. 69, No. 2, 2015, pp. 147 – 162.

[182] Christensen I. , P. Corrigan, C. Mendicino and S. I. Nishiyama, Consumption, Housing Collateral, and the Canadian Bus iness Cycle. Bank of Canada Working Paper, No. 26, 2009.

[183] Collin-Dufresne Pierre, Robert S. Goldstein and J. SPencer Martin, The Determinants of Credit Spread Changes. Joumal of Finance, Vol. 56, No. 6, 2001, pp. 2177 – 2207.

[184] Cook Timothy, Hahn Thoma, The Effect of Changes in the Federal Funds Rate Target on Market Interest Rates in the 1970s. Journal of Monetary Economics, Vol. 24, No. 3, 1989, pp. 331 – 351.

［185］ Cover J. , Asymmetric Effects of Positive and Negative Money-Supply Shocks. Quarterly Journal of Economics, Vol. 107, No. 4, 1992, pp. 1261 – 1282.

［186］ Cukierman A. , Hercowitz Z. , Oligopolistic Financial Intermediation, Inflation and the Interest Rate Spread. Foerder Institute for Economic Research, Tel-Aviv University, Working Paper, 1989.

［187］ Cukierman A. , The Limits of Transparency. Economic Notes, Vol. 38, 2009, pp. 1 – 37.

［188］ Dale S. et al. , Imperfect Central Bank Communication: Information Versus Distraction. International Journal of Central Banking, Vol. 7, No. 2, 2011, pp. 3 – 39.

［189］ David Roodman, How to Do xtabond2: An Introduction to "Difference" and "System" GMM in Stata. The Center for Global Development Working Paper, No. 103, 2006.

［190］ Davig T. , Hakkio C. , What is the Effect of Financial Stress On Economic Activity? . Federal Reserve Bank of Kansas City Economic Review, Vol. 95, No. 2, 2010, pp. 35 – 62.

［191］ Debashis Guha. , Lorene Hiris, The Aggregate Credit Spread and the Business Cycle. International Review of Financial Analysis, Vol. 11, 2002, pp. 219 – 233.

［192］ De Gregorio J. , Sturzenegger F. , Financial Markets and Inflation under Imperfect Information. Journal of Development Economics, Vol. 54, No. 1, 1997, pp. 149 – 168.

［193］ Delis M. D. , Kouretas G. P. , Interest Rates and Bank Risk-taking. Journal of Banking&Finance, Vol. 4, 2011, pp. 840 – 855.

［194］ Demiralp S. et al. , Monetary Policy Communication in Turkey. European Journal of Political Economy, Vol. 28, No. 4, 2012, pp. 540 – 556.

［195］ Den Haan, Wouter J. , Steven W. Sumner, and Guy M. Yamashiro, Bank Loan Portfolios and the Canadian Monetary Transmission Mechanism. Canadian Journal of Economics, Vol. 42, 2009, pp. 1150 – 1175.

［196］ Den Haan, Wouter J. , Steven W. Sumner, and Guy M. Yamashiro, Bank Loan Portfolios and the Monetary Transmission Mechanism. Journal of Monetary

Economics, Vol. 54, 2007, pp. 904 – 924.

[197] De Nicolo G. , Dell Ariccia G. , Laeven L. et al, Monetary Policy and Bank Risk Taking. Available at SSRN 1654582, Vol. 3, 2009, pp. 56 – 69.

[198] Diebold F. X. , Canlin Li, Forecasting the Term Structure of Government Bond Yields. Journal of Econometrics, Vol. 130, No. 2, 2006, pp. 337 – 364.

[199] Dincer N. , B. Eichengreen, Central Bank Transparency: Where, Why, and with What Effects. NBER Working Paper, 2007.

[200] Ehrmann M. , Fratzscher M. , Communication, Decision-making by Central Bank Committees: Different Strategies, Same Effectiveness? . Journal of Money, Credit and Banking, Vol. 39, No. 2 – 3, 2007, pp. 509 – 541.

[201] Ehrmann M. , Gambacorta L. , Mart´ınez-Pag´es, Sevestre P. and Worms A. , Financial Systems and the Role of Bank in Monetary Transmission in the Euro Area. In Angeloni I. , Kashyap A. and Mojon B. (eds), Monetary Transmission in the Euro Area: A Study by the Eurosystem Monetary Transmission Network, Cambridge: University Press, 2003, pp. 235 – 269.

[202] Eijffinger S, P. Geraats, How Transparent Are Central Banks. European Journal of Political Economy, Vol. 22, 2006, pp. 1 – 21.

[203] Ellingsen T. , Söderström U. , Monetary Policy and Market Interest Rates. American Economic Review, Vol. 91, No. 5, 2001, pp. 1594 – 1607.

[204] Ellingsen T. , Söderström U. , Why are Long Rates Sensitive to Monetary Policy? . Sveriges Riks Bank Working Paper, No. 160, 2004.

[205] E. Philip Davis, Gabriel Fagan, Are Financial Spreads Useful Indicators of Future Inflation and Output Growth in EU Countries. Journal of Applied Econometrics, Vol. 12, 7, 1997, pp. 1 – 14.

[206] European Central Bank, Asset Price Bubbles and Monetary Policy Revisited, Monthly Bulletin, Vol. 4, 2010.

[207] Fama Eugene F. , Kenneth R. French, Business Conditions and Expected Returns on Stocks and Bonds. Journal of Financial Economics, Vol. 25, 1989, pp. 23 – 49.

[208] Farinha L. A. , C. R. Marques. , The Bank Lending Channel of Monetary Policy: Identification and Estimation Using Portuguese Micro Bank Data. ECB

Working Paper, 2001.

[209] F. D. Chague, R. Delosso, B. C. Ciovannetti, P. Manoel, Central Bank Communication Affects Long-Term Interest Rates. Working Paper Department of Economics, 2013.

[210] Floro D. , van Roye B. , Threshold Effects of Financial Stress On Monetary Policy Rules: A Panel Data Analysis. International Review of Economics & Finance, Vol. 51, 2017, pp. 599 – 620.

[211] Fratzscher M. , On the Long-term Effectiveness of Exchange Rate Communication and Interventions. Journal of International Money and Finance, Vol. 25, No. 1, 2006, pp. 146 – 167.

[212] Galbraith J. W. , Credit Rationing and Threshold Effects in the Relation between Money and Output. Journal of Applied Econometrics, Vol. 11, No. 4, 1996, pp. 416 – 429.

[213] Ganley, Joe, Surplus Liquidity: Implications for Central Banks. Bank of England Working Paper, 2004.

[214] Ganzach Y. , Judging Risk and Return of Financial Assets. Organizational Behavior and Human Decision Processes, Vol. 2, 2000, pp. 353 – 370.

[215] G. C. Montes, A. Scarpari, Does Central Bank Communication Affect Bank Risk-taking? . Applied Economics, Vol. 22, 2015, pp. 751 – 758.

[216] George A. , Akerlof, Robert J. Shiller. , Animal Spirits. Princeton University Press, 2009.

[217] George G. Kaufman. , Comment on Systemic Risk. George Kafman Greenwich (eds), Research in Financial Services: Banking, Financial Markets, and Systemic Risk. CT: JAI Press, 1995.

[218] Gertler M. , Financial Structure and Aggregate Economic Activity: An Overview. Journal of Money, Credit and Banking, Vol. 20, No. 3, 1988, pp. 559 – 589.

[219] Gertler M. , N. Kiyotaki, A. Queralto, Financial Crises, Bank Risk Exposure and Government Financial Policy. Journal of Monetary Economics, Vol. 59, 2012, pp. 17 – 34.

[220] Granger C. W. , Terasvirta T. , Modeling Nonlinear Economic Rela-

tionship. Oxford University Press, 1993.

[221] Hakkio C. S. , Keeton W. R. , Financial Stress: What is It, How Can It be Measured, and Why Does It Matter? . Federal Reserve Bank of Kansas City Economic Review, Vol. 94, No. 2, 2009, pp. 5 – 50.

[222] Hamilton J. D. , A New Approach to the Economic Analysis of Nonstationary Time Series and the Business Cycle. Econometrica, Vol. 57, No. 2, 1989, pp. 357 – 384.

[223] Hansen B. E. , Inference When a Nuisance Parameter Is not Identified Under the Null Hypothesis. Econometrica, Vol. 64, No. 2, 1996, pp. 413 – 430.

[224] Hansen B. E. , Testing for Linearity. Journal of Economic Surveys, Vol. 13, No. 5, 1999, pp. 551 – 576.

[225] Hansen B. E. , Threshold Effects in Non-Dynamic Panels: Estimation, Testing, and Inference. Journal of Econometrics, Vol. 93, 1999, pp. 345 – 368.

[226] Heckman J. J. , The Common Structure of Statistical Models of Truncation, Sample Selection and Limited Dependent Variables and a Simple Estimator for such Models. Annals of Economic and Social Measurement, Vol. 5, No. 4, 1976, pp. 475 – 492.

[227] Heenan, Geoffrey, Dealing with Excess Liquidity. Presentation to the Joint Africa Institute, 2005.

[228] Heinemann F. , Ullrich K. , Does it Pay to Watch Central Bankers' Lips? The Information Content of ECB Wording. Ssrn Electronic Journal, Vol. 143, No. II, 2007, pp. 155 – 185.

[229] Hejazi W. , H. Lai, X. Yang, The Expectations Hypothesis, Term Premia, and the Canadian Term Structure of Interest Rates. Canadian Journal of Economics, Vol. 33, No. 1, 2000, pp. 133 – 148.

[230] Hendricks T. W. , Kempa B. , Monetary Policy and the Credit Channel, Broad and Narrow. Eastern Economic Journal, Vol. 37, 2011, pp. 403 – 416.

[231] Hicks J. , Value and Capital. London: Oxford University Press, 1939.

[232] Holló D. , M. Kremer, M. Lo Duca. , CISS-A Composite Indicator of Systemic Stress in the Financial System. ECB Working Papers, No. 1426, 2012.

［233］Holtz-Eakin, Douglas, Whitney Newey, and Harvey Rosen, Estimating Vector Autoregressions with Panel Data. Econometrica, Vol. 56, No. 6, 1988, pp. 1371 – 1395.

［234］Ignazio Angeloni, Ester Faia, Marco Lo Duca, Monetary Policy and Risk Taking. Journal of Economic Dynamics and Control, Vol. 52, 2015, pp. 113 – 134.

［235］Illing M. , Liu Y. , Measuring Financial Stress in a Developed Country: An Application to Canada. Journal of Financial Stability, Vol. 2, No. 3, 2006, pp. 243 – 265.

［236］International Monetary Fund, Global Financial Stability Report. April 2017.

［237］International Monetary Fund, World Economic Outlook. April 2011.

［238］Ioana-Iuliana Tomuleasa, Central Bank Communication and its Role in Ensuring Financial Stability. Procedia Economics and Finance, Vol. 20, 2015, pp. 136 – 148.

［239］Issing O. , Asset Prices and Monetary Policy. Oecd Economics Department Working Papers, Vol. 29, No. 1, 2009, pp. 45 – 51.

［240］Issing O. , Lessons for Monetary Policy: What Should the Consensus be?. Globalization & Monetary Policy Institute Working Paper, Vol. 11, No. 97, 2011.

［241］Ivo J. M. Arnold, Clemens J. M. Kool, Katharina Raabe, Industries and the Bank Lending Effects of Bank Credit Demand and Monetary Policy in Germany. Utrecht School of Economics Working Paper, 2006.

［242］Jean-Stéphane MESONNIERY, Bank Loan Portfolios, Bank Heterogeneity and the Bank Lending Channel: New Macro Evidence for France. CCBS forum Working Paper, 2008.

［243］Johansen S. , Juselius K. , Maximum Likelihood Estimation and Inference on Co-integration with Applications to the Demand for Money. Oxford Bulletin of Economics and Statistics, Vol. 52, 1990, pp. 169 – 210.

［244］karras G, Are the Output Effects of Monetary Policy Asymmetric? Evidence from a Sample of European Countries. Oxford Bulletin of Economics and Statistics, Vol. 58, No. 2, 1996, pp. 267 – 278.

［245］Kashyap A. K. , Stein J. C. , The Impact of Monetary Policy on Bank

Banlance Sheets. NBER Working Papers, No. 4821, 1994.

[246] Kashyap A. K., Stein J. C., The Impact of Monetary Policy on Bank Balance Sheets. In Carnegie – Rochester Conference Series on Public Policy, 1995, pp. 151 – 195.

[247] Kashyap A. K., Stein J. C., What Do a Million Observations on Banks Say About the Transmission of Monetary Policy. American Economic Review, Vol. 90, No. 3, 2000, pp. 407 – 428.

[248] Kempf A., Merkle C., Niessen A., Low Risk and High Return-affective Attitudes and Stock Market Expectations. European Financial Management, Vol. 5, 2013, pp. 1 – 36.

[249] Khan H., Z. Zhu, Estimates of the Sticky-Information Phillips Curve for the United State. Journal of Money, Credit and Banking, Vol. 38, 2006, pp. 195 – 207.

[250] Khemraj T., Excess liquidity, Oligopoly Banking and Monetary Policy in a Small Open Economy. PhD Dissertation, New School for Social Research, 2006.

[251] Khemraj T., What does Excess Bank Liquidity Say About the Loan Market in Less Developed Countries? DESA Working Paper, No. 60, 2007.

[252] Kim C., Nelson C. R., Estimation of a Forward-Looking Monetary Policy Rule: A Time-Varying Parameter Model Using Ex Post Data. Journal of Monetary Economics, Vol. 53, No. 8, 2006, pp. 1949 – 1966.

[253] Kim J., Ni S., Ratti R. A., Monetary Policy and Asymmetric Response in Default Risk. Economics Letters, Vol. 60, 1998, pp. 83 – 90.

[254] Kishan R. P., Opiela T. P., Bank Size, Bank Capital, and the Bank Lending Channel. Journal of Money, Credit and Banking, Vol. 32, 2000, pp. 121 – 141.

[255] Kohn D., B. Sack, Central Bank Talk: Does it Matter and Why? . Bank of Canada (ed.). In Macroeconomics, Monetary Policy, and Financial Stability, Ottawa: Bank of Canada, 2004.

[256] Koop G., Pesaran H., Potter S., Impulse Response Analysis in Nonlinear Multivariate Models. Journal of Econometric, Vol. 74, 1996, pp. 119 – 147.

[257] Krolzig H. M., Markov-Switching Vector Autoregressions: Modelling,

Statistical Inference and Application to Business Cycle Analysis. Berlin: Springer, 1997.

[258] Laidler D. , Financial Stability, Monetarism and the Wicksell Connection. (The 2007 John Kuszczak Memorial Lecture) University of Western Ontario EPRI Working Paper Series, No. 3, 2007.

[259] Lamla M. J. , Lein S. M. , What Matters When? The Impact of ECB Communication on Financial Market Expectations. Applied Economics, Vol. 43, No. 28, 2011, pp. 4289 – 4309.

[260] Lee C. , Shleifer A. , Thaler R. , Investor Sentiment and the Closed End Fund Puzzle. Journal of Finance, Vol. 1, 1991, pp. 46 – 75.

[261] Leeper, Eric K. , Christopher Sims and Tao Zha, What Does Monetary Policy Do? . Brooking Papers on Economic Activity, Vol. 2, 1996, pp. 1 – 63.

[262] Lee S. S. , Macroeconomic Source of Time-varying Risk Premia in the Term Structure of Inter Est Rates. Journal of Money, Credit and Banking, Vol. 27, No. 2, 1995, pp. 549 – 569.

[263] Li F. , P. St-Amant, Financial Stress, Monetary Policy, and Economic Activity. Bank of Canada Working Paper, No. 12, 2010.

[264] Litterman R. B. , J. A. Scheinkman, Common Factors Affecting Bond Returns. Journal of Fixed Income, Vol. 1, No. 1, 1991, pp. 54 – 61.

[265] Longstaff, Francis A. , Eduardo Schwartz. , A Simple Approach to Valuing Risky Fixed and Floating Rate Debt. Journal of Finance, Vol. 50, 1995, pp. 789 – 821.

[266] Love Inessa, Zicchino Lea, Financial Development and Dynamic Investment Behavior: Evidence from Panel Vector Autoregression. Policy Research Working Paper Series 2913, 2002.

[267] Lown, Cara S. , Donald P. Morgan, The Credit Cycle and the Business Cycle. Journal of Money, Credit, and Banking, Vol. 6, 2006, pp. 1575 – 1597.

[268] Lutz F. , The Structure of Interest Rates. Quarterly Journal of Economics, Vol. 55, No. 1, 1940, pp. 36 – 63.

[269] MacKinnon J. G. , Critical Values for Cointegration Tests. R. F. Engle and C. W. J. Granger (eds. ), in Long-Run Economic Relationships: Readings in

Cointegration. New York: Oxford University Press, 1991, Chapter 13.

[270] Magnus Saxegaard, Excess Liquidity and Effectiveness of Monetary Policy: Evidence from Sub-Saharan Africa. IMF Working Paper, 2006.

[271] Martin C., Milas C., Financial Crises and Monetary Policy: Evidence From the Uk. Journal of Financial Stability, Vol. 9, No. 4, 2013, pp. 654 – 661.

[272] M. Ehrmann, M. Fratzscher, Communication by Central Bank Committee Members: Different Strategies, Same Effectiveness. Journal of Money Credit&Banking, Vol. 39, No. 2 – 3, 2007, pp. 509 – 541.

[273] Merton R., On the Pricing of Corporate Debt: The Risk Structure of Interest Rates. Journal of Finance, Vol. 29, No. 2, 1974, pp. 449 – 470.

[274] Mishkin F. S., Does Anticipated Monetary Policy Matter? An Econometric Investigation. Journal of Political Economy, Vol. 90, No. 1, 1982, pp. 22 – 51.

[275] Misina M., G. Tkacz, Credit, Asset Prices, and Financial Stress. International Journal of Central Banking, Vol. 5, No. 4, 2006, pp. 95 – 122.

[276] Misina M., P. St-Amant, G. Tkacz, Credit, Asset Prices, and Financial Stress in Canada. Bank of Canada Financial System Review, Vol. 2, 2008, pp. 29 – 33.

[277] Morris S. H., S. Shin, Social Value of Public Information. American Economic Review, Vol. 92, No. 5, 2007, pp. 1521 – 1534.

[278] O' Connell, Stephen, Note on Excess Liquidity. IMF Working Paper, 2005.

[279] Oliner S., Rudebusch G., Is There a Broad Credit Channel for Monetary Policy?. FRBSF Economic Review, Vol. 1, 1996, pp. 3 – 13.

[280] P. Sevestre, Jorge Martínez Pagés, A. Worms, Michael Ehrmann, L. Gambacorta, Financial Systems and the Role of Banks in Monetary Policy Transmission in the Euro Area. Documentos de trabajo del Banco de España, Vol. 18, 2001.

[281] Reeves, Rachel, Michael Sawicki, Do Financial Markets React to Bank of England Communication. European Journal of Political Economy, Vol. 23, No. 1, 2007, pp. 207 – 227.

[282] Reeves R., M. Sawicki, Do Financial Markets React to Bank of Eng-

land Comunication?. Eouropean Journal of Political Economy, Vol. 23, No. 1, 2007, pp. 207 – 227.

[283] Romer Christina D. , Romer David H. , Federal Reserve Information and the Behavior of Interest Rates. American Economic Review, Vol. 90, No. 3, 2000, pp. 429 – 457.

[284] Rosa C. , Words That Shake Traders: The Stock Market's Reaction to Central Bank Communication in Real Time. Journal of Empirical Finance, Vol. 18, No. 5, 2011, pp. 915 – 934.

[285] Roye B. , Financial Stress and Economic Activity in Germany. Empirica, Vol. 41, No. 1, 2014, pp. 101 – 126.

[286] Sandra Schmidt, Dieter Nautz, Central Bank Communication and the Perception of Monetary Policy by Financial Markets Experts. Journal of Money, Credit and Banking, Vol. 44, 2012, pp. 56 – 74.

[287] Sargent T. J. , Wallace N. , Rational Expectations, the Optimal Monetary Instrument, and the Optimal Money Supply Rule. Journal of Political Economy, Vol. 83, No. 2, 1975, pp. 241 – 254.

[288] Schlicht, Ekkehart, A Seasonal Adjustment Principle and a Seasonal Adjustment Method Derived From this Principle. Publications of the American Statistical Association, Vol. 76, No. 374, 1981, pp. 374 – 378.

[289] Schlicht E. , Estimating the Smoothing Parameter in the so-Called Hodrick-Prescott Filter. Discussion Papers in Economics, Vol. 35, No. 1, 2004, pp. 99 – 119.

[290] Schlicht E. , Ludsteck J. , Variance Estimation in a Random Coefficients Model. Social Science Electronic Publishing, 2006.

[291] Shefrin H. , How Psychological Pitfalls Generated: The GLOBAL Financial Crisis. Research Foundation of CFA Institute Working papers, No. 5, 2009.

[292] Shiller R. J. , The Subprime Solution. NJ: Princeton University Press, 2008.

[293] Sims C. A. , Macroeconomics and Reality. Econometrica, Vol. 48, No. 1, 1980, pp. 1 – 48.

［294］ Statman M. , Fisher K. , Anginer D. , Affect in a Behavioral Asset-pricing Mode. Financial Analysts Journal, Vol. 2, 2008, pp. 20 – 29.

［295］ Sturm J. E. , J. D. Haan, Does Central Bank Communication Really Lead to Better Forecasts of Policy Decisions? New Evidence Based on a Taylor Rule Model for the ECB. Review of World Economics, Vol. 147, No. 1, 2011, pp. 41 – 58.

［296］ Tong H. , On a Threshold Model. in C. H. Chen (eds. ), Pattern Recognition and Signal Processing, Amsterdam: Sijthoff and Noordhoff, 1978, pp. 101 – 141.

［297］ Tony Takeda, Fabiana Rocha, Márcio Nakane, The Reaction of Bank Lending to Monetary Policy in Brazil. Revista Brasileira de Economia, Vol. 59, No. 1, 2003, pp. 107 – 126.

［298］ Topi J. , Vilmunen J. , Transmission of Monetary Policy Shocks in Finland: Evidence from Bank Level Data on Loans. ECB Working Paper, 2001.

［299］ Trichet J. , Credible Alertness Revisited. Citeseer, Vol. 22, 2009.

［300］ Tsay R. S. , Testing and Modeling Multivariate Threshold Models. Journal of the American Statistical Association, Vol. 93, 1998, pp. 1188 – 1202.

［301］ Van den End J. W. , Indicator and Boundaries of Financial Stability. Nederlandsche Bank Working Papers, No. 97, 2006.

［302］ Van Roye B. , Financial Stress and Economic Activity in Germany. Empirica, Vol. 41, 2014, pp. 101 – 126.

［303］ Vayanos D. , J. L. Vila, A Preferred-Habitat Model of the Term Structure of Interest Rates. Cepr Discussion Papers, 2009.

［304］ Virhiälä V. , Banks and the Finnish Credit Cycle 1986 – 1995. 1997.

［305］ Weise C, The Asymmetric Effect of Monetary Policy: A Non-linear Vector Autoregression Approach. Journal of Money, Credit and Banking, Vol. 31, No. 1, 1999, pp. 85 – 108.

［306］ White W. R. , Should Monetary Policy 'Lean Or Clean'? . Federal Reserve Bank of Dallas, Globalization and Monetary Policy Institute Working Paper, No. 34, 2009.

［307］ Yang C. , Li J. , Investor Sentiment, Information and Asset Pricing Model. Economic Modelling, Vol. 35, 2013, pp. 436 – 442.

**图书在版编目（CIP）数据**

中国货币政策传导的梗阻研究／张勇著. —北京：
经济科学出版社，2021. 1
（高质量发展阶段货币政策研究论丛）
教育部长江学者创新团队发展计划　南京大学文科卓越
研究计划"十层次"项目　"十四五"国家重点出版物出
版规划项目
ISBN 978 - 7 - 5218 - 2181 - 9

Ⅰ. ①中…　Ⅱ. ①张…　Ⅲ. ①货币政策 - 研究 - 中国
Ⅳ. ①F822. 0

中国版本图书馆 CIP 数据核字（2020）第 248118 号

责任编辑：齐伟娜　赵　芳
责任校对：王苗苗
责任印制：范　艳

**中国货币政策传导的梗阻研究**
张　勇／著
经济科学出版社出版、发行　新华书店经销
社址：北京市海淀区阜成路甲 28 号　邮编：100142
总编部电话：010 - 88191217　发行部电话：010 - 88191522
网址：www. esp. com. cn
电子邮箱：esp@ esp. com. cn
天猫网店：经济科学出版社旗舰店
网址：http：//jjkxcbs. tmall. com
北京季蜂印刷有限公司印装
787 × 1092　16 开　20. 25 印张　330000 字
2022 年 2 月第 1 版　2022 年 2 月第 1 次印刷
ISBN 978 - 7 - 5218 - 2181 - 9　定价：88. 00 元
**（图书出现印装问题，本社负责调换。电话：010 - 88191510）**
**（版权所有　侵权必究　打击盗版　举报热线：010 - 88191661**
**QQ：2242791300　营销中心电话：010 - 88191537**
**电子邮箱：dbts@ esp. com. cn）**